# 從考古看甲骨

## 文字裡的古代中國

● 野生動物篇 ●

著
江柏毅

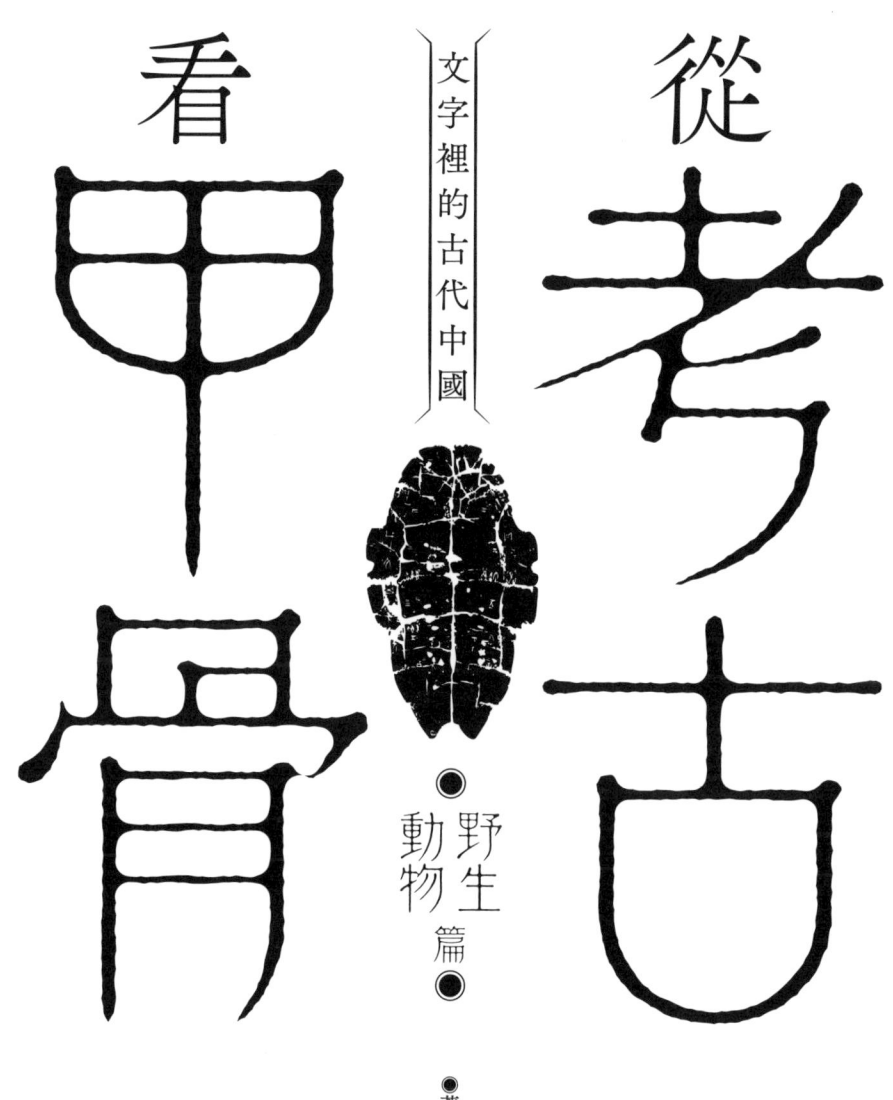

# 目次

作者序／8

## 第一部　甲骨文字與占卜

**1** 甲骨文與中國文字的起源　　15

**2** 甲骨文的發現與文字特點　　35

**3** 毛筆的發明與商代晚期的文字書寫　　47

**4** 占卜與甲骨卜辭的刻寫　　59

**5** 為何用龜甲占卜？
　　認識古代中國的「龜」使者　　77

## 第二部　甲骨文動物園

**6** 商周時代如何捕「魚」？　　84

**7** 古文字裡的各種鳥　　92

**8** 幾乎自中國消失的大象　　123

**9** 滅絕的犀牛與聖水牛？　　139

| 10 | 古人豢養的寵物「貘」 | 153 |
|---|---|---|
| 11 | 華南虎與華北豹 | 161 |
| 12 | 名實不符、爭議不斷的「狐」、「狼」、「貍」與「貓」 | 176 |
| 13 | 獼猴不叫猴，熊也不稱熊 | 190 |
| 14 | 甲骨文裡的揚子鱷 | 201 |
| 15 | 月亮裡的兔子原來不是小白兔！ | 210 |
| 16 | 爭天下為何叫「逐『鹿』中原」？ | 221 |
| 17 | 獨角神獸究竟是什麼動物？ | 238 |
| 18 | 龍是真實存在的嗎？談「龍」的起源 | 252 |
| 19 | 鳳凰為何是祥瑞的象徵？ | 274 |
| 20 | 商代的怪物：甲骨文裡的「虹」 | 293 |

附錄／301

後記／308

圖片來源／311

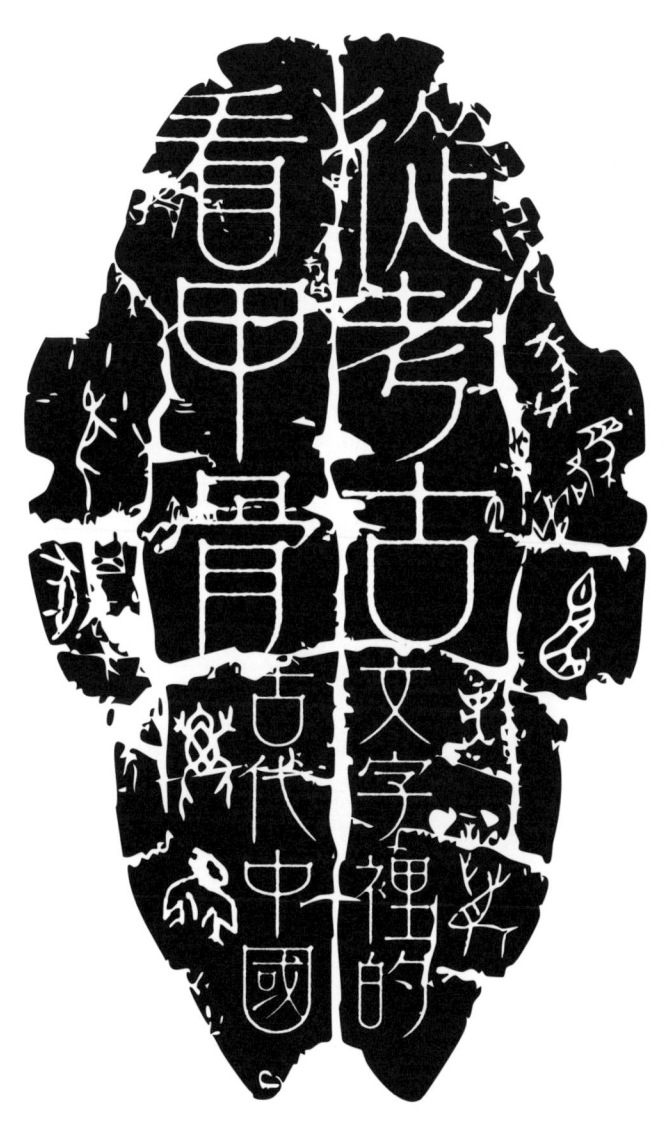

● 野生動物篇 ●

# 作者序

　　世界上有些古文明的文字由於如圖畫一般，不僅能直觀地向我們傳達當時的各種訊息，也有機會讓我們一窺古人於創造文字時的構思，並藉此理解當時的風俗習慣、社會制度，甚至價值觀，也因此理解這些文字如何被創造，在一定程度上等同於理解古代人群的生活面貌。目前中國已知年代最早的文字甲骨文和金文，其構形元素多為古人直接根據事物的輪廓摹取而來，這些古老文字便如商代晚期歷史文化的活化石一般，其研究是饒富趣味的。

　　文字學傳統上在論證商代晚期文字時，除了運用文字本身，也往往透過古文獻或其他古文字材料互證，並搭配聲韻學來進行，所以對商代晚期文字的鑽研其實並不侷限於文字，若還能同時納入考古學和歷史學作為參考，使掌握的知識面更為寬廣，看問題的深度便能越深，所能解決的問題也就越多。拙著是一本嘗試從中國考古學出發，結合甲骨文字學和文獻材料來理解古文字由來，並介紹古代中國文化多元面向的跨領域小書。

　　這本書的面世與我在國立清華大學開設的「認識甲骨文字與古代中國文化」通識課程有關，許多內容是因應高教「一學期十六週新制」變革，在實體授課時數縮減下專為學生所寫的補充閱讀。這門課除了基本的商周考古和甲骨學發展概述之外，主要根據文字的造字構思歸納出十五個講題，包含：（一）大自然、（二）人體、（三）人鬼巫、（四）生老病死、（五）商周青銅器、（六）兵器與戰爭、（七）刑罰、（八）動物、（九）「龍」的起源與形成、（十）食衣、（十一）住行、（十二）育樂、（十三）漁獵農業、（十四）手工業生產，和（十五）商業貨幣度量衡。在補充閱讀的選題上，我則是根據課程當下的時間

規劃，挑選較具深度且自己感興趣的部分開始。

　　作為大學通識教材，除了須具備一定的學術知識深度，也要同時兼顧通俗、易讀和趣味，所以這些文稿也長期受國立臺灣大學科學教育發展中心支持，以每月兩篇的節奏在 CASE 報科學「甲骨文與金文」網路專欄刊載，並透過社群媒體同步與大眾分享。從點閱、分享和許多的讀者來信來看，相當受歡迎，來自四面八方的反饋也使我意識到社會大眾對於課本裡從來沒有教，或是沒有詳細交代的古代中國歷史文化，是感到好奇而想要多了解的，本書的出版或可稍稍彌補眼下社會大眾獲取相關正確知識管道不足的缺憾。

　　本書的選題以甲骨文中表野生動物的文字為主，由於許多都是動物特徵獨特的象形體，如象、虎、鹿字，因此可相當容易辨識物種，但也有部分動物特徵不甚獨特的象形體，其物種判斷便帶有些臆測，或需參考後世文獻來推斷，如莧和鷹。至於本書所介紹的兕字，儘管頭部可見大獨角特徵，但獲得正確物種辨識的過程卻相當迂迴。另還有些文字是以聲化字來表示，便在釋字上有所疑義，如本書所談的狐與狼字。本書最初的選題其實是甲骨文裡所有的動物字，但會有篇幅過長的問題，所以牛、羊、馬、豕、雞、犬的六畜部分與昆蟲字將留待未來出版規劃。

　　也由於全書的主軸是考古和古文字，所以我認為首篇要談的是中國文字的起源究竟可上溯至何時這樣一個具有爭議，但可客觀從考古證據與邏輯推演來論證的問題。其次，則對中國文字的早期演變過程、甲骨文的發現過程進行簡要介紹。

　　甲骨文在許多人印象中是一種原始又晦澀難解的文字，因過於古老，可能同今日使用的漢字關係不甚密切，但這樣的看法其實不正確。本書第二章藉由甲骨文字的構形與文字特點的介紹，說明這三千多年來漢字的基本構形從甲骨文開始便沒有什麼根本的變化，是一脈相承

的，而對於甲骨文字構形的理解也正是入門甲骨文字學和理解中國古代文化的入門鑰匙。

在掌握了前二章的基礎理解後，若讀者們已迫不及待想一探與野生動物有關的文字創造，建議可逕直跳至本書的第六章，從商周時期的「魚」字以及根據「魚」而來的造字初義開始翻閱，這樣並不會妨礙本書的閱讀順暢。若之後也對商代晚期文字的書寫、刻寫及甲骨占卜略感興趣，再復返第三至五章無妨。

本書第三章所談的是商代晚期的文字書寫。大家可能會納悶，甲骨文明明是以刀具契刻在龜甲或獸骨上的文字，為什麼會是書寫呢？其實這是長期以來大眾對當時文字主要載體的誤解。根據考古發現，商代晚期文字的載體除了甲骨之外，其實至少還有陶器、玉石和青銅器，若從這些器物表面所遺留的朱書、墨跡研判，應是使用毛筆所書。今日大家多以甲骨文泛指商代晚期文字，只是因為甲骨上的文字所占發現數量最多、字量最大，因此具代表性罷了！若從許多商代晚期文字的構形研判，當時文字的主要載體更可能是使用上比契刻甲骨更為便利、材料也相對容易取得的竹簡和木牘，只是這些有機材質歷經了三千餘年埋藏環境的乾冷、溼熱交替，可能都沒能留存下來，被我們幸運發現。

甲骨文大多是商代晚期占卜活動後的刻寫，這些文字紀錄又稱之為卜辭，內容多包括占卜的日期、操作此次占卜的貞人署名、貞問的問題、檢視卜兆後的吉凶推斷，以及事後的驗證。從卜辭內容可知，商代晚期占卜所問之事類相當多元，包括祭祀、田獵、軍事征伐、農業收成、天象、旬夕、王事、疾病、生育、災禍等在內，第四章所要簡介的便是如何理解甲骨卜辭、卜辭如何在甲骨上刻寫與書寫、商代占卜的程序為何、卜後的甲骨又如何處理。在歷代學者的持續研究下，學界對這部分已有了一定程度的認識。

我在第五章選擇以龜字作為甲骨文野生動物字介紹的開始，這樣的安排能夠起到承上啟下的作用。甲骨文的龜字雖是直接從俯視與側視角度摹取龜的外形而來，但在卜辭中的意思卻常是指占卜使用的龜甲。商代晚期占卜習用龜甲，獸骨少用，但卜辭內容中迄今都沒有任何蛛絲馬跡發現讓我們有機會理解其原因，也因此本章另從商代龜卜的文化淵源和後世文獻記載來探討、理解這個特殊現象。

　　第六至十七章所談的主題都圍繞在甲骨文中所見野生動物，許多篇幅都有個特點，那就是所談的動物目前不是已在中國境內瀕危或滅絕，便是已無法辨識物種。之所以如此，可能主要與商代晚期以後的氣候環境變遷、動物棲地遭受嚴重切割、破壞，及人類大量獵捕有關。至於第十八、十九章分別談的龍與鳳，顯然不屬於野生動物的範疇，不過若從文字本身來論證，這兩種神話動物其實可能也是從原本棲息於華北且受到崇拜的野生動物形象轉化而來，只是後來消失在人群視線裡，逐漸遭穿鑿附會並賦予各種文化元素，而終成神話。

　　全書最為特別的篇章莫過於鋪排在最末的虹字，因為虹既不是野生也不是神話動物，而在現代科學認知裡僅是一種天氣現象。但我之所以將虹納入本書，原因也在於卜辭中的虹是商代人群所認知會吸食河水或影響農作收成的禍患，甲骨文字形更直觀地傳達虹是一頭弓身、雙頭的怪獸，所以虹的動物色彩是遠高於其他的。

　　在全書的尾聲我羅列了幾個前面未能包括的野生動物字，集結成一篇附錄，一方面是因為它們的篇幅都較小，另一方面也是有些字究竟屬何種動物還有爭議。本書對野生動物字的介紹便在此結束，但其實商代晚期文字中的野生動物或許還有一些，但現階段仍無從確認物種；另還有些肯定是野生動物的字，但所在卜辭十分殘損，沒有太多引用價值，所以本書就暫時省略，期盼未來隨著古文字材料的新發現與公布，這些字都能獲得研究考釋與補充修訂。

本書裡較常見的《合》、《合補》和《屯南》為甲骨材料引用來源的簡稱，分別為《甲骨文合集》、《甲骨文合集補篇》和《小屯南地甲骨》，另有少數《花東》，為《殷墟花園莊東地甲骨》，《甲》為《殷虛文字甲編》，《乙》為《殷墟文字乙編》。卜辭殘缺者，如知其殘缺幾字，則用「□」來表示，一個「□」代表一個字。如不知殘缺幾字，則用「…」表示。知其殘缺，且能夠根據甲骨辭例補足的，則用「[]」表示。引用卜辭時，即便個別能明顯看出是問句的辭例，句末仍標注句號。

　　中國考古學與甲骨文字學都是在二十世紀初誕生的新興學科，兩者有著孿生般的關係，因為正是一八九九年甲骨文的意外發現促使了有識之士開始培育、組織由本國人才所組成的現代考古研究團隊，於一九二八年開始對河南安陽殷墟進行全中國第一次的官方搶救性發掘，而日後中國各地如雨後春筍般的考古田野工作也使得越來越多的甲骨文面世，進而豐富了甲骨文字學的研究材料。百年下來，這兩門學科都有著飛快的進展，使我們對中國古代文明的認識由此而不斷被刷新。然而不無遺憾的是，這兩門學科許多的研究成果目前仍是用相當專業的詞彙來撰寫，不容易讓一般讀者親近。甚者，許多透過公部門資源而來的研究成果通常不是發表在相當專門的學術期刊之上，便是以發行量極低的學術專書出版，在快速售罄後連專業人士都無法輕易取得，更遑論專業外的讀者可能連出版訊息都無法即時獲得。上述問題都使得原來應該由公眾共享的研究成果淪為少數人在象牙塔裡琢磨的寶貝。我計畫出版這本小書，也是出於以上感慨，所以我試圖將學者們的鴻篇巨著透過自身的學術訓練，轉換為一般讀者都能看得懂的語言。

　　全書整理了大量的前人論述，但在講求科學考古證據與邏輯推演下，排除了甚多過時的部分、個人臆測穿鑿與過度演繹，有些主題也

帶有我的個人見解，相信會是本可受信賴、跟得上時代腳步，適合國高中、大學以上程度讀者閱讀的科普通俗之作。不過古語云：「智者千慮，必有一失；愚者千慮，必有一得」，倘若我有幸偶有一得，也難保無誤，更豈敢自是，畢竟中國古文字學與考古學的學術知識是不斷在「過期」的，也因此對於拙著中的缺點、錯誤，仍望讀者不吝賜教為幸。

江柏毅
二〇二四年八月
序於一列疾駛的火車上

# 第一部

## 甲骨文字 與 占卜

# 1 甲骨文與中國文字的起源

## 商代晚期甲骨文的考釋

今日我們所使用的漢字有著非常悠久的發展歷程，最早可追溯至距今三千餘年，主要出土於河南安陽殷墟的甲骨文（注一）。由於這種契刻於龜甲和獸骨上成體系的商代晚期文字（注二）字形顯得古樸，並帶有強烈的圖形「表形」與「構形」特色，文字的考釋便成為清末發現以來最早開展的研究項目。一九〇四年孫詒讓根據劉鶚《鐵雲藏龜》公布資料所完成的《契文舉例》二卷開啟了釋文的先河，之後羅振玉分別於一九一〇及一九一四年完成的《殷商貞卜文字考》、《殷虛書契考釋》則進一步擴大了考釋的文字量。迄今為止，商代帶字甲骨的發現數量已達近十六萬片，單字共發現約四千五百個，儘管部分仍有爭議，經歷代學者考釋的字數已達一千五百至兩千個，終使看似雜亂無章的甲骨卜辭逐漸得以通讀。

今日我們能夠看懂甲骨文，其實也要歸因於漢字構形具有延續性的特點。形體方正、筆畫平直的楷書是從方扁的漢隸演變而來；漢隸則演化自縱向取勢的秦隸；秦隸又源自戰國時代流行於秦國的草篆（注三），一種至遲在戰國中、後期便與發展年代更為久遠的秦系文字（注四）並行的文字。

秦始皇在翦滅東方六國後以「書同文」政策推行小篆，這是中國第一次有系統地將文字書體標準化，其造字基礎為秦系文字。由於秦系文字相承於西周金文（注五），西周金文又源自以甲骨文為代表的商代文字，因此可說小篆、秦系文字和西周金文都是漢字的直系血親，代表了漢字發展的主流。儘管如此，小篆在國祚短暫的秦代實際

上僅應用在紀念性質的刻石碑文、蒙學字書、皇帝詔書和官方度量衡，而需要書寫速度的官文書其實是大量轉以從草篆演化而來的秦隸書寫的，民間同樣也有類似的發展。小篆在西漢末年終被隸書所取代，代表了中國圖形文字時代的結束。

　　漢字字形由篆書向隸書的轉變稱為「隸變」，由於隸書改圖形為筆畫化，已難從構形本身直覺了解文字的造字初義，因此中國至遲在西漢時期便有了釋字方面的探討，風潮更是在經學今文、古文之爭的推波助瀾下方興未艾。漢代古文學派的文字訓詁材料是一種同樣在西周金文基礎下發展，但在東周時期於秦以外諸侯國轉向地域化演變的另一體系文字：古文。古文是相對漢代通行的今文漢隸而言。許慎在《說文解字・序》中寫到：「秦始皇初兼天下，丞相李斯乃奏同之，罷其不與秦文合者……史籀大篆，或頗省改，所謂小篆者也。是時秦燒滅經書，滌除舊典，大發吏卒，興戍役，官獄職務繁，初有隸書，以趣約易，而古文由此絕矣。」便是講述古文在遭受秦代書同文政策、焚先秦典籍和隸變影響，湮沒於歷史洪流，到了漢代無人能識的窘況。

　　在古文之外，西周金文可能也是漢代學者的研究對象。根據《漢書・郊祀志》、《說文解字・序》、《史記・孝武本紀》和《漢書・武帝紀》等文獻記載，許多先秦時期青銅器在漢代已有零星出土，部分甚至帶有與古文相似且略可釋讀的銘文（注六），因此可說自漢代開始，古人對先秦青銅器銘文的關注便已拉開序幕。不過，漢至宋以前的金文研究始終帶有偶然性，也無專著問世，金文研究形成專門學問要等到北宋時期蓬勃發展的金石學（注七）才真正開始。整體而言，金文被研究、嘗試隸定的時間終究相當早，且西周金文字體多沿襲商朝書風，這也是為什麼甲骨文在被發現後的短短十數年內，被考釋出的文字數量便達到近六百的原因。

## 中國文字起源的上溯

在許多有關文明起源與發展的論述中，文字的出現常被認為是文明的重要特徵，而根據《淮南子‧本經》：「昔者倉頡作書，而天雨粟，鬼夜哭」所述，中國文字的發明在漢初也同樣被認為是件驚天動地的大事。由於甲骨文是一八九九年才被意外發現的，因此在漢代人的認知裡，古史傳說人物倉頡所創造的文字肯定不是甲骨文。但話說回來，甲骨文其實也不是中國最早的文字，因為從文字構形、序列和卜辭文法來看，甲骨文都已顯示出成熟的一面，除非在發展過程曾受外來因素影響，這套文字體系在商代晚期以前應該已發展了一段時間。那麼，中國古代文字最有可能的起源時間究竟可以上溯至何時呢？相信許多人對此感到好奇。

最常被拿來探討中國文字起源的材料是刻劃或書寫於陶器上的史前符號，又稱陶符。雖然這方面的探討在上世紀三〇年代便已出現（注八），但一直要到一九六三年《西安半坡》發掘報告中篇幅僅約兩頁半的仰韶文化半坡期陶符（圖 1.1）整理資料引起學界關注後，相關討論才漸漸熱絡起來。隨著中國各地田野考古工作在七〇年代後全面開展，各地新石器至青銅時代早期許多考古學文化類型（注九），諸如黃河上游的半山文化、馬廠文化；黃河中游的裴李崗文化（賈湖遺址）、河南龍山文化陶寺類型、二里頭文化；渭河流域的大地灣文化；黃河下游的大汶口文化、山東龍山文化；長江中游的大溪、屈家嶺、石家河文化；長江下游的崧澤文化、良渚文化、馬橋文化等，都陸續有了陶符乃至帶刻劃龜甲、石器的發現，文字方面的論證研究也快速增加。

**圖1.1：半坡陶符**

　　許多學者認為，只要這些史前符號在年代和真偽上沒有問題，且在形狀、結構上能夠用以甲骨文為基礎的古文字學方法加以分析、釋讀，即使不直接稱它們為文字，也應視它們為在文字的形成過程中已起著類似文字作用的東西。不過，也有學者堅持這些史前符號必須以文字應具備的形、音、義三大要素來檢視，進而主張它們僅是孤立的圖形。不過，學界對這些史前符號的音、義檢驗在方法上沒有共識，結論也難以令人信服。總體而言，史前符號在中國古代文字起源發展過程所代表之意義受限於材料的零星，研究多帶有相當程度的臆測，由此使得學者間的見解不可避免地多有歧異，迄今難有重大進展。

　　嚴謹來說，將中國各地史前符號聯繫起來探討文字起源的跨文化研究方法其實忽略了材料本身具有相當長時間與空間跨度的缺陷，偏向靜態分析；然而自新石器時代早期至甲骨文出現的數千年間，東亞大陸各地人群的人口數量、社會組織結構、種族結構、文化表現和演化發展，在受到大範圍氣候環境變遷、農業出現等複雜因素影響下，其實是不斷變動的。各地人群發展及所反映的文化表徵便如選手參加

馬拉松競賽，有些在公元前二千年龍山時代結束前後走向新一階段，在更為複雜的早期國家形態下再行融合發展，但有些則隨時間的推移，消逝於歷史洪流。換言之，東亞大陸人群在商周至秦漢時期逐漸形成大一統文化圈之前，其實在文化發展上同時具有連續與破裂性，並非所有人群文化的發展終點都同歸於商周秦漢，因此使用「是否可以用甲骨文為基礎的古文字學方法加以分析、釋讀」和「是否顯示出與商代金文或甲骨文字形態關係」為條件，來判斷史前符號是否為文字的方法，其實沒有考量到在甲骨文之前，古代中國曾存在多元人群及文字系統的可能；而將所有史前符號都納入以甲骨文字和後期漢字發展邏輯框架進行檢視的作法，其實也犯了拿橘子比蘋果的失誤。

對史前符號的文字論證應按照以下幾個條件進行：（一）符號是否為有意識且結構連貫、重複出現的整體，具有獨特的形狀和系統的使用；（二）是否隨時間推移形成一個區域性系統；（三）是否出現在相對複雜、有文字使用需求的社會發展階段？根據現有的標本量與相關考古脈絡，遺憾地，我們只能暫定大部分的史前符號皆無法確證為文字。我們對於中國古代文字的起源發展探討不應捨近求遠，應以商代早、中期資料回溯先商時期（注十）與更久遠過去的方式進行較為實際。

## 商代早、中期的「文字」

商代早、中期遺址所發現與甲骨文可能有關的遺留計有河南鄭州二里崗遺址採集到的一件牛肋骨殘段，其上刻有十個符號，或可釋為「又亳土羊乙貞从受七月」；另一件二里崗遺址 T30 探溝所採集的牛肱骨，上頭刻有不完整三角形，中間還有一個符號，或可釋為「出」字（編按：該字通讀作「有」、「又」，見於早期甲骨文，後期甲骨文用「又」

表示，是一字的前後期寫法）（圖 1.2）。可惜的是，這兩件標本被發現時都已失去了原有考古層位脈絡，年代其實根據的是二里崗遺址無商代晚期文化層這樣的認識推測而來。在二里崗之外，鄭州商城、河南省水利第一工程局工地二里崗上層灰坑（編按：指古人將各種廢棄物品堆入窖穴形式的空間，後經地層堆積埋藏於地底所形成的現象）、鄭州電力學校夯土坑 H10 也陸續發現有少量帶符號骨片，年代也應屬商代早、中期。這些骨刻符號在形態上與甲骨文極為相似，無庸置疑說明了在骨片上刻字（符）的傳統於商代早、中期即已流行。

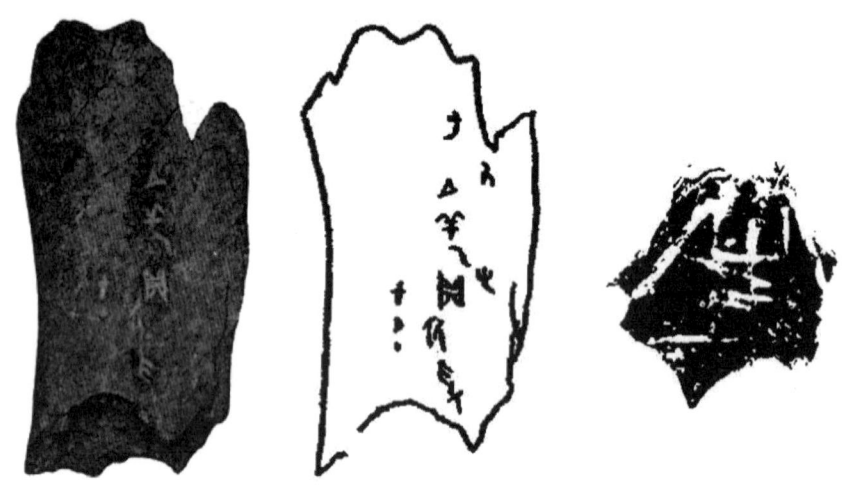

圖 1.2：二里崗遺址帶字符牛肋骨殘段（左）和牛肱骨刻辭（右）。

過去也曾有學者整理出商代早期帶銘文青銅器十三件，但從今日角度檢視，實際能肯定屬於商代早期者僅為少數，且亦未能確定銘文為文字或族徽。這些商代早期銘文的字形和鑄造位置與商代後期的同類銘文一致，顯示著承繼關係。

商代早、中期陶符有較多的發現，可粗分為兩類，一類為刻劃陶符，主要發現於鄭州商城二里崗期下層二期、二里崗期上層一期文化層的大口尊口沿內側，類型有三十多種，一般一器一符，但也有一器兩個相同的陶符，或兩個陶符共組的合文，少部分形態與甲骨文相似（圖1.3）。河北藁城台西遺址出土七十多件陶器上（圖1.4）和鄭州西北約二十公里的小雙橋遺址（圖1.5）也發現有類似的陶符。小雙橋遺址還發現有另一類書寫於陶器上的陶符，年代為商代早期偏晚。這類陶符主要出土於遺址中心祭祀區，多來自牛頭坑、牛角坑及綜合類祭祀坑，載體為陶缸，推測是以毛筆、硃砂書寫於陶缸口沿外表、內壁、器腹表面、內壁及器蓋表面，因此又稱作朱書陶文，在形態上部分也與甲骨文相似，應屬同一體系。

圖1.3：鄭州商城所發現的陶符（部分摘錄）。

22　一、甲骨文字與占卜

圖1.4：藁城台西遺址所發現陶符摹本（部分摘錄）。

圖1.5：鄭州小雙橋遺址所發現的陶符（部分摘錄）。

　　綜合上述，由於商代早、中期骨刻符號、青銅器銘文和陶符都與商代晚期文字、銘文具有相似性，因此商代早、中期為商代文字發展期的看法應無疑義。另外，江西吳城遺址和新干大洋洲大墓所發現的刻劃符號其實也能帶給我們有關中原地區文字發展的一些啟發。

　　吳城遺址年代介於商代中期與殷墟晚期之間，所出土的陶、石和

原始瓷中發現有一百二十件帶符號標本，均勻分布在一期至三期文化間。這些符號的結構布局許多與甲骨文、金文相似，其中第一期標本上有以四個、七個或十個連續排列而成的組合符號最受重視，很可能說明了它們具有記事功能，因此是文字（圖 1.6）。大洋洲大墓的年代相當於吳城遺址二期，約商代中期，其中原始瓷罐、甕和大口尊上發現有多種刻畫記號，與吳城所見相似。相距僅約二十公里的吳城遺址與新干大洋洲大墓都位於鄱陽湖以南的贛江流域，遠離以中原（編按：指以中國河南省為核心延及黃河中下游的廣大地區）為核心之商文化分布範圍，出土文物卻帶有明顯的商文化風格及地方特色，表示當地人群的文化發展與商文化的南向影響有關。由此推知，在青銅鑄造技術之外，文字也應是在地人群於吸收商文化的基礎下，結合在地偏好所發展而來的產物，我們也因此有理由相信至遲在商代中期，以中原為核心之商文化分布範圍內，文字的發展程度應與贛江流域相似，甚至更高。文字在中原地區的發展至遲於商代中期以前應已趨於成熟。

圖 1.6：江西吳城遺址所發現的刻劃符號摹本（部分摘錄）。

## 先商時期的「文字」發展

那麼先商時期是否有與商代文字有關的發展呢？中國考古學界對先商時期考古遺留的探索始於上世紀七〇年代末，當時以古史傳說中商先公先王活動區域及都城地理位置為線索，探索區域集中於豫東、魯西南和豫北、冀南一帶。在經過了四十多年的田野工作與研究後，多數學者根據商文化典型器物陶鬲的造型演變譜系回溯追尋，認為豫北、冀南以漳河類型為中心的下七垣文化第一至第三期遺存較可能屬於先商文化遺存。不過，考古學者也從器物風格類型變化現象意識到先商文化在轉變為商代早期文化的過程中，可能有一段與周鄰考古學文化（如岳石文化、二里頭文化）互動交融的過程；換言之，商代早期文化並非先商文化的單線延續，而是在多元文化隨時間推移不斷互動融合下，最終以下七垣文化為主體發展而來的物質文化表現。由此認識切入先商時期史前符號與商代早期文字的承繼關係問題，我們可以試著從下七垣、岳石和二里頭文化遺址所發現的史前符號遺留來探討。

下七垣與岳石文化所發現的史前符號目前僅見於河北磁縣下七垣遺址第三文化層出土的兩件下七垣文化刻劃陶符，以及山東桓台縣史家遺址祭祀坑 H232、H226 出土的兩件岳石文化羊肩胛骨帶符號卜骨。二里頭文化方面，河南新密黃寨遺址二里頭文化二期文化層的灰坑 H1 曾出土一件牛肩胛卜骨，上刻有二符號（圖 1.7）。上述史前符號與商代早、中期陶符、骨刻符號風格相似，但因為標本多已殘斷，原本可能透露更多訊息的符號早已佚失，再加上這幾個史前符號大多痕跡模糊，在甲骨文中也找不到相近的對照，因此無法隸定。

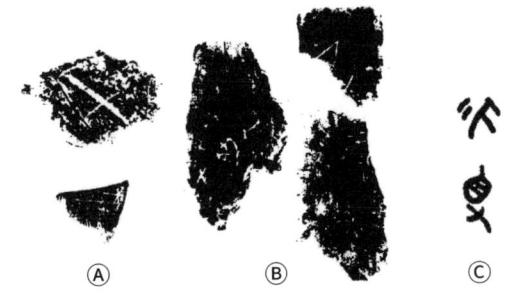

圖1.7：Ⓐ下七垣文化陶符，Ⓑ岳石文化帶符號卜骨，Ⓒ二里頭文化卜骨符號摹本。

二里頭文化諸遺址，如河南偃師二里頭第三期、伊川南寨、高崖、洛陽皂角樹、澠池鄭窯、鄭州大師姑、方城八里橋、陝西商縣紫荊、陝縣西崖等，也發現有大量刻劃陶符，說明曾在較大的區域範圍內流行。據不完全統計，這些陶符不少於六十四種，載體較固定，絕大多數刻在尊、罐類器物口沿或肩部，以刻在大口尊口沿上最常見，一般一器一符，僅少數刻劃多字，且互不相連（圖1.8）。這些陶符和二里頭第四期（約先商至商代早期）（圖1.9）、商代早、中期的刻劃陶符也有些許圖畫性的相似，但也可能其相似性只在於簡筆風格，而實無文化承繼關係。

圖1.8：河南偃師二里頭遺址第三期陶片所發現的刻劃陶符（部分摘錄）。

圖1.9：河南偃師二里頭遺址第四期陶片所發現的刻劃陶符（部分摘錄）。

儘管二里頭文化出土卜骨符號、刻劃陶符與商代早期字符具有相似性，但彼此之間是否有承繼關係仍難以確證，因此可說甲骨文在先商時期的發展，如果有，面貌也是不甚清晰的。儘管如此，這並不能全盤否定甲骨文在商代以前便有所發展，以及甲骨文源自於二里頭文化的可能，因為《尚書‧多士》中曾提到：「惟殷先人有冊有典；殷革夏命」，《論語‧為政》也提及：「殷因於夏禮，所損益，可知也；周因於殷禮，所損益，可知也。」兩條後世文獻提及先商時期商人已有典籍，且商文化承襲自夏；許多中國考古學家甚至認為二里頭文化在相當程度上，可能便是古史記載的夏朝遺留（注十一）。

其實從甲骨文和西周早期金文一些描繪器物的象形字來看，我們似乎也能夠找到商代文字與二里頭文化的關聯性。以「爵」字為例，甲骨文和西周早期金文所摹爵的外形為長流上翹、無柱（或單柱）、束腰、平底（圖1.10），實物僅見於二里頭文化至商代早期，而在商代晚期已不可見。由於象形字的創造必然是模仿造字者親眼所見、實際生活使用的器物形態，因此爵字很可能在二里頭文化時期就被創造出來了。類似的案例也見於甲骨文中和「酉」字有關的「酌」、「尊」、「奠」、「飲」等字形（圖1.11）。甲骨文所摹酉之器物可能是流

**1** 甲骨文與中國文字的起源　27

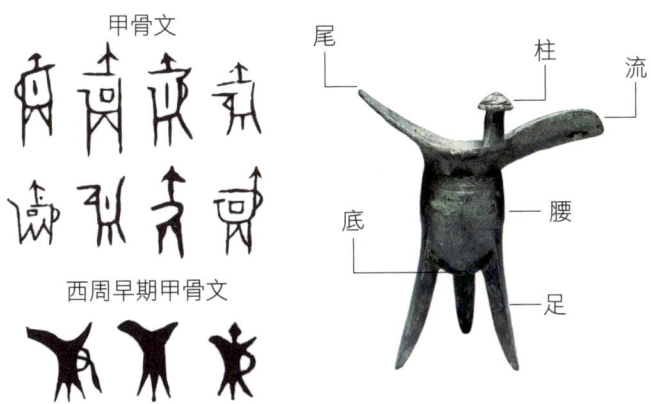

圖 1.10：甲骨文與西周早期金文的「爵」字以及商代青銅爵。

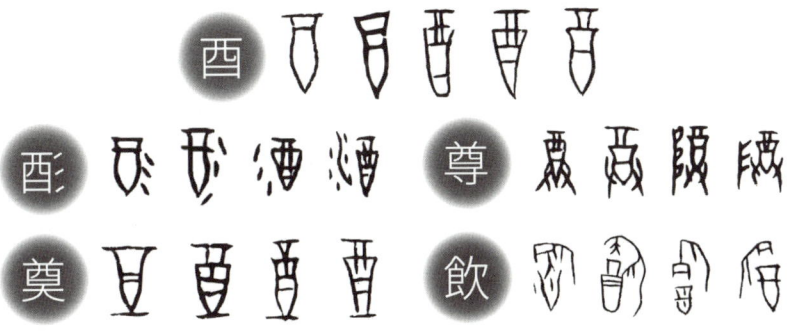

圖 1.11：各種以大口尊造字的甲骨文字形。

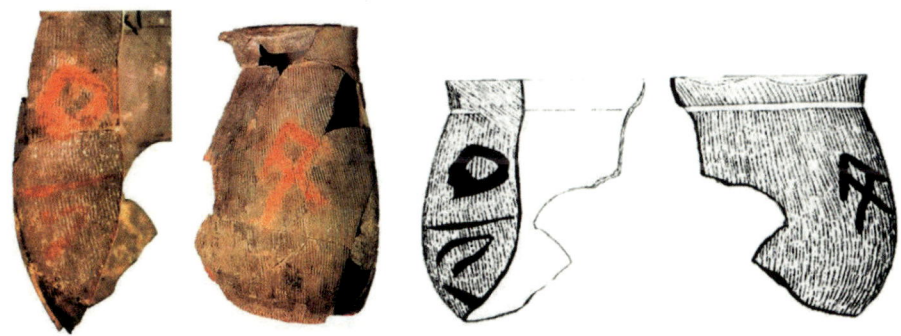

圖 1.12：山西襄汾陶寺遺址發現的陶扁壺史前符號。

行於二里頭文化三期至商代早、中期的大口尊，同類器物在商代晚期已十分罕見。這些例子都暗示著有些商代文字很可能在二里頭文化時期便已被創造，並一直延續到商代晚期。

綜上所述，我們可以體認到，對中國古代文字起源與發展的追尋是既有趣也頗具難度的。趣味所在，在於一個偶然的新發現有時便能產生許多新問題，並迫使學界去思索、解釋，甚至重新檢視既有研究框架。困難之處也在於即便不斷有考古新發現，我們所能夠掌握的材料量仍舊過少，再加上大部分材料的年代都相當久遠，因而使得對於種種器物符號的研究不免帶有推測性。

## 中國文字發生的年代

中國文字的發生目前只宜保守上推至先商時期至商代早期之間，約莫公元前兩千年，而非許多人根據各類史前陶符所推定的，具有六千年的悠久歷史。近年山西襄汾陶寺遺址 H3403 灰坑出土的陶扁壺上有兩個以硃砂為顏料書寫的符號，在公布後曾引起學術界極大關注。扁壺兩面各有一個符號，其中之一隸定為「文」，與甲骨文的「文」字相近，學者多數同意；第二個符號的釋讀則有較大歧異，或釋為「堯」字，認為陶寺是傳說時代唐堯之都；或釋為「邑」字，認為「文邑」為傳說時代夏禹之都（圖 1.12）。這件扁壺根據出土脈絡，年代約落在公元前兩千年。二〇〇六年陶寺遺址 IH64 灰坑又出土一片扁壺殘陶片，內壁也出現以硃砂書寫的符號，但此陶片過於殘破，符號外形不清。目前陶寺遺址出土的史前符號數量過少，因此仍難以確證上述二例為文字，期望未來我們能有更多的考古發現來證成或補充目前對於中國古代文字起源與發展的看法。

# 注釋

注一：除了商代晚期的殷墟，河南鄭州二里崗、山東濟南大辛莊也發現有少量的商代帶字甲骨，其年代或與殷墟甲骨相近，或略早至商代早、中期（約西元前一五〇〇至一四〇〇）。此外，河南洛陽東關泰山廟、山西洪洞趙坊堆、北京昌平白浮、房山鎮江營、琉璃河、河北邢台南小汪、陝西豐鎬張家坡、岐山鳳雛、齊家村、強家村、禮村、周公廟、湖北襄樊檀溪村等地，多為西周王朝建立前後的政治中心與諸侯國都城遺址，也發現有年代略同於殷墟甲骨或西周時期的帶字甲骨。

注二：商代文字並不是只有甲骨文，已知還有以青銅器、玉石器、陶器等不易腐爛材質為載體的同體系文字。大家之所以用甲骨文泛指商代文字，主要在於甲骨文所留下來的字量大，占絕對多數。許多考古證據和甲骨文字形，如尹、聿、書、君、畫、晝、史、冊、典、編等字都顯示商代文字的主要載體可能是簡牘，但目前中國殘存年代最早的簡牘為一九七八年湖北隨縣曾侯乙墓出土的竹簡遣冊，年代僅約公元前四三三年前後。值得一提的是，甲骨文可能也不是商代的正體字。該說法認為由於甲骨文以刀為筆，相較於商代金文最初以毛筆寫製後再鑄成而具有圖畫趣味性，在書寫上受刀勢操作影響顯得不方便，因此常有化繁為簡、圓筆寫成趨直四方框、肥筆刻簡為筆畫的特點。

注三：戰國時代重要青銅禮器上的字體大致仍沿用西周青銅禮器延續下來的寫法，但在一般器物的書寫應用上，基於當時社會經濟工商業的大幅發展與文字應用趨於頻繁與廣泛，開始出現簡易、速成的需求，因此當時各國文字，包含秦國在內，都出現了簡化、草率、自由創造的「俗體化」字形變體，以及區域差異，此類文體通稱為草篆或古隸。

注四：一種自春秋時期開始長期通行於秦國的文字，包含籀文、石鼓文、詛楚文和秦國金文等。

注五：金文是一種鑄或刻於青銅器上的文字，初始於商朝中期，盛於西周，西周時期的金文稱西周金文，所記錄內容與當時社會，尤其是周王、上層貴族的活動息息相關，多為祀典、冊命、征伐、圍獵及契約之事。周平王東遷之後，秦人逐漸由建國之初的居地甘肅河東遷往關中平原，承襲了西周故地，同時也承襲了西周文化。正因如此，春秋戰國時期秦系文字和西周金文顯得一脈相承。當東方各國的文字因地區特點和文化上的原因發生橫向變異時，文化落後的秦國文字反而保留了較多漢字早期發展的面貌。

注六：《漢書・郊祀志》記漢時「美陽得鼎」之事，當時的古文字愛好者張敞對此鼎（即尸臣鼎）銘文進行了大致準確的釋讀。他據鼎所出之地斷定其為周代器物，並據銘文內容指出此鼎是周王為褒賜大臣，大臣的子孫銘刻其祖先之功而作，並將其藏於宮廟。另外，《說文解字・序》中則有：「郡國亦往往於山川得鼎彝，其銘即前代之古文，皆自相似。雖叵復見遠流，其詳可得略說也」記載。

注七：金石學研究對象包括竹簡、甲骨、玉器、磚瓦、封泥、兵符、明器等，但主要以青銅器文字銘刻和石刻碑碣拓片為主。偏重於著錄和考證文字資料，以達證經補史目的。金石學萌芽於漢唐，宋代以後則蓬勃發展。

注八：考古學家上世紀三〇年代便在山東濟南章丘的城子崖遺址下層陶片和長江下游環太湖區的良渚文化陶器上發現有刻劃符號，也在甘肅半山和青海馬廠兩種類型遺址所收集的陶器上發現有幾種彩繪符號。由於這些發現年代偏早且適逢戰亂，所引發的文字起源探討有限。

注九：考古學文化是早期文化歷史學派考古學家在分析出土遺留時所創造，用以代表特定時空下一定區域內所出現具相似風格物質文化遺留的詞彙，通常以陶器、石器類型、建築形式、墓葬特徵等條件進行定義，所強調的是物質文化間的連結，並不一定涉及過去真實的人群。換言之，考古學文化並不總是與民族、特定人群相關。

注十：先商時期指的是自商的始祖契至湯建立商朝這段期間。根據殷墟卜辭和《史記‧殷本紀》所記載的商先公先王共歷十四世，因此估算先商時期大約落在考古學定義的龍山時代末期至二里頭文化一至三期，約公元前二一〇〇／二〇〇〇年至一六〇〇年間。

注十一：中國考古學界研究迄今尚無法找尋到如甲骨卜辭般的證據，證實夏朝同商朝一般，同屬信史時代王朝。但從二里頭遺址所見聚落、宮殿規模、二里頭遺址群的聚落規模大小呈四級分級，和接近於古史記載的碳十四年代數據來看，目前也只有二里頭文化遺存堪稱具有王朝的規模。整體來說，二里頭是否為夏，目前是個無法證真也無法證偽的問題。

## 參考資料

Boltz, William G.
   1986   Early Chinese Writing, *World Archaeology*, vol. 17, no. 3, pp. 420-436.

Demattè, Paola
   2010   The Origins of Chinese Writing: the Neolithic Evidence, *Cambridge Archaeological Journal*, vol. 20(2), pp. 211-228.

Keightley, David N.
   2006   Marks and Labels: Early Writing in Neolithic and Shang China, in Miriam T. Stark (ed), *Archaeology of Asia*, pp. 178-201. Malden: Blackwell Publishing.

Li, Liu
   2000   The Development and Decline of Social Complexity in North China: Some Environmental and Social Factors. *Bulletin of Indo-Pacific Prehistory Association*, vol. 20, pp. 14–34.

Li, Liu and Chen, Xingcan
- 2006　Sociopolitical Change from Neolithic to Bronze Age China, in Miriam T. Stark (ed), *Archaeology of Asia*, pp. 149-176. Malden: Blackwell Publishing.
- 2012　*The Archaeology of China: From the Late Paleolithic to the Early Bronze Age*. Cambridge: Cambridge University Press.

Wei, Liu and Max Aiken
- 2004　Origins and evolution of Chinese writing systems and preliminary counting relationships, *Accounting History*, vol. 9, no. 3, pp. 25-51.

中國社會科學院考古研究所（編著）
- 1959　《鄭州二里岡》。北京：科學出版社。
- 1999　《偃師二里頭1959-1978年考古發掘報告》。北京：中國大百科全書出版社。
- 2003　《中國考古學・夏商卷》。北京：中國社會科學出版社。

中國社會科學院考古研究所、山西省臨汾市文物局（編著）
- 2015　《襄汾陶寺—1978-1985年考古發掘報告》。北京：文物出版社。

王双慶、楊鑫
- 2014　〈甲骨文與商代文字〉，《大眾考古》第四期，頁73-78。

江西省文物考古研究所、樟樹市博物館
- 2005　《吳城：1973-2002年考古發掘報告》。北京：科學出版社。

江西省文物考古研究所、江西省博物館、新幹縣博物館
- 1997　《新干商代大墓》。北京：文物出版社。

李孝定
- 1986　《漢字的起源與演變論叢》。台北：聯經出版社。

李建民
- 2007　〈陶寺遺址出土的朱書"文"字扁壺〉，《襄汾陶寺遺址研究》，頁620-623。北京：科學出版社。

李運富（主編）
- 2019　《甲骨春秋——紀念甲骨文發現一百二十周年》。北京：商務印

書館。

李學勤（主編）
    2004    《中國古代文明與國家形成研究》，上編，第一篇第三章〈文字的出現與文明社會〉，頁132-189。台北：知書房出版社。

河北省文物研究所（編著）
    1985    《藁城台西商代遺址》。北京：文物出版社。

河北省文物管理處
    1979    〈磁縣下七垣遺址發掘報告〉，《考古學報》第二期，頁185-214。

河南省文物研究所
    1993    〈河南密縣黃寨遺址的發掘〉，《華夏考古》第三期，頁1-10。

河南省文物考古研究所（編著）
    2001    《鄭州商城：1953-1985年考古發掘報告》。北京：文物出版社。
    2012    《鄭州小双橋：1990-2000年考古發掘報告》。北京：科學出版社。

范毓周
    1999    〈甲骨文研究的歷史、現狀與未來展望〉，《史學月刊》第一期，頁8-17。
    1999    〈甲骨文研究的歷史、現狀與未來展望〉（續），《史學月刊》第二期，頁2-4。

張光裕
    1981    〈從新出土材料重新探索中國文字的起源及其相關的問題〉，《中國文化研究所學報》，第十二卷，頁91-151。

張光遠
    2020    〈商代金文為正體字甲骨文為簡體字說〉，輯於張光遠著，《古物瑰寶考說文集－金文早於甲骨文及春秋晉國〈子犯龢鐘〉大揭密》，頁184-191。台北：國立故宮博物院。

陳昭容
    1986    〈從陶文探索漢字起源問題的總檢討〉，《中央研究院歷史語言研究所集刊》第五十七本，第四分，頁699-762。

2016　〈漢字起源與先秦漢字文化圈形成的初步探索〉，輯於黃銘崇主編，《中國史新論‧古代文明的形成分冊》，頁 111-164。台北：中央研究院‧聯經出版公司。

許進雄
2020　《文字學家的甲骨學研究室》，第一、二堂課〈甲骨文的發現〉、〈中國文字有多少年的歷史〉，頁 17-33。台北：台灣商務印書館。

淄博市文物局等
1997　〈山東桓台縣史家遺址岳石文化木構架祭祀器物坑的發掘〉，《考古》第十一期，頁 1-18。

楊寬
1997　《戰國史》，第十二章第一節〈文字的變革和書法的起源〉，頁 611-613。台北：台灣商務印書館。

臧振華
2013　〈甲骨文與公眾考古學〉，《古今論衡》第二十五期，頁 52-60。

# 2 甲骨文的發現與文字特點

　　中國大約在先商至商代早期開始出現文字，不過文字的廣泛使用一直要到商代晚期才開始。今日大家以甲骨文泛指商代晚期文字，原因除了在於這類文字是刻寫於不易腐敗的龜甲或獸骨之上，也在於它們所占數量最多、字量最大而具代表性。商代晚期文字的載體其實已知尚有陶器、玉石器和青銅器，但發現數量相對零星許多。

## 甲骨文的發現與命名

　　甲骨文最早的發現者應當說是清朝末年河南安陽小屯村的村民，他們早在學者接觸甲骨文之前的二、三十年，便在翻耕時發現了帶字甲骨，只是在這段相當長的時間裡，這些甲骨一直被當作中藥材龍骨販售給藥店或藥商。儘管已證實為假，甲骨文的發現過去帶有傳奇色彩便與此歷程有關（注一）。這些龍骨上的刻劃痕跡首次被意識到可能是中國古代文字，其實與清光緒二十五年（一八九九年）山東濰縣骨董商范壽軒在北京向酷愛收藏文物且深諳金石學的王懿榮兜售帶字甲骨有關。帶字甲骨在財力雄厚的王懿榮大肆收購下，很快便累積至一千五百餘片，但不幸的是清光緒二十六年八國聯軍戰役時任京師順天團練大臣的王懿榮自殺殉國，使得甲骨文的研究在初露曙光之際便戛然而止。甲骨文為眾人所知要等到一九○三年劉鶚將購自王懿榮的甲骨與自己的收藏墨拓出版為《鐵雲藏龜》之後。

　　甲骨文早年其實沒有統一的稱呼，有些人稱之為契文，也有些稱卜辭、貞卜文字、書契、殷契、殷墟文字、龜甲獸骨文字、骨刻文、龜板文，「甲骨文」的稱呼始於一九二八年胡光煒出版的《甲骨文

例》，而在三〇、四〇年代後，學界便逐漸統一使用甲骨文一詞來稱呼這種文字。

## 甲骨文的性質

　　主要發現於安陽殷墟的甲骨大多為商代後期王室和貴族用於占卜的記錄。商代先民喜歡占卜並非是純粹的迷信，而是與商王室貴族利用無形的神鬼來強化王權統治性有關，《禮記‧表記》載孔子談商代思想：「殷人尊神，率民以事神，先鬼而後禮，先罰而後賞」，便說明了這層關係。對商代先民而言，商王是神的化身，因為商的始祖契為上天玄鳥所生，所以契的子孫都具備與上天直接溝通的本事。根據《尚書‧盤庚中》記載，商王盤庚在遷都時曾遭到反對，但他卻以「予迓續乃命于天」向其子民表明這樣的決定其實來自於上天；《尚書‧西伯戡黎》：「嗚呼！我生不有命在天？」的君臣答問，也表明了商紂王認為自己的生命來自於上天。

　　由於商王室與上天的親密關係，商王也具有溝通天地的本領，是神的化身，那麼舉凡人間的一切事物都應接受商王的統治，而商王所做之事，其實都是上天的旨意，因此舉凡國家大小事，如征伐、祭祀、天文、地理、疾病、生育、田獵等，商代王室貴族在進行前都要預先燒灼龜甲、獸骨來向上天進行貞問，以獲得正確的行動指示。占卜結束後若有需要，商代先民便會將占卜之事與驗證結果刻在龜甲或獸骨上作為紀錄收存，即今日我們所見的甲骨文。

## 甲骨文的構形

許多人在博物館中看到甲骨文,常會直覺地認為這種文字相當原始,甚至像鬼畫符般艱深難解,和今日所使用的漢字可能沒什麼關係,但這樣的看法其實並不正確,因為今日的漢字正是由甲骨文從商周、秦漢時代一路演變而來;從整體看,這三千多年來漢字並沒有出現根本的性質變化,其基本構形始終是保持不變的;也因此可說,漢字是中國文化不斷演化下的活化石!

甲骨文有趣的地方在於其字形是根據所欲表達的意義建構而來,字形主要由「構形元素」和「字綴」兩部分組成,兩者均為甲骨文的「構件」。根據歸納統計,大部分的文字學家認為甲骨文的構形元素大約有一百五十個左右。這些構形元素多為直接根據事物的輪廓摹取構形的獨體字(注二),且同時具備成為其他甲骨文字構件的功能,因此也有些學者視它們為甲骨文的部首。這些構形元素所摹對象主要為人形、人體各部位、枯骨、動物、神物、日月星辰、山川、水火、雲雨雷電、草木、農作物、車馬、舟船、兵器、樂器、寢具、食器、容器、工具、刑具、法器、卜骨、海貝、坑穴、田壟溝渠、建築體、屋構件、設施、簡牘、衣著、繩線、旗幡、抽象範圍等,相當多元,它們一部分選擇以取側面或正面全形的方式,以簡單的線條勾勒出事物的具體形象(圖2.1),另一部分則選擇以事物的局部特徵替代複雜的整體(圖2.2)。在表示大部分的實體物裡,甲骨文所採取的造字創意是直接摹其外形,而在許多抽象、難以臨摹外形的事情、狀態上,甲骨文也偶採與該事物相關的實體物進行字形創造,如夕字以彎月、臣字以眼睛、麗字以具有華美犄角的鹿、秋字以蝗蟲建構(圖 2.3)。

圖 2.1：選取實物直接摹其外形的構形元素。

圖 2.2：選取局部特徵替代複雜整體的構形元素。

圖 2.3：偶採與該事物相關的實體物進行造字的甲骨文字。

在構形元素之外，甲骨文字的字綴多屬一些橫豎彎曲短筆畫、小點、弧圈、方框，它們必須依附於構形元素才能明確其意義，例如許多小點可能用以表示血水、汗水、水滴、灰塵、土屑、砂石、火花、聲響、顆粒、細碎的內容物、性徵等；略帶彎曲或直筆的橫、豎短筆畫則可能表氣體的流動、水流、光線、地平線、花紋、溝渠、上下空間範圍等；而弧圈、方框則可能是指事符號，或表合圍的空間、範圍（圖 2.4）。這些字綴不是獨立完整的字，只能視為筆劃。

**圖 2.4：各種具有字綴的甲骨文字。**

甲骨文字的創造可分為「表形」和「構形」兩種模式。嚴格來說，表形其實也是構形的一種，只是字形由單獨的構形元素構成，而構形則具有兩個以上的構形元素；字綴則可同時搭配在表形和構形兩種模式上。甲骨文字中採表形法的文字多為象形字或指事字，並皆為獨體字，而採構形法的文字多為會意和形聲字，為合體字。

甲骨文的會意字是藉由兩個以上構形元素的相互結合，並根據構形元素在字中上下左右的相對位置關係，產生出新的構意。以伐和戍字為例，兩字均由「人」與「戈」兩個構形元素組成，但伐字中「戈」置於「人」的頸上，象以戈攻擊人，故有征伐之意；而戍字中「戈」置於「人」之上，象人以肩扛負著戈，故有持戈守衛之意。從甲骨文

的昃、昏字也可看到類似的案例,這兩個字均由「日」與「人」兩個構形元素組成,昃字中正立的人形置於「日」的旁邊,所欲表達的是太陽把人影照的斜長的時候,也就是太陽西斜時分,而昏字的側立人形置於「日」之上,表達的是太陽已西垂至低於人的高度的時候。再以即與既字為例,兩字均以表跪坐之人的「卪」和轉了頭向的「旡」搭配「皀」(表盛載食物的器皿)造字,分別用以表示事情即將發生和事情已經完成兩個相反的意思。「即」字描繪一個人跪坐於食物之前(或尚未坐下),以表即將進食,而「既」字描繪一個跪坐的人方向朝著食物,張口的方向卻與食物反向,以表餐畢。最後,我們以涉字為例說明構形元素所在位置所具有的造字初義。甲骨文的涉字主要由腳步和水流兩個構形元素組成,而為了表示涉水而過,前後腳步大多分開書寫於水流的兩端,僅有少數案例書寫於同一邊或是水流中(圖 2.5)。會意字的數量占甲骨文字的比例最高,透露了漢字在商代晚期的發展已由原始的「以形會意」提升至「以義會意」階段。

圖 2.5:甲骨文的伐、戍、昃、昏、即、既和涉字。

甲骨文中也有一些形聲字,但比例遠不如象形和會意字,可能僅占所有甲骨文字的百分之十到二十。甲骨文的形聲字同樣以兩個以上

的構形元素相互結合而成，但與會意字不同的是，形聲字中部分的構形元素在造字初義中是取其聲，作為聲符使用而不表義，至於其他構形元素則作為意符使用，表這個字的意義類別。以添加聲符來創造新字的過程又稱為文字的「聲化」現象，主要型態有二種：（一）在原來的象形、指事、會意字之外另加聲符，如鷄、鳳、星、麝、新字（圖2.6）；（二）原字轉換為聲符並另加意符，同時所加的意符具有類化效果，用於標示同範疇的東西。例如與行進有關的文字，通常會添加「止」（表左或右腳板形）、「行」（十字路口表行道），如追、遠、途、通、徉字；與草有關的文字，則會添加「艸」，如芳、蒿字；與河川、水流有關的文字，則會添加「水」，如洱、湄、汝、汜字（圖2.6）。

圖 2.6：部分甲骨文的形聲字。

　　漢字形聲結構的發展，是漢字構形方式的主流，但漢字的發展直到西周時期的金文才開始出現大量形聲字。這樣的演變趨勢凸顯了商代甲骨文字的發展階段性，是成熟中的文字。

　　古人通常並不會預先建立一套統一準則據以造字，但人們思考造字的方法往往也相差不遠，故東漢許慎在《說文解字》中以指事、象

形、形聲、會意、轉注、假借六書分析漢字結構與創造的方法，其實也部分適用於甲骨文。從前述可知，甲骨文明確具備了六書中的前四項。至於轉注與假借，目前學者多認為它們並不創造新字，因此不能稱為造字法，而是文字的應用。甲骨文中原本表示麥子的「來」字、表示蛇的「它」字、表示熊的「能」字、表示右手的「又」字、表示鳥巢的「西」字、表示鼻子的「自」字，以及表示頰毛的「而」字等，都因為久借不歸用以表示其他意義，因此可稱之為假借字。孫詒讓在《與王子壯論假借書》中指出：「天下之事無窮，造字之初，苟無假借一例，則逐事而為之字，而字有不可勝造之數，以必窮之數也，古依聲而托以事焉。視之不必是其字，而言之則其聲也，聞之足以相喻，用之可以不盡。是假借可就造字之窮而通其變。」因此可說古人用「假借」的變通辦法解決了使用有限文字來記錄無窮詞彙的困難。

至於轉注，由於許慎所給予的定義：「建類一首，同意相受」過於簡要，給的例子考、老二字關係也不明確，因此學者間對何謂轉注並沒有一致的看法。轉注可能指的是文字的引申義，是一種擴充字義的方式，但它並不表現在甲骨文根據構形元素和字綴所進行的字形創造上。文字學家裘錫圭在《文字學概要》一書中曾表示：「在今天研究漢字，根本不用去管轉注這個術語。不講轉注，完全能夠把漢字的構造講清楚。……總之，我們完全沒有必要捲入到無休無止的關於轉注定義的爭論中去。」

六書其實並不能完全解釋所有甲骨文字的造字初義，目前所發現的四千五百餘個甲骨文字中仍有大量是無法解釋的。之所以無法用六書分析，固然是文字本身為孤文殘辭，缺乏上下文關係，也常常是其結構古怪所致。

## 甲骨文的文字特點

　　甲骨文字形的造字方式雖然顯現了成熟文字體系的一面,但這種文字仍去古未遠,字形仍處於未定型的階段,整體仍著重於意念的表達,因此具有「一字多體」的特色。概言之,甲骨文字:(一)筆畫不拘泥於繁簡、(二)偏旁位置多寡不定、(三)構形元素正寫、反寫無別、(四)橫書、側書無別。只要這個字的關鍵構形元素相同,其偏旁結構雖有增損、位置偏移、形狀不一,仍可視為同一字。

　　以「鹿」字為例(圖 2.7)。在甲骨卜辭中鹿因為常常是商王捕獵的主要對象,所以出現地非常頻繁,但鹿字卻沒有統一的寫法,除了有橫書、直書之別之外,頭向亦有左右差異,有時身軀僅以簡單的曲筆表示,但也可見到完整軀幹並飾以斑點的表現法,甚至偶可見到眼睛、腳趾的細部描繪。儘管字形多樣,鹿字仍看得出是在描繪頭頂有一對犄角的偶蹄動物側面之形,四隻腳也因視覺關係被省略為兩隻腳。再以「水」字為例,甲骨文的水字同樣有著多種的異體字,在構形上於字體中央一般有一條曲折的水道,兩旁各有象水流的小點,小點的數量有著很高的隨意性;另外也有字體中央為兩條水道的字形(圖 2.8)。

圖 2.7:甲骨文多樣的鹿字字形。

圖 2.8：甲骨文多樣的水字字形。

以水為造字構件的甲骨文字，如河、沉、漁、洹等字（圖 2.9），異體字的情況則顯得更為複雜，「水」的形態常見簡省只剩下水道，象水流的小點數量不一，且往往隨另一構形元素而出現書寫位置差異，甚至偏離水道。與上述類似的案例在甲骨文中非常多，如「高」字，和以「高」字為構件的豪、蒿、亳字；「网」字，和以「网」字為構件的冤、羅、剛字；「豆」字，和以「豆」字為構件的彭、喜、熹、艱字等。

圖 2.9：甲骨文的河、漁和洹字。

在與「行」、「止」兩個構形元素有關的甲骨文字中，也常可見到將「行」簡省左或右半成「彳」的字形，或是增加「行」、「彳」、「止」，合而形成「辵」（辶）的增繁字形。相關案例可見牧、孚、逐、得、御、循、通等字（圖 2.10）。根據朱岐祥之整理，甲骨文字約有二二一組異體字，它們在構形元素增省、混同、位置上呈現非常彈性的變化。

圖 2.10：甲骨文字中與「行」、「彳」、「止」有關的異體字變化。

綜合上述可知，甲骨文字形的建構，以象形、會意和指事字為主，帶有強烈且鬆散的圖形「表形」與「構形」特色，構形元素創造所依據的，大多是當時日常之所見，因此這些文字本身便常帶有各種與古人生活相關的信息。在研究甲骨文字造字初義、追溯文字的演變過程同時，其實我們也能從中國考古學、歷史學的角度，以多元證據法一窺古時的工藝技術、器物使用方式、風俗習慣、信仰、價值觀、生業模式（subsistence pattern）、社會制度及各種文化表現，同時補充單一學科視角的不足。研究分析甲骨文的造字初義便如同考古學家透過田野發掘深入探索古代中國文化一般，是饒富趣味的。

# 注釋

注一：舊說指時任國子監祭酒的王懿榮身患瘧疾，託人於北京菜市口達仁堂抓藥，由於王懿榮深諳藥理，於檢視藥材時無意間發現「龍骨」上帶有符號，進而發現了甲骨文。但此說一九八三年遭李先登於光明日報所刊〈也談甲骨文的發現〉質疑其真實性，理由有二：當時的北京菜市口並沒有達仁堂中藥店，且當時藥鋪售出的龍骨都會先經過砸碎磨粉後出售。此後抓藥說發現甲骨文漸成野史趣聞。

注二：越早期的甲骨文構形元素往往越直接、具體摹取事物的外形，使人見之便能夠直覺明瞭其義。

## 參考資料

王宇信
    2019　《新中國甲骨學七十年》。北京：中國社會科學出版社。

王宇信、具隆會
    2019　《甲骨學發展 120 年》。北京：中國社會科學出版社。

朱歧祥
    1992　〈甲骨文一字異形研究〉，輯於朱歧祥著，《甲骨學論叢》，頁 53-148。台北：台灣學生書局。

李宗焜
    2006　《當甲骨遇上考古——導覽 YH127 坑》。台北：中央研究院歷史語言研究所。

李學勤（主編）
    2004　《中國古代文明與國家形成研究》，上編，第一篇第三章〈文字的出現與文明社會〉，頁 132-189。台北：知書房出版社。

徐富昌
    2006　〈從甲骨文看漢字構形方式之演化〉，《臺大文史哲學報》第六十四期，頁 1-40。

臧振華
    2013　〈甲骨文與公眾考古學〉，《古今論衡》第二十五期，頁 52-60。

劉一曼
    2019　《殷墟考古與甲骨學研究》。昆明：雲南人民出版社。

劉一曼、馮時
    2009　〈甲骨文概論〉，輯於劉正成主編，《中國書法全集》第一卷，頁 1-9。北京：榮寶齋出版社。

# 3 毛筆的發明與商代晚期的文字書寫

## 毛筆的發明

　　毛筆是中國的傳統書寫和繪畫工具，相傳由秦將蒙恬發明，宋初（公元九八四年）《太平御覽》引西晉張華《博物志》裡有「蒙恬造筆」的記載，西晉崔豹《古今注》「世稱蒙恬造筆」問答則寫道：「蒙恬始造，即秦筆耳。以柘木為管，鹿毛為柱，羊毛為被，所謂蒼毫，非兔毫竹管也。」

　　不過毛筆真的源自於蒙恬嗎？根據東漢許慎《說文解字》所載：「聿，所以書也。楚謂之聿，吳謂之不律，燕謂之弗」來看不是，因為從內容可知東周時期已有毛筆，且列國對毛筆的稱呼各異。《詩經・邶風・靜女》中：「靜女其孌，貽我彤管，彤管有煒，說懌女美。」所指的彤管，則是女史所使用的紅管書寫工具，更說明著西周時期也有毛筆。清代趙翼在《陔余叢考》「造筆不始蒙恬」條中寫道：「筆不始於蒙恬明矣。或恬所造，精於前人，遂獨擅其名耳」，他認為蒙恬應該只是毛筆的改良者，實有跡可循。

　　那麼毛筆的發明究竟在何時呢？若從新石器時代中期仰韶文化彩陶花紋帶有筆鋒的特徵來推測，至少是在五、六千年以前，可惜的是可能早期的毛筆皆為有機材質，難於在黃河、長江流域乾濕交替的埋藏環境於地下長期保存，因此目前考古所見年代最早的毛筆實物僅能追溯至戰國時期，出土於戰國早期河南信陽長台關一號楚墓、戰國中晚期湖北荊門包山二號楚墓，以及戰國晚期湖南長沙左家公山楚墓、甘肅天水放馬灘一號、十四號秦墓（圖 3.1），其中信陽長台關、長

48　一、甲骨文字與占卜

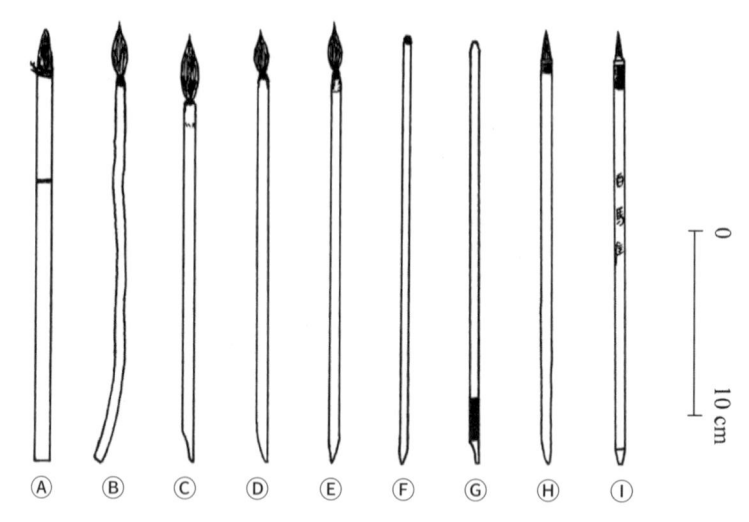

沙左家公山所出毛筆之筆毫是以細線捆縛於筆杆上，包山楚墓所見則是將筆毫縛成帶筆尖的筆頭，蘸上漆，嵌入筆杆一端的銎眼內。放馬灘秦墓所出毛筆，以及年代較前述略晚，秦始皇三十年（公元前二一七年）湖北雲夢睡虎地十一號墓所出三枝毛筆的製作方式，與包山楚墓毛筆雷同，可依稀推知製筆技術在戰國至秦代間的演進。

圖3.1：Ⓐ河南信陽一號楚墓毛筆，Ⓑ湖南長沙左家公山楚墓毛筆，Ⓒ湖北荊門包山二號楚墓毛筆，Ⓓ甘肅天水放馬灘一號秦墓毛筆，Ⓔ湖北雲夢睡虎地十一號墓毛筆（M11:60），Ⓕ湖北雲夢睡虎地十一號墓毛筆（M11:68），Ⓖ甘肅敦煌馬圈灣漢代烽燧遺址毛筆，Ⓗ江蘇東海尹灣六號漢墓毛筆，Ⓘ甘肅武威磨嘴子四十九號漢墓毛筆。

　　漢代毛筆出土數量較多，在漢墓及長城沿線的許多烽燧遺址皆有發現，如居延漢筆。甘肅敦煌馬圈灣烽燧所見毛筆為當地屯駐軍士所用，製作略嫌簡率，而江蘇連雲港東海尹灣六號墓（公元前十年）出土的兔毫筆，與甘肅武威磨嘴子四十九號墓（東漢中期）「白馬作」筆的製作則相當考究，筆毫均嵌入筆杆，前端細紮絲線並髹漆，為秦代毛筆工藝的延續與改良（圖3.1）。

## 商代已使用毛筆書寫

　　商代是否使用毛筆書寫呢？答案是肯定的，因為一些考古出土帶有朱書、墨跡的玉戈、玉璋、陶、石器和甲骨便是直接證據（圖 3.2），而作為間接證據，商代晚期金文、甲骨文的「聿」字所表現的，正是手握毛筆的姿勢，有時字形省略了開張的筆毫，而容易與另一個同樣以書寫為造字初義的「尹」字相混（圖 3.3）。

圖 3.2：Ⓐ 1932 年殷墟第七次發掘出土「祀」字墨書白陶，Ⓑ、Ⓒ中央研究院史語所藏殷墟出土朱書、墨書龜甲，Ⓓ殷墟出土朱書玉柄形器。

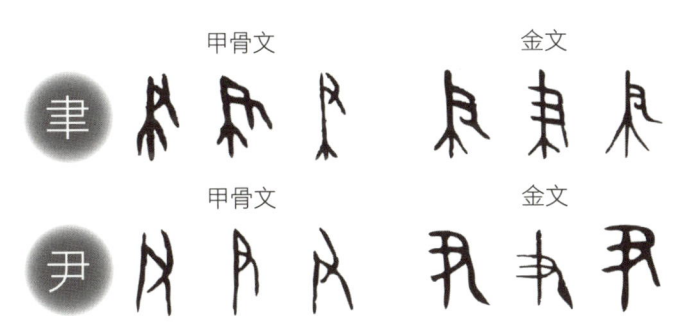

圖 3.3：甲骨文與金文的「聿」和「尹」字。

毛筆一般蘸墨書寫，而甲骨文的「書」、「君」二字字形便如手握毛筆蘸墨一般（圖3.4）（注一）。「書」字由「聿」、「口」兩個構件組成，筆毫開張，所表為書寫的動作，而「君」字筆毫不開，所表則為持筆工作的官員（注二）。相同的造字初義亦可見於「聿」與「尹」二字，「聿」字筆毫開張，強調的是持筆書寫，而「尹」字筆毫不開，所表為持筆工作的管理者。西周金文的「書」字雖承繼於甲骨文字形（圖3.4），但於形符「聿」下加了聲符「者」，由會意字轉為兼具形聲特點的聲化字。至於西周金文的「君」字手持毛筆的字形上半部已不再位於「口」形的正上方，稍微向左側偏移，使毛筆不再位於「口」上。

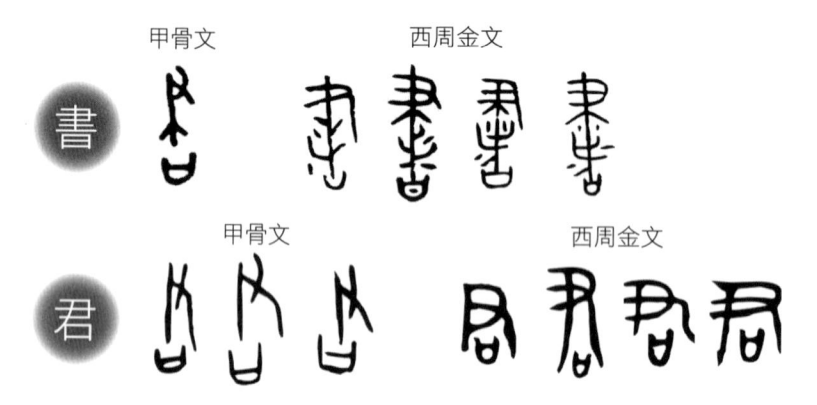

圖3.4：甲骨文與金文的「書」和「君」字。

商代的墨跡經過科學分析，成分以碳黑為主。中國古代的墨多由碳黑與動物膠調合製成，難於長久保存，故迄今發現數量極少，一九七五年湖北雲夢睡虎地四號秦墓所出土的戰國時代晚期墨錠（直徑約二點一公分，殘高一點二公分）是目前最早的發現。另從江陵鳳凰山一六八號漢墓、廣州象崗南越王墓、山西渾源畢村一號漢墓等出土的西漢時期考古文物推斷，秦漢時期的墨並沒有固定的形制，有模製墨

錠，也有以手工捏製的小顆粒墨丸、小圓餅狀墨塊，皆需要在書寫前放於硯上，加水以研石研磨成墨漿後使用。

甲骨文與金文中與書寫有關的文字尚有「畫」、「肅」、「書」等。甲骨文的「畫」字表現為手上拿著一支筆畫兩個相互交叉的彎曲花紋，少數字形的筆毫則省略掉。到了西周時代，「畫」字結構逐漸變得複雜，下方的彎曲花紋改成了「周」形，下偶可見「玉」或「口」形，說明為經雕琢、彩繪而看似精美的琱玉，全字會於玉上繪畫文采，這樣的字形演變影響了後來小篆的造字（圖 3.5）。

圖 3.5：甲骨文和西周金文的「畫」字。

「肅」字西周晚期的金文字形象一隻手拿著筆，其下有一個「心」，說明「肅」字是以書寫時的莊重、嚴肅心境為造字初義，不過春秋晚期金文「肅」字「聿」下的「心」訛變為類似「𣶒」形的圖案，導致許慎在《說文解字》中不甚明瞭「肅」字之由來，但許慎所收錄的「肅」字古文仍見有「心」形（圖 3.6）。

圖 3.6：西周、春秋時期金文、小篆及古文的「肅」字。

甲骨文與西周晚期金文的「晝」字則是「聿」和「日」兩構件的上、下組合，藉書寫總需在陽光充足的時段來表達白晝之義，類似的字形也保留在《說文解字》所收錄的籀文中（圖 3.7）。

甲骨文　　　西周晚期金文　　　籀文

圖 3.7：甲骨文與金文、籀文的「晝」字。

## 商代書寫的主要載體

既然商代已有毛筆，那麼毛筆又主要書寫在什麼載體上呢？若從商代晚期金文、甲骨文和西周金文的「冊」、「典」二字所見竹簡、毛筆形象，以及《尚書‧多士》：「惟殷先人有冊有典」的記載來推測，答案可能即竹簡。「冊」字所象即為繩索編綴多條竹簡而成的簡冊，其下或有單手或雙手（圖 3.8）。「冊」字常見於祭祀卜辭。

甲骨文

商代晚期金文

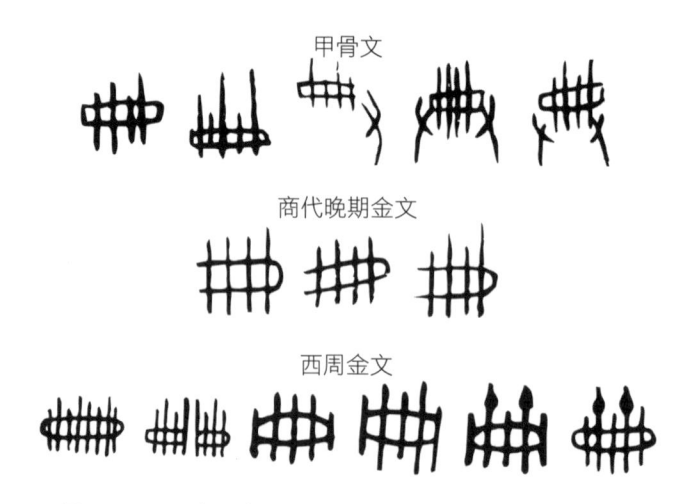

西周金文

圖 3.8：甲骨文、商代晚期金文和西周金文的「冊」字。

3 毛筆的發明與商代晚期的文字書寫　53

　　甲骨文中還有個與「冊」相似的「典」字，差別在於「典」字帶有几案，原因是「典」為重要典籍，篇幅長，竹簡量多，故需置於几案上（圖 3.9）。

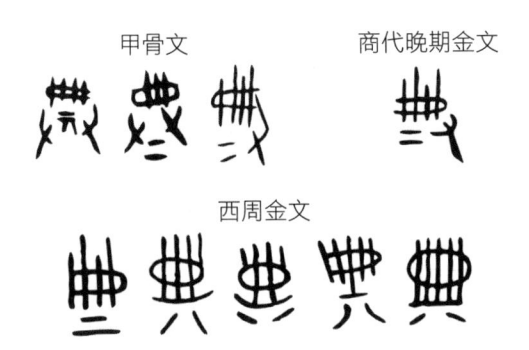

圖 3.9：甲骨文、商代晚期金文和西周金文的「典」字。

　　古人在紙張發明、普及以前選擇竹簡為主要書寫載體，可能是妥協下的結果，原因在於竹材普遍、製作成本低廉，書寫時亦可隨文章長度適度增加簡量，收藏時亦可捲起節省空間，竹簡的編聯應是使用繩索，甲骨文裡便有一個由繩索和冊為構件組成的字，應是會以繩索編聯竹簡，或釋為「編」（圖 3.10）。從卜辭可知商代晚期有個世襲制的官職稱為「作冊」，商代青銅器上的族徽旁常可見到小型的「冊」字，即表示其家族有作冊官職的傳統（圖 3.10）。作冊的工作職掌是隨時書寫竹簡並編聯成冊，同時宣讀王的冊命、並將冊命授予臣下。商王武丁時期與征伐有關的卜辭中常見有「冓冊」一詞，推測便與出征前的冊命儀式有關。

或釋為「編」
的甲骨文字

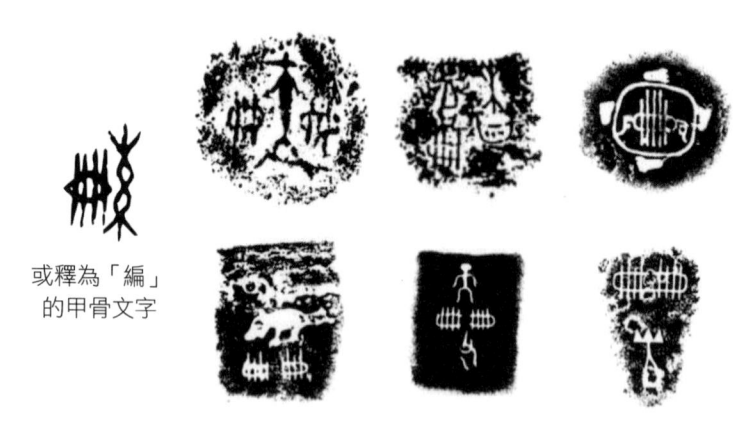

圖 3.10：或釋為「編」的甲骨文字以及商代青銅器帶「冊」字族徽。

　　古時如果在竹簡上寫錯了字，也僅需以削刀移除誤筆重新再寫即可。為表達刪改之義，甲骨文的「刪」字便是由刀和冊兩個構件組合而成。許多秦漢考古發現所見文吏形象腰間掛有削刀、礪石，如秦始皇陵文官俑，便是為了誤筆的刪改。

　　另從甲骨文、金文的「史」、「吏」、「事」三字推測（圖 3.11），在竹簡之外，商代與西周時期可能也使用易於多行書寫，不必再行排列、編綴的方形木牘為書寫載體。甲骨文與金文的「史」字象一手持拿某物，可能便是「史」這個職務的官員為了執行公務，用來書寫的木牘或放置木牘的架子（注三），一如山東沂南東漢畫像石所見簪「白筆」者雙手持握之板架（圖 3.11）。根據《說文解字》，「史」的工作主要是負責記錄各種事件的原委、過程和結果。由於職事具有臨時性，所以這類的職官必須時時刻刻保持書寫的機動性，進而需要持拿木牘或放置木牘的架子以便利書寫。另根據王國維《釋史》：「『史』之本義為持書之人，引申而為大官及庶官之稱，又引申為職事之稱。其後三者，各需專字，於是『史』、『吏』、『事』三字於小篆中截然有別：持書者謂之『史』，治人者謂之『吏』，職事謂之『事』。

此蓋出於秦漢之際,而《詩》、《書》之文尚不甚區別。」說明「史」、「吏」、「事」實為一字之分化,是後來根據所從事職事的不同而產生的。「史」、「吏」、「事」三字雖都與書寫有關,但都省略了拿著毛筆書寫的另一隻手,顯然手上所持之物具書寫意涵已然充足、明確。

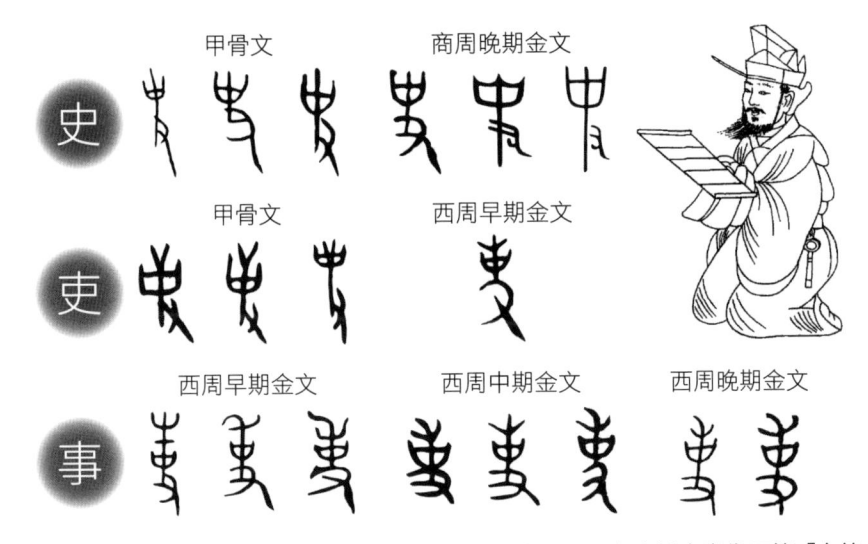

圖3.11:甲骨文與金文的「史」、「吏」和「事」字,以及山東沂南畫像石簪「白筆」者形象。

# 注釋

注一:一說「口」形僅為飾筆,無義。
注二:「君」為商代職官名,卜辭、西周金文中常見「君」、「尹」互用。
注三:所持之物有旗幟、簡冊、田獵工具、筆、木牘與放置木牘的架子等多種看法。

# 參考資料

山西省文物工作委員會等
    1980  〈山西渾源畢村西漢木槨墓〉，《文物》第六期，頁42-48。

中國社會科學院考古研究所 編著
    2005  《安陽殷墟出土玉器》。北京：科學出版社。

尹潤生
    1983  〈中國墨創始年代的商榷〉，《文物》第四期，頁92-95。

王蘊智
    1994  〈"典""冊"考源〉，《殷都學刊》第四期，頁1-4。

甘肅省文物考古研究所、天水市北道區文化館
    1989  〈甘肅天水放馬灘戰國秦漢墓群的發掘〉，《文物》第二期，頁1-11，31。

甘肅省博物館
    1972  〈武威磨嘴子三座漢墓發掘簡報〉，《文物》第十二期，頁9-23。

甘肅省博物館、敦煌縣文物館
    1981  〈敦煌馬圈灣漢代烽燧遺址發掘簡報〉，《文物》第十期，頁1-8。

朱鳳瀚
    2005  〈作冊般黿探析〉，《中國歷史文物》第一期，頁6-10。

李孝定
    1965  《甲骨文字集釋》。台北：中央研究院歷史語言研究所。

李宗焜
    2006  《當甲骨遇上考古——導覽YH127坑》。台北：中央研究院歷史語言研究所。

李學勤
    2005  〈作冊般銅黿考釋〉，《中國歷史文物》第一期，頁4-5。

河南省文物研究所
    1986  《信陽楚墓》。北京：文物出版社。

林進忠

1997　《認識書法藝術》（第一冊：篆書）。台北：國立台灣藝術教育館。

孟憲武、李貴昌
1997　〈殷墟出土的玉璋朱書文字〉，《華夏考古》第二期，頁 72-77。

孫機
2011　《漢代物質文化資料圖說》（增訂本）。上海：上海古籍出版社。
2017　《中國古代物質文化》。台北：華品文創。

徐衛民
2002　《地下軍陣：秦兵馬俑坑考古大發現》。杭州：浙江文藝出版社。

許進雄
2017　《字字有來頭》（戰爭與刑罰篇）。新北：字畝文化創意有限公司。
2020　《文字學家的甲骨學研究室》。新北：台灣商務印書館。

連雲港市博物館
1996　〈江蘇東海縣尹灣漢墓群發掘簡報〉，《文物》第八期，頁 4-25。

湖北省文物考古研究所
1993　〈江陵鳳凰山一六八號漢墓〉，《考古學報》第四期，頁 455-513。

湖北省荊沙鐵路考古隊
1991　《包山楚墓》。北京：文物出版社。

湖南省文物管理委員會
1954　〈長沙左家公山的戰國木槨墓〉，《文物參考資料》第十二期，頁 8-19。

雲夢睡虎地秦墓編寫組
1981　《雲夢睡虎地秦墓》。北京：文物出版社。

劉一曼
1991　〈試論殷墟甲骨書辭〉，《考古》第六期，頁 546-554，572。

廣州市文物管理委員會等

1991　《西漢南越王墓》。北京：文物出版社。

蔣紅毅、陳輔生、張玉強

1992　〈試論殷代簡冊的使用〉，《殷都學刊》第二期，頁 11-14。

# 4 占卜與甲骨卜辭的刻寫

對商代晚期得以從事占卜的少數人而言，占卜似乎是生活的一部分，甚至是日常習慣，他們時時卜（注一）、事事卜，且往往一事多卜、同事異問、正反對貞。當時的占卜工具為龜甲與獸骨，合稱「甲骨」。獸骨除了牛骨之外，也見使用鹿、羊、馬、豬、虎、犬、象，甚至人骨的少數例子。商代晚期占卜選用龜甲明顯多於獸骨，且以腹甲為主，背甲參用，卜骨則以牛肩胛骨最多。龜甲的來源有黃河、淮河、長江流域，甚至南中國。卜骨除獵自野生之外，多來自畜養，以中原或北方地區為多。商代晚期占卜工具的選用會因社會階級、身分的不同而有所差異，商王室、貴族所使用的甲骨往往較大且完整（注二）。

經由歷代學者的系統研究與實驗考古驗證，學界對於商代占卜的流程已有了一定程度認識，其大致程序依序如下：（一）甲骨的整治、（二）鑿鑽、（三）施灼、（四）根據卜兆判斷吉凶、（五）卜辭的契刻、書寫，以及最終（六）卜後的甲骨處理。從甲骨上的署辭可知，商王室占卜從甲骨的收取、占卜工具的準備、占卜的操作與卜後處理，可能皆有制度性與程序的分工，而非貞人一手包辦（注三）。

## 甲骨的整治

甲骨的整治是商代占卜前的準備工作之一，其目的不僅是為了避免取材的雜亂無章，也為了便利後續占卜的施作。以下就龜腹甲、龜背甲和牛肩胛骨的整治分別說明。

龜腹甲的整治首先須從整副龜甲的甲橋，也就是連接腹與背甲的部分鋸開，之後再鋸去腹甲兩側甲橋邊緣所留的凸出部分，並將之錯

磨成整齊的弧形,使腹甲外緣顯得平直。腹甲表面的膠質鱗片則需另行刮除,之後還需刮平腹甲表面,好讓卜兆之後能夠清晰顯現,平滑光潤的表面也利於後續文字的刻寫。龜腹甲的正面以特稱為千里路的中縫為界,分左甲與右甲兩半;若再以龜腹甲上的齒縫分界,全甲又可細分為中甲、首甲、前甲、後甲和尾甲(圖4.1)。學界慣以龜甲近首甲處為上,近尾甲處為下,近邊緣處為外,近中縫處為內。

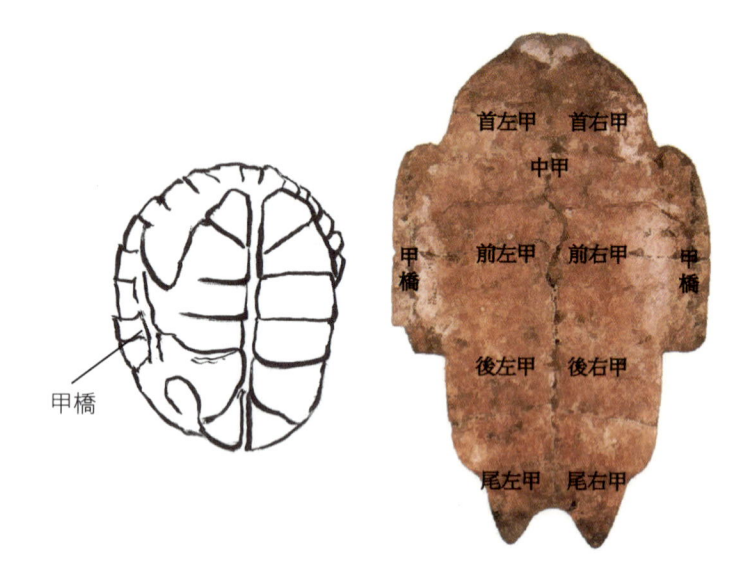

圖4.1:甲橋位置與龜腹甲部位名稱。

至於龜背甲的整治則主要分為二型。若背甲較大,一般僅從中脊鋸開,一分為二;若背甲較小,則除了對鋸之外,還會鋸去近中脊處凹凸較多的部位和首、尾兩端,整體成鞋底形,並於中間穿孔。這類背甲又稱「改製背甲」(圖4.2)。

牛肩胛骨包含上端的骨臼和下端的骨扇兩部分(圖4.3)。骨臼即關節窩,近橢圓形內凹。

圖4.2:改製背甲。

**4** 占卜與甲骨卜辭的刻寫　61

圖 4.3：牛肩胛骨結構示意圖與卜骨。

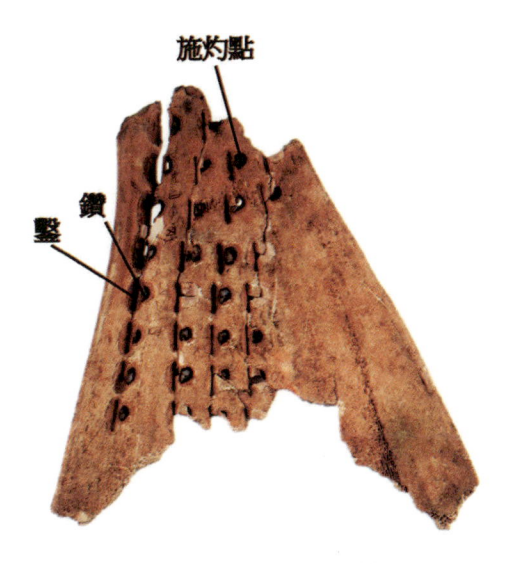

圖 4.4：牛肩胛骨上的鑿、鑽。

骨臼的一側有凸起的臼角，左肩胛骨臼角在左，反之在右。沿臼角而下，骨扇反面的一側有一道凸起的骨脊（骨條），是肩胛骨較薄的部位。學界慣稱緊靠骨脊的邊緣為內緣，與之相對的邊緣為外緣。外緣因骨面稍微隆起，而比內緣顯得厚而圓。牛肩胛骨的整治首先須將骨臼最上方橫向鋸去一半或三分之一，使臼面成為半月牙形而內凹，能夠讓骨扇正面朝上平置，後將臼角以下凸起的骨脊削平，再將凸出的臼處向下、向外切除，使之成為九十度的缺口，同時骨臼切處以下隆起的部分也要盡量削平。肩胛骨粗澀多細孔處也要刮磨乾淨。骨扇底端邊緣的軟骨也要削去，並刮磨平整（圖 4.3）。

## 甲骨的鑿鑽

　　鑿鑽也是占卜前的準備工作。鑿指的是長方形、橢長形或棗核形的窠槽；鑽則多是位於鑿之一側呈圓形或半圓形的窠槽（圖 4.4），另還有一種單獨的小圓鑽。鑿、鑽大多施於甲骨契刻文字面的背面，不穿透甲骨。學界過去曾推測鑿是由青銅鑿挖鑿而成，但近年顯微觀察研究已證實它們其實都是以青銅刀挖刻，或用砣具（圓盤狀的切割工具）輪開而成。鑿的形態相當多元，其原因在於以刀或砣具開槽後仍會使用刀具進行修整，差異常出現於鑿的邊緣部分。至於鑿旁之鑽，則大多數是使用砣具開槽後再用刀加工挖刻，或不使用砣具，直接用刀挖刻而成，另還有極少數的案例則是使用鑽子鑽成。至於小圓鑽的製作，學者從其平面呈圓形、四壁及底部光滑的特點研判，應是以鑽子垂直向下鑽成。鑿、鑽形態是甲骨學的研究之一，也是甲骨斷代的重要依據。

　　鑿的方向總是與牛肩胛骨的兩側、龜甲的中縫平行。鑿、鑽在肩胛骨上的分布一般位於較厚處之一側，左肩胛骨是鑽右鑿左，右肩胛

骨則反之鑽左鑿右。在龜甲上鑿、鑽的分布則左右對稱，錯落有致，於龜甲右半，鑽在鑿的左側；於龜甲左半，鑽則在鑿的右側。

　　鑿鑽的目的是為了下階段的施灼，以確保甲骨能於正面開裂。董作賓指出：「鑿之，所以使正面易於直裂也。鑽之，所以使正面易於橫裂也」，鑽在鑿的左或右側決定著甲骨正面開裂的方向。許進雄指出，這種一鑿一鑽的甲骨形式於商王武丁以後就不再採用，而只剩下鑿，變革原因可能是占卜者發現了甲骨開裂的角度是可以根據鑽的位置、形態而控制的，而商代越晚期使用龜甲多於獸骨的原因，同樣可能也在於察覺了龜甲所產生的開裂相對獸骨較難控制，而被認為更加靈驗。

## 施灼

　　商代先民占卜程序中使卜兆顯現的方法為施灼，若參考《周禮・春官》：「揚火以作龜，致其墨。凡卜，辨龜之上下、左右、陰陽，以授命龜者而詔相之」之記載，意思即燒灼甲骨。根據出土甲骨上所呈現內層焦黑、外層黃褐的灼痕研判，商代先民應是以炭火（燒炭）而非炬火燒灼甲骨，內層是灼燒的接觸面，外層則是受熱波及區。再參考《史記・龜策列傳》中「荊支卜之」、「灼以荊若剛木」之記載，商代先民占卜施灼的炭火來源可能是一端已燒成積炭的荊條或硬木枝條，但也有學者主張是金屬工具。對此學者們曾進行實驗，結果發現若以青銅棒施灼總會有散熱過快的問題，不僅容易導致灼痕焦黑，灼出的兆紋也不明顯。相對的，硬木枝條能有效灼出兆紋，且效果與出土甲骨相似。成功灼出清晰兆紋的訣竅在於保持施灼點固定，同時均勻、緩慢地以嘴吹氣，好讓枝條頂端始終維持高溫。倘若枝條燃盡或不慎熄滅，須立即以另一根替換，直到甲骨產生爆裂才終止施灼。

## 卜兆形態

　　卜兆出現於施灼點反面相應處,以縱、橫兩方向的裂紋呈現,縱者稱兆幹,橫者稱兆枝。劉一曼根據兆幹、兆枝的數量、彎折類型與分岔與否區分為十二類十六型(圖4.5):第一類兆枝橫直,與兆幹呈九十度或趨近九十度;第二類兆枝微上仰,兆幹與兆枝夾角介於七十至九十度;第三類兆枝微下垂,與第二類相反;第四類兆枝微上仰後彎折下垂;第五類與第四類相反,兆枝微下垂後彎折上仰;第六類第Ⅰ型在第一類的基礎上於兆枝頂端出現上下對稱的橫置V形分岔;第六類第Ⅱ型在第三類的基礎上於兆枝後端伸出一短枝;第六類第Ⅲ型則是在第二類的基礎上,於兆枝上方出現分岔兆枝,數量不定、形狀也不規則;第七類第Ⅰ型兆幹與兆枝呈十字形;第七類第Ⅱ型有左、右相連但方向各異的兆枝;第八類兆枝為曲線;第九類呈H形,二幹一枝,兆幹長短各異;第十類在第九類的基礎上增加一兆枝;第十一類只見二兆幹而無兆枝;第十二類第Ⅰ型僅有一兆幹而無兆枝;第十二類第Ⅱ型僅有一兆幹,但兆幹下端呈向內捲曲的弧鉤。第一至七類卜兆見於卜甲與卜骨上,其餘類型只見於卜骨,卜甲則未見。

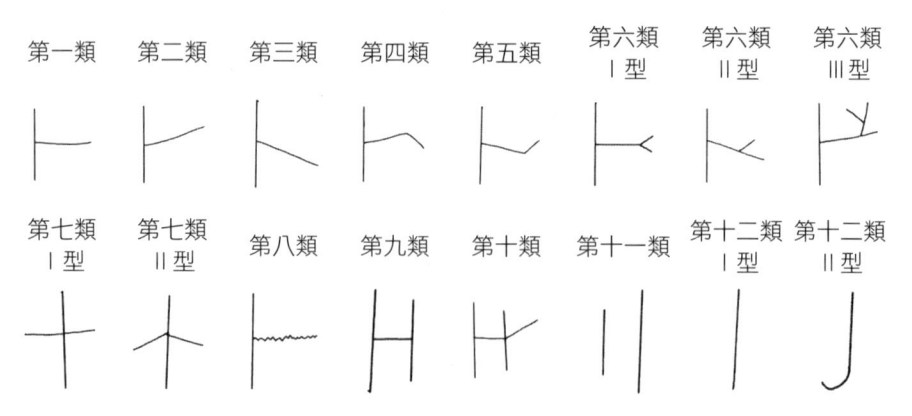

**圖4.5:十二大類十六型兆支。**

殷墟不同地點出土的甲骨，其卜兆形態存在一定差異，但整體而言以一至五類最為普遍。一說甲骨文的「卜」字「象其爆裂之聲曰『卜』，寫其離析之形為『卜』」，但從「卜」字的多種字形實與卜兆相似來看（圖4.6），應是個象形字。

圖4.6：甲骨上的兆紋與甲骨文的「卜」字。

## 判斷吉凶

商代先民認為占卜是人、神之間的溝通方式，甲骨灼燒後顯現的卜兆便是神意的展現，所以占卜者便須依據兆幹、兆枝所呈現的形態對所貞之事作出「是」或「非」的判斷，此即甲骨占卜的「占」。甲骨文的「占」字有兩種字形，一種為一塊卜骨上有「卜」和「口」字，是一個會意字，會卜骨以顯示兆紋的方式說出問題的答案，可能由於這樣的字形過於繁複，為了方便刻寫，後來便大多省略了卜骨之形，僅留下兆紋與口來表達相同的意思（圖4.7）。

圖 4.7：甲骨文「占」字的兩種字形。

　　判斷吉凶是商代占卜最重要的一環，吉可行，凶不可行。那麼上揭十二類卜兆分別代表著什麼意思？古人又如何根據它們作出吉凶判斷？有學者曾對此問題進行過約兩千個案例的不精確統計，發現兆幹與兆枝夾角在七十、八十、九十和一百度以上的卜兆被認為是吉兆的機率遠高於非吉兆，但仍常見有相反的例子，表明在卜兆形態以外可能還有其他因素需要納入吉凶判斷考量。也曾有學者從《史記‧龜策列傳》的占卜記載和現代中國少數民族占卜的民族學觀察獲得啟發，推測商代占卜在灼燒甲骨前，貞人會先與神靈作口頭約定，清楚表明何種形態的卜兆代表著什麼意思，但這種口頭約定可能又往往因人、事而異，無統一法則，這也表明目前要破解商代占卜如何判斷吉凶其實有相當難度。

## 如何理解甲骨卜辭

　　卜辭是占卜結束後於龜甲或獸骨上所留下的紀錄。值得一提的是，並不是所有的占卜結束後都會留下紀錄，帶有刻辭的甲骨其實只是相對的少數。學界過去主要將甲骨卜辭粗分為王卜辭與非王卜辭，前者指的是所貞問內容圍繞目前所發現商王武丁以降至商末各時王為主體的卜辭，後者則是指其他貴族家支或一般人占卜所留下的卜辭，

但對這種二分方式學界已開始檢討其適切性。

一條完整的卜辭包含敘辭、命辭、占辭和驗辭四部分。敘辭又稱前辭，是卜辭全文最前頭記占卜日期和貞人名的部分；命辭也稱貞辭，是卜辭的核心部分，揭示要貞問的事類、內容；占辭也稱果辭，是視卜兆走向定吉凶而決定所貞問之事是否順遂、可行的判斷，也就是預測，是占卜的結果；驗辭則是占卜後一定時間後對所占之事是否應驗的追記，也就是追刻卜辭。

試舉例如下：《丙》247：「甲申卜，㱿，貞婦好娩，嘉？王占曰：『其惟丁娩，嘉；其惟庚娩，弘吉。』三旬又一日甲寅娩，不嘉，惟女。」該例敘辭記卜日為甲申，貞人名㱿；命辭是貞問商王武丁即將臨盆的妻子婦好是否會生下男兒（注四）？占辭從「王占曰」後開始，表商王武丁在檢視了卜兆後作了判斷，表示若在丁日分娩，會生男孩，而若在庚日分娩，則會非常吉利。從「三旬又一日」開始的部分為驗辭，表示最終婦好在這次占卜後的一個月分娩，結果生了女兒。這條卜辭同時也體現了商代晚期的重男輕女。

卜辭的形式往往會從正、反兩面貞問，稱之為「對貞」。《丙》247的對貞卜辭為：「甲申卜，㱿，貞婦好娩，不其嘉？三旬又一日甲寅娩，允不嘉，惟女。」這裡占辭被省略了，而驗辭出現「允」，表果然之義，意思即婦好在這次的占卜後的一個月分娩，果然生了女孩。

又如《合》137：「癸丑卜，爭，貞旬無囚？王占曰：『有祟有夢』。甲寅允有來艱，左告曰：『ⵏ芻自溫十人又二。』」敘辭記卜日為癸丑，貞人名爭；命辭是貞問下一旬是否會有災禍？占辭從「王占曰」後開始，表商王在檢視了卜兆後作了判斷，表示會有災異等不好的事發生，且會作夢。從「甲寅」開始的部分為驗辭，表示在隔日左的確來向商王報告，溫這個地方幫商王餵養牲畜的農奴有十二個逃跑了。

從上揭卜辭中的命辭出現「貞旬無囚」一語，可知《合》137為

常見的卜旬卜辭（注五），其中隸定為「囚」字的字形（圖4.8）與甲骨文的「占」字相似，較大的差別僅在於「囚」字無「口」形、卜骨內有斜線。該字的釋讀過去有郭沫若、唐蘭、于省吾等大家所主張的禍、繇、咎、尤、憂等說，但始終未有定論，學者們僅認可該字應是一個表示災禍一類意義的字，不過近年隨著新出土文獻提供進一步佐證，於卜辭中文義亦皆可暢通無阻，該字應釋為「冎」讀為「禍」或許能夠得到學術界最終的認可。

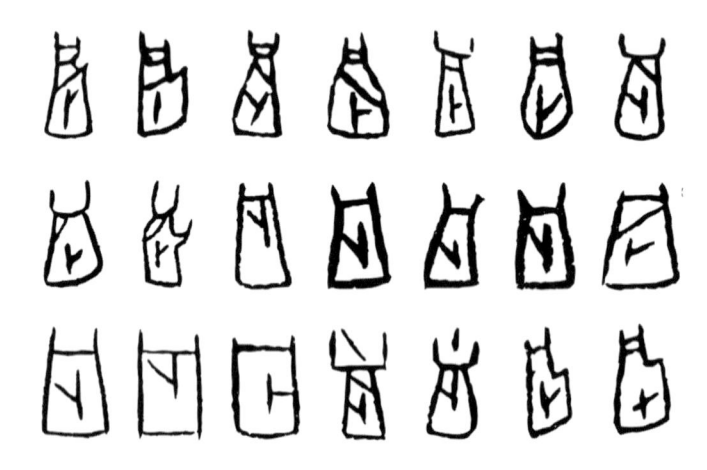

圖4.8：甲骨文的「囚」字。

目前所見四辭具備的甲骨卜辭其實數量不多，多數有所省略，較常見的僅有敘辭與命辭，或甚至僅有命辭的形式，含占辭者也屬於少數，有驗辭者則更少。四種辭的刻寫也不一定都在甲骨的同一面，可見（一）正面寫敘、命辭，反面寫占辭；（二）正面寫敘辭、反面寫命辭；（三）正面寫命辭，反面寫敘辭；（四）正面寫命辭，反面寫敘辭、占辭；（五）正面寫命辭，反面寫敘、占辭和驗辭；（六）正面寫敘辭、命辭、占辭，反面寫驗辭六種。此外還有正面已無空處刻字，轉而於反面補刻的案例。

甲骨上卜辭的行款通常有一定規律，龜腹甲中縫兩邊的卜辭是由內往外，而位於邊緣處的卜辭是由外往內。商王武丁時期卜辭多從龜腹甲的上端長鑿開始占卜，故卜辭的段落為上往下，但商王祖甲之後逐漸改為由甲骨的下端長鑿開始占卜，故卜辭的段落亦改為由下往上的順序。至於牛肩胛骨上的卜辭則大多從靠近骨邊的部位開始，行款由內緣向外緣，即在骨左邊緣的卜辭是下行而左，在右邊緣的卜辭則是下行而右。倘若同骨版上有數條卜辭，一般是由下而上排列。

甲骨刻辭在四辭之外還有序數和兆辭。序數是灼兆的次數，所反映的是商代一事多卜的特點，而目前所見一事多卜的最高紀錄是二十二次。貞人每灼一兆便要刻一序數，以標明施灼見兆的次序，也因此序數是先於卜辭契刻於甲骨上的。卜兆若向左，序數通常在卜兆的左上端，反之則在右上；若為縱兆，則刻於其頂端，鮮有刻於其底端的例子。胡厚宣認為：「卜兆紀序之數字，十之後仍由一起，絕不用十一、十二等類合文」，原因是：「因恐合文占地較多」。當然這個說法也有極少數的例外，《乙》5399、《合》22046卜辭之序數皆可見到「十一」的特殊例子。龜腹甲上的序數排列一般是自上而下、自內而外，而牛肩胛骨上則以自下而上居多。同版甲骨上的一事多卜往往一、二句式較詳細、完備，起到了總敘作用，其餘則常見簡省。

兆辭則是施灼見兆定吉凶的簡單斷語，常見於橫兆的下側。兆辭的構詞法是固定的，諸如「一告」、「二告」、「三告」、「小告」、「吉」、「小吉」、「大吉」、「上吉」、「弘吉」、「不吉」、「不䚄」、「不䚄黽」、「用」、「茲用」、「不用」、「茲不用」、「茲毋用」等，皆為占卜術語。占辭有時會直接引用兆辭，如上揭《丙》247卜辭的「弘吉」。

## 甲骨文字的刻寫

　　商代先民在占卜結束後會將所占之事、應驗與否的結果刻寫或書寫在甲骨上，若從目前所發現的刻寫與書寫甲骨數量來看，刻寫方式佔了絕大多數。根據考古研究，商代先民契刻甲骨的工具有青銅刻刀、錐和玉刻刀。這些工具在殷墟範圍內許多遺址、貞人墓中皆有出土，長度多在五至十二公分左右，與現代的筆接近，適於握持。較多學者認為甲骨的刻寫應是以青銅刻刀為主，玉刻刀雖也運用，但可能有鋒刃易斷折的問題，且磨製修整不易，故可能較不受青睞。

　　商代先民在刻寫文字時應是一字刻完再刻另一個字。根據顯微分析，筆畫的橫截面呈V形，表示刀與甲骨的契刻角度基本保持垂直的九十度。在文字刻寫表現上，平頭和圓頭多為起筆端，刻劃較深，尖頭則多為收筆端，刻劃較淺。至於文字刻寫的運刀方向通常會根據文字所在甲骨上的位置而有不同。在左下方邊緣位置刻字，豎筆多由下而上，橫劃多由左而右推刻；在右上方邊緣位置刻字，則豎筆多由上而下，橫劃多由右而左推刻。若文字不在甲骨的邊緣，則運刀推刻方向便相對自由許多。至於文字的刻寫筆順，從一些甲骨缺刻案例可知，與現代漢字書寫無別，為自上而下、先左後右；先刻豎筆後刻橫劃，但也有相反的例子。

　　貞人是占卜的執行者，但他們是否同時又是卜辭的契刻者，學術界過去曾存有爭議。若從同版甲骨上存在數位貞人卜辭，但書風卻表現驚人的一致性，以及同一位貞人的書風有時又相差甚遠來看，可能貞人並不一定就是契刻者。在占卜活動中，可能只由少數幾位契刻者承擔為不同貞人的占卜結果統一書契刻辭的工作，只有少數契刻者同時又是負責操作占卜的貞人。

　　第一期商王武丁時代的甲骨刻辭也可見到在凹槽處填色的例子，

除了塗上朱色、黑色之外，也見有塗紫、塗黃和塗褐，但以前二色最多。根據中央研究院歷史語言研究所近年以拉曼光譜進行的顏料化學成分檢驗，朱色為硃砂或赤鐵礦（赭石），黑色為碳黑、石墨，黃色為針鐵礦（土黃 yellow ochre）。若從大字塗朱、小字塗黑為常見現象來看，有學者認為塗朱可能與特定宗教意識有關，而塗黑通常是為了方便刻寫，因為在尚未刻字的甲骨上先行塗黑，刻小字時能夠清晰顯現白色筆畫，以區別刻字與未刻字處，也因此塗黑可能只是刻完字後將甲骨上的碳黑抹去，部分碳黑不慎掉入凹槽處，使文字顯得醒目的意外效果。不過近年殷墟花園莊出土甲骨也發現有小字塗朱而稍大字塗黑現象，表明上述說法仍有待商榷。

　　商代已有毛筆，從一些甲骨上的殘存文字也可發現它們也是蘸墨或硃砂寫上去的。那麼書寫與契刻之間又有什麼樣的關係呢？過去學者曾有先以毛筆書寫草稿而後契刻、直接契刻和小字不書而刻、大字先書後刻三種看法，這三種方式都確實存在，但嚴格來說在甲骨上刻字一般並不會先書寫起稿，而是靠著熟練的運刀直接契刻，少部分則是先用銳器在甲骨上先刻下極為纖細的文字，然後再行正式契刻，以將筆畫加粗加深；至於大字刻辭也大多不會先書寫起稿再行刻寫，只有少數大字、特別重要的記事，甚至還鑲嵌有綠松石的刻辭會先書寫起稿後再刻。

　　一般而言卜辭的刻寫皆有定例，以刻寫在甲骨正面卜兆周近者居多，俗稱為「守兆」。依兆枝橫出指向，卜兆向左，卜辭刻寫則右向逆迎；相反若卜兆向右，則卜辭左向逆迎，此為「迎兆卜辭」。另有一種相對少見的「順兆卜辭」，其刻寫方向皆順著卜兆方向。卜辭的刻寫多會避開卜兆，稱之為「避兆」，但有些卜辭的刻寫並不避開卜兆，反而是橫跨之，即所謂的「犯兆」。特別的是，這些被犯之兆大多是被用刀再加以刻畫，意義不明（注六）。

## 占卜後的甲骨處理

　　從一些甲骨上刻有驗詞，其刻寫干支日距離占卜日短則一、二，長則數日、數十日的情況來看，商代先民在占卜結束後並不會立即丟棄甲骨（注七），而從殷墟考古所發現一些帶有直徑零點六至零點八公分左右穿孔的甲骨推斷，至少部分甲骨在占卜結束後會以繩索綑紮成串，其目的或許是為了攜帶或系統性歸檔管理，以備未來查驗。過去曾有學者認為歸檔的甲骨一開始是刻意地存儲於如檔案庫般的窖穴內，並在一段時間後才轉而瘞埋於垃圾坑，但在經過仔細檢核這些曾被認為是存儲坑的零亂埋藏環境與如垃圾般無序堆疊的甲骨埋藏現象後，甲骨檔案庫的說法應可排除，但考古學家就甲骨的埋放位置及甲骨刻辭內容的相連係關係判斷（注八），殷墟甲骨仍是有意義的埋藏。

　　在瘞埋之外，商代先民也有將使用後的甲骨轉作它用，供學徒習字的少數案例，殷墟所發現一些刻有干支表的甲骨都是廢物利用的結果。此外，考古學家也有在灰坑內、版築基址（編按：築牆時，用兩版夾土，以杵把土搗實，稱為版築，基址指建築物的建築基礎面）的灰土中發現零星甲骨，應是搬運過程中散佚所致。

## 注釋

注一：商代晚期以干支計日，並以十日為一旬，一月三旬。商代先民占卜日子若根據現有部分帶時間記載的卜辭統計，從《合集》、《英藏》和《屯南》三種資料著錄來看，似有基本在六個癸日，也就是癸丑、癸卯、癸巳、癸未、癸酉及癸亥日的傾向，次數是其他天干日的四倍，非癸日的占卜次數則相當平均。此情況反映了商代先民偏好在旬末貞問下一旬的吉凶。若從地支日來看，在丑、卯、巳、未、酉、

亥雙日的占卜次數較子、寅、辰、午、申、戌單日的占卜次數多了近五成。商代占卜日期並沒有發現特別集中於哪一旬或那幾旬的現象，因此可說是時時卜。但若從《花東》卜辭來看，則有選擇甲、乙、巳日，而避開癸日占卜的傾向，就地支日而言，亥日最多。此現象若同時參照花園莊東地甲骨的特殊性，似反映商代晚期的占卜有著多元體系。

注二：就殷墟發現甲骨的十多個地點而言，占卜材料在大小及選材方面存在差異，尤以小屯、花園莊東地、侯家莊南地與其他遺址間差異較明顯。小屯以卜甲為大宗，大版及完整的卜甲較常見。花園莊東地卜甲也相當多且完整，達七百多版，有些甚至是大版卜甲。侯家莊南地也發現有大版卜甲。上述三地腹甲佔絕大多數，背甲少，比例懸殊，約九十五％比五％。其餘遺址卜甲大多破碎，完整的少，尺寸也較小，長度多在二十八公分以下。小屯所發現的卜骨以牛肩胛骨為主，且有不少為大版，長度超過四十公分，小屯以外所出牛肩胛骨則較殘破，完整的長度也都小於四十公分。這些遺址的卜骨選材似乎較多元，不如小屯規範。

注三：署辭為記述甲骨來源的記事刻辭，主要刻於甲橋、甲尾、龜背甲反面邊緣、牛肩胛骨骨臼、骨臼下部邊緣位置，常見「自某乞」、「乞自某」、「乞自某若干」、「某乞自某」、「乞于某」、「某取自某」的文例，如「行取廿五」、「囗乞自囗十屯」可知商王朝中央機構有收取甲骨之卜官。另從刻辭文例中「某入多少」、「某以若干」、「某來若干」，如「雀入二百五十」、「我以千」，可知各地氏族向商王朝進貢甲骨。刻辭中亦可見「某示若干」的文例，如「帚井示四十」，表示商王朝的甲骨在占卜前有專人檢視並署名。

注四：在卜辭中「嘉」常與「娩」連用，「嘉」表生男，相對「不嘉」表生女。

注五：卜旬卜辭是甲骨中數量極多的一類，內容主要在癸日貞問下一旬是否有災禍發生。

注六：董作賓認為刻劃卜兆明顯是為了美觀，但卻不能解釋部分被刻劃過的卜兆往往不記序數。

注七：這裡僅就商王或高等貴族的占卜用甲骨而言，一些商代晚期一般遺址所出土的帶刻辭甲骨多發現於灰坑或文化層（古代遺址中，因為人類活動而遺留下的遺物，遺蹟和其他事物形成的堆積層）中，無集中埋藏現象，又多破碎、文辭簡略，顯然是在占卜後很快被丟棄。

注八：以花園莊東地 H3 甲骨坑為例，考古學家發現有些占卜日相同（或相近）的同文卜辭，或占卜日不同但所占卜之事相同（或相近）的卜辭，在坑內的位置大多相距較近，而內容不同的卜辭，位置大多相距較遠。儘管有部分反例，但它們可能是不同的管理者依不同的規則，如相近的尺寸放入坑內。此外，考古學家也在部分甲骨坑上的填土發現與墓葬相同的夯打現象，表明埋藏者不希望再有人碰觸這些埋藏品。從另一個面向來看，若甲骨坑其實是無意義埋藏的垃圾坑，則其填土應與一般垃圾坑類似，由於未經夯打而相當鬆軟。此外，部分甲骨的擺放方向相當有序，無字甲骨也有集中成坑的埋藏現象。

## 參考資料

Jhih-huei, Liu *et al.*
 2021 Micro-Raman Spectroscopy of Shang Oracle Bone Inscriptions, *Journal of Archaeological Science*: Reports 37.

王宇信、具隆會
 2019 《甲骨學發展 120 年》。北京：中國社會科學出版社。

朱楨
 1986 〈貞人非卜辭契刻者〉，《殷都學刊》第四期，頁 19-23。

朴載福
 2011 《先秦卜法研究》。上海：上海古籍出版社。

宋鎮豪
 1999 〈再談殷墟卜用甲骨的來源〉，《殷都學刊》第二期，頁 22-26。

1999　〈再論殷商王朝甲骨占卜制度〉,《中國歷史博物館館刊》第一期,頁 12-27。

2000　〈殷墟甲骨占卜程式的追索〉,《文物》第四期,頁 35-45。

2010　《商代社會生活與禮俗》。北京:中國社會科學出版社。

李宗焜

2006　《當甲骨遇上考古——導覽 YH127 坑》。台北:中央研究院歷史語言研究所。

侯乃峰

2011　〈商周時期契龜刻字專用刀稽考〉,《殷都學刊》第二期,頁 10-15。

胡厚宣

1947　〈卜辭同文例〉,《中央研究院歷史語言研究所集刊》第九本,頁 135-220。

許進雄

2018　《字字有來頭》(文字學家的殷墟筆記 06 人生歷程與信仰篇)。新北市:字畝文化。

陳光宇、劉致慧、何毓靈、黃銘崇

2020　〈甲骨刻辭填色的拉曼光譜分析〉,輯於宋鎮豪主編,《甲骨文與殷商史》(新十輯),頁 458-474。上海:上海古籍出版社。

陳光宇、劉致慧、何毓靈、柯維盈、黃銘崇

2021　〈殷墟出土甲骨、文物、棺土的拉曼光譜分析〉,《古今論衡》第三十七期,頁 73-89。

陳夢家

1988　《殷墟卜辭綜述》。北京:中華書局。

單育辰

2014　〈再談甲骨文中的"囚"〉,輯於李學勤主編,《出土文獻》第五輯,頁 1-4。

馮時

2009　〈殷代占卜書契制度研究〉,輯於劉正成主編,《中國書法全集》

第一卷，頁 36-50。北京：榮寶齋出版社。

黃錫全
  2018  〈甲骨文"禍"字新證〉，《漢字漢語研究》第一期，頁 23-32。

裘錫圭
  2012  〈說"囧"〉，輯於《裘錫圭學術文集》第一卷甲骨文卷，頁 377。上海：復旦大學出版社。
  2012  〈談談殷墟甲骨卜辭中的"于"〉，輯於《裘錫圭學術文集》第一卷甲骨文卷，頁 527-551。上海：復旦大學出版社。

趙孝龍
  2017  〈甲骨文契刻方法的初步顯微觀察〉，輯於宋鎮豪主編，《甲骨文與殷商史》（新七輯），頁 347-356。上海：上海古籍出版社。

趙銓、鍾少林、白榮金
  1982  〈甲骨文字契刻初探〉，《考古》第一期，頁 85-91。

鄧飛
  2019  〈甲骨占卜時間的選擇傾向〉，《殷都學刊》第二期，頁 58-67。

劉一曼
  1991  〈試論殷墟甲骨書辭〉，《考古》第六期，頁 546-554，572。
  1997  〈安陽殷墟甲骨出土地及其相關問題〉，《考古》第五期，頁 51-61。
  2019  《殷墟考古與甲骨學研究》。昆明：雲南人民出版社。

劉一曼、馮時
  2009  〈甲骨文概論〉，輯於劉正成主編，《中國書法全集》第一卷，頁 1-9。北京：榮寶齋出版社。

劉正成（主編）
  2009  《中國書法全集》第一卷。北京：榮寶齋出版社。

# 5 為何用龜甲占卜？認識古代中國的「龜」使者

　　占卜是人們在面對不可知的未來時，嘗試預測吉凶禍福的一種神祕活動。古代中國的占卜可能種類、形式繁多，正如《史記・龜策列傳》裡所說的「三王不同龜，四夷各異卜」，但根據考古發現與文獻記載，古時的占卜以骨卜、龜卜和蓍筮最為普遍。骨主要指獸骨，包含牛、鹿、豬、虎骨等，有時也偶見人骨；龜則指龜甲，主要是腹甲，也有少數使用背甲的情況；蓍則指鋸齒草（*Achillea millefolium*），一種菊科蓍屬的多年生草本植物，古人以蓍草乾燥的莖來占卜。

## 商代晚期的龜卜風俗

　　商代所使用的占卜工具到了今日僅存不易腐敗的獸骨與龜甲，而就整體比例而言，後者的數量遠高於前者。根據鑑定，河南安陽殷墟的卜甲來自斑龜屬的花龜（*Ocadia sinensis*）和烏龜屬的烏龜（*Chinemys reevesii*）（注一），它們的來源除了本地與方國進貢外，可能也來自遙遠的長江流域或南中國（注二）。中國使用龜甲占卜的最早時間與地點，根據考古證據，大約落在公元前十七至十五世紀先商至早商時期的河南地區，較骨卜晚數百年（注三）。

　　今日我們仍無法確知商代使用龜甲占卜的風俗起源，但距今八千年河南賈湖遺址以及年代略晚黃河、長江流域的仰韶、馬家浜、大溪、大汶口、龍山文化等新石器時代中、晚期墓葬，都發現有相當數量的龜甲遺存隨葬，龜甲主要放置於墓主人腰間或頭、胸、腹部、腳邊，

龜甲或為上下剖分、穿孔並以繩綴合，龜甲內往往裝有骨針、骨錐，或數量不等、大小不均、顏色不一、形狀各異的小石，其用途、含意或被認為與籠統的龜靈崇拜有關，或推測是巫師法器、醫具和卜筮工具，莫衷一是。另有些墓葬中發現有以玉、陶、石質製作的龜，其意義亦尚待釐清。總的來說，史前時期先民對龜的偏好似乎有著跨時代、族屬、地區的普遍性，但其與商代的龜甲占卜是否有歷史文化上的聯繫則未可知。

## 商代先民為什麼選用龜甲占卜

　　商代晚期的甲骨卜辭迄今沒有提供我們為何龜會被選作占卜工具的解釋，但這個問題或許可從《史記·龜策列傳》中獲得啟發。現存《龜策列傳》內容與《史記》裡的許多篇章不同，並非司馬遷所撰，而是西漢中後期元、成帝年間博士褚少孫因遍尋司馬遷所書原典未果，而向當時的太卜、掌故文學長老習事者請教後綜合增補而得。該傳自「褚先生曰」以下可能即褚少孫所蒐羅整理西漢時期與龜卜相關的一手材料。考量到秦始皇焚書時「……所不去者，醫藥、卜筮、種樹之書」，褚少孫所輯內容可能保留有年代更早的觀念，因此具有參考價值。

　　褚少孫在《龜策列傳》中記述了當時巫祝在操作占卜過程中的一段話，寫道：「……假之玉靈夫子。夫子玉靈，荊灼而心，令而先知。而上行於天，下行於淵，諸靈數策，莫如汝信」，可見當時的巫師稱龜為「玉靈夫子」，之所以要在龜上燒灼出兆紋的原因，是因為玉靈夫子在所有的靈物占卜中是最靈驗的，有著能夠「上行於天，下行於淵」的通天地本事。

至於為何龜在所有靈物中最為靈驗呢？若參考一些東周時期至漢代的文獻，如《管子・水地篇》、《白虎通》、《說苑・辨物》、《洛書靈準聽》、《論衡・卜筮篇》、《淮南子・說林訓》等，主要見有「水火衝突說」、「宇宙圖說」和「龜長壽說」三種看法。水火衝突說源於東周時期的陰陽五行學說，認為龜生於水，屬陰，藉由屬陽的火的灼燒而產生兆紋，是生於水而發之於火的表現，集兩種相衝突的力量於一身，因此能先於萬物而預知禍福。宇宙圖說主要見於漢代讖緯之書，認為龜的外形本身即宇宙的縮影，背象天、腹象地，甲上的花紋則象天上星宿，因此龜本身即能「見存亡、明吉凶」、「不偏不黨，帷義是從」。至於龜長壽說則認為龜之所以靈驗，是源於表現在壽命可達千年上的神力，且由於「龜」的讀音與「舊」、「久」相似（編按：請以閩南語試讀之，因閩南語與古漢語音近），進而產生了遇到疑問時向耆舊、長壽者請教學習，是再自然不過的事的看法，也因此龜可以作為占卜工具。上述三種說法都有自己的一套邏輯，但說法出現的年代距離商代晚期已有近千年之遙，因此可信度究竟多高、是否反映著商代思維，皆無從稽考。

## 甲骨文的「龜」字

　　甲骨文的「龜」字是一個相當容易辨識的象形字，在甲骨文發現之初便由羅振玉考釋出，該字有著側視、俯視兩種字形，前者昂首、被甲、短尾，或僅見前足，後足隱於甲中，也有四足皆不見的省形；俯視的「龜」字則與商代晚期、西周早期金文類似，可見首、尾、四足及略呈橢圓或帶紋路的背甲。許慎《說文解字》所收錄的小篆和古文字形分別反映了早期「龜」字兩形的特點（圖 5.1）。甲骨文、商代晚期和西周早期金文的「黽」字與俯視的「龜」字有些相似，是蛙

科動物的象形（圖 5.2），兩字的差別在於「龜」大多有尾、後腿直伸，龜首或帶略為凸出的尖顎，而「黽」無尾、後腿回折。西周晚期至戰國以後的「黽」字則訛作从「它」从兩爪之形，為小篆所從。

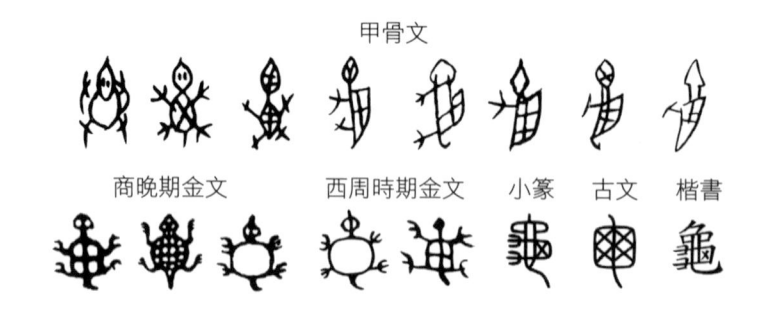

甲骨文

商晚期金文　　西周時期金文　　小篆　古文　楷書

圖 5.1：「龜」字的各種字形。

甲骨文　　　　　　　商代晚期及西周早期金文

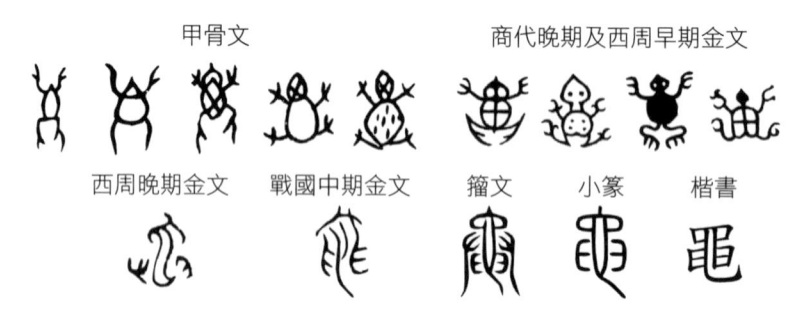

西周晚期金文　戰國中期金文　　籀文　　小篆　　楷書

圖 5.2：「黽」字的各種字形。

　　商代晚期與西周早期金文的「龜」字多表族氏名，而甲骨卜辭裡的「龜」字除了少數案例作人名使用外，如《合》17591：「壬申，龜主四屯，岳」、《合》7859：「貞隹龜令」，一般指的是作占卜工具使用的龜，如《合》17666：「丙午卜，其用龜」、《合》9471：「貞念自般龜。」

## 注釋

注一：舊說還有柴棺龜（*Mauremys mutica*）、靴腳陸龜（*Manouria emys*）及可信度稍低的安陽田龜（*Testudo anyangensis*）。

注二：龜甲來自南方的證據見卜辭《合》7076：「屮來自南，以龜」、《合》8994：「龜不其南以」，而《合》9811：「唐入十」、《合》902：「竹入十」、《合》2498：「賈入七十」等則顯示方國進貢也是龜甲的來源之一。

注三：先商時期使用龜甲占卜的證據僅為一片出土於河南鄭州南關外遺址的卜甲，仍有年代爭議，或認為其年代並非先商時期的公元前十七世紀，而較可能趨近於早商時期二里崗下層二期的公元前十五世紀。中原地區使用獸骨占卜的最早時間在新石器時代晚期，約公元前二十世紀左右。

## 參考資料

Keightley, David N.
   1979  *Sources of Shang History: The Oracle-Bone Inscriptions of Bronze Age China.* Berkeley: University of California Press.

王興國
   2014  〈龜占蓍卜解謎——論龜蓍作為卜筮具及其在古代卜筮中的作用和地位〉，《文史哲》第二期，頁 45-65。

王樹明
   1991  〈大汶口文化墓葬中龜甲用途的推測〉，《中原文物》第二期，頁 22-26，36。

宋雅萍
   2007  《殷墟 YH127 坑背甲刻辭研究》。台北：國立政治大學碩士論文。

朴載福
   2009  〈關於卜用甲骨起源之探討〉，《文博》第二期，頁 20-24。

汪寧生
1998 〈談史前器物用途的研究〉,《史前研究》,頁 95-106。

范方芳、張居中
2008 〈中國史前龜文化研究綜論〉,《華夏考古》第二期,頁 69-75,120。

高廣仁、邵望平
2000 〈中國史前時代的龜靈與犬牲〉,輯於高廣仁著,《海岱區先秦考古論集》,頁 291-303。北京:科學出版社。

單育辰
2020 〈說"龜"〉,輯於單育辰著,《甲骨文所見動物研究》,頁 257-265。上海:上海古籍出版社。

黃銘崇
2005 〈先秦宇宙觀中的「龜使者」〉,輯於蒲慕州編,《鬼魅神魔——中國通俗文化側寫》,頁 41-81。台北:麥田出版。

葉祥奎、劉一曼
2001 〈河南安陽殷墟花園庄東地出土的龜甲研究〉,《考古》第八期,頁 85-92。

劉一曼
1997 〈安陽殷墟甲骨出土地及其相關研究問題〉,《考古》第五期,頁 51-61。

劉玉建
1992 《中國古代龜卜文化》。桂林:廣西師範大學出版社。

謝炳軍
2020 〈論晚商的龜卜和信仰〉,《殷都學刊》第三期,頁 11-18。

# 第二部

# 甲骨文動物園

# 6 商周時代如何捕「魚」?

## 商周時期的「魚」字

商代晚期甲骨文的「魚」字是一個象形字,在甲骨文發現之初便由羅振玉考釋出來(圖6.1)。在卜辭中「魚」字一般作名詞使用,表動物的魚,如《屯南》2342:「□丑貞,王令□尹□取祖乙魚、伐,告于父丁、小乙、祖丁、羌甲、祖辛」,其中的「取祖乙魚」意思是以取祭用魚祭祀先王祖乙。又如《屯南》637:「庚寅卜,翌日辛王兌省魚,不冓雨」,意思是貞問隔日商王前去觀魚,不會遇雨吧?

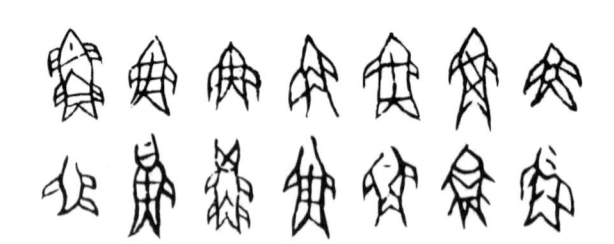

圖6.1:甲骨文的「魚」字。

卜辭裡的「魚」也有作動詞,表捕魚的案例,如《合》12921在同日的對貞:「辛卯卜,㱿,貞王往延魚,若」、「辛卯卜,㱿,貞王勿祉延魚,不若」即從正、反兩面貞問商王可否繼續捕魚?又如《屯南》1054:「乙亥,貞魚」、「乙亥,貞魚無囚」,是貞問商王去捕魚好嗎?捕魚時不會有災禍吧?

「魚」字在卜辭中也表地名,如《甲》2824:「□卯卜,何,〔貞〕自魚□受年」,意思是貞問魚地今年的收成如何?又如《合》7896:

「貞今其雨，在甫魚」，意思是貞問甫魚這個地方今天會下雨嗎？卜辭中也可見到「司魚」一詞，如《合》29700：「壬子卜，其□司魚」，意思是貞問是否要用某種祭法祭祀「司魚」。「司魚」可能是掌管魚的神靈之名。

殷墟考古所發現的魚骨數量極少，透過魚類鑑定並與河南北部現存魚類進行比較，可粗知商代晚期安陽地區人群所利用的魚類至少有鯔魚（*Mugil cephalus*）、黃顙魚（*Pelteobagrus fulvidraco*）、青魚（*Mylopharyngodon piceus*）、鯉魚（*Cyprinus carpio*）、草魚（*Ctenopharyngodon idella*）、赤眼鱒（*Squaliobarbus curriculus*）和鱘魚（Acipenseriformes）（注一），除鯔魚生活在河海交匯的鹹淡水域外，其餘均為淡水魚。商代晚期金文的「魚」字可能即反映著上述魚類，字形較刀筆化的甲骨文字更為具象（圖6.2）。

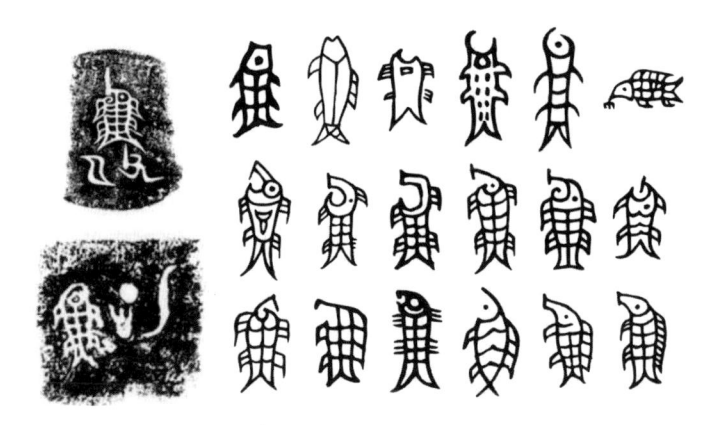

圖6.2：商代晚期金文的「魚」字（左側）和含有「魚」字的族徽。

西周早期金文的「魚」字大抵仍延續商代晚期的字形，但已開始出現簡筆與線條化；西周晚期「魚」字尾部之後原象水的三個小點逐漸在春秋戰國時期訛為「火」形（注二），為後世小篆、隸書所從（圖6.3）。

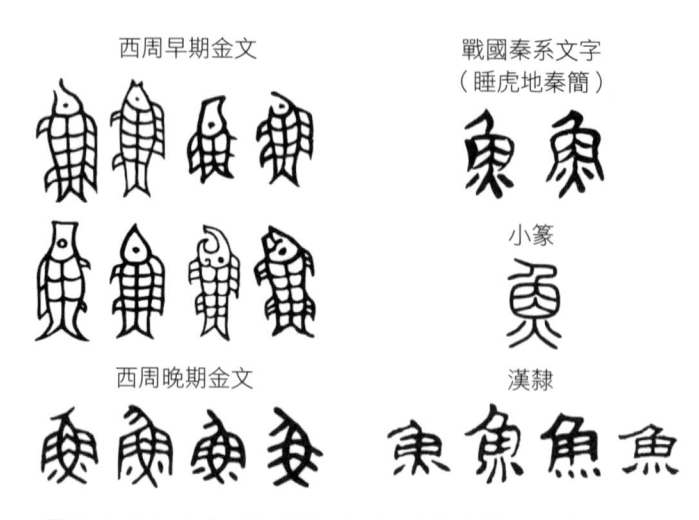

圖 6.3：西周金文、戰國秦系文字、小篆和漢隸的「魚」字。

## 從商周時期文字來看捕魚方式

從商代晚期金文和甲骨文的「漁」（圖 6.4）（注三）及甲骨文的「鱻」字（圖 6.5），可知當時的捕魚方式至少有徒手捕撈、網捕與繩釣，迄今商代考古所發現大量的陶、石質網墜及銅、骨、蚌質魚鉤都是最好的證明。

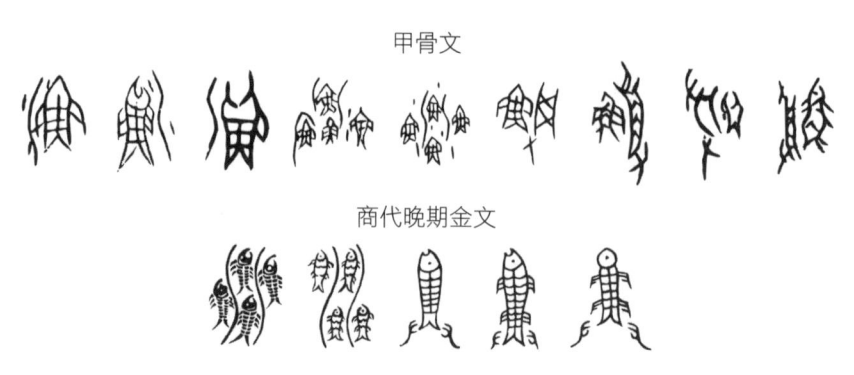

圖 6.4：甲骨文與商代晚期金文的「漁」字。

圖 6.5：甲骨文的「䰽」字。

　　在上述方式之外，商代可能也使用魚筌——一種以竹、木或藤質枝條編織而成的漁具。魚筌大多呈大口、尖底的漏斗狀，頂端有蓋，使用時僅需將其安置於河流中，筌口朝上游，河中魚蝦一旦被誘捕進入魚筌便難以逃出。甲骨文字中有兩個具有大口、尖底似尖底瓶的器物被置於河中的字，或被釋為「潭」，分別見於《合》9560 和《合》10474（圖 6.6），前者卜辭內容為：「甲子卜，賓，貞禽潭在疾，不從王古」，後者辭殘，可見：「□□卜，〔王〕□□禽潭魚。」兩條卜辭中「潭」字前均為「禽」，一個長柄網的象形字（圖 6.6），在卜辭中表擒獲，藉此可推知「禽」之後的「潭」應也與漁獵有關，故可知商代應也知使用魚筌捕魚。

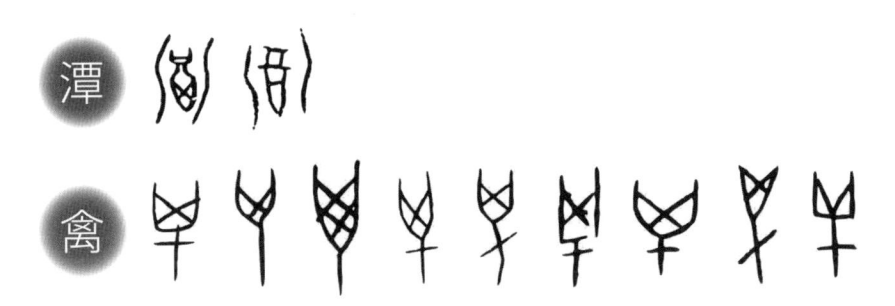

圖 6.6：甲骨文的「潭」與「禽」字。

　　卜辭裡可見商王從事捕魚活動的貞問，如《合》10471：「癸卯卜，□獲魚，其三萬否」，意思是貞問□捕魚是否數量會達到三萬尾呢？又如《通》749：「丁卯卜，王大獲魚」，意即貞問商王會捕到很多魚嗎？不過綜觀數量極為龐大的田獵刻辭，與捕魚活動相關的甲骨片

數量其實極少，原因可能與占卜少問漁事，或捕魚活動相較其他陸域田獵而言重要性低有關。

## 一些以「魚」為構件的商周文字

甲骨文中還有一些以「魚」為構件的字，今已不用，如「魚」上一個「八」、「魚」上一個「鼻（自）」、「魚」上一個「生」、「魚」上一個「臼」、「魚」上一個「人」和「攵」、「魚」上一個「虍」、「魚」上一個「屮」，或釋為「鮪」，指鱘魚。另有「魚」旁一個「女」，作女性名使用，以及「魚」旁或其下一個「大」（圖6.7）。

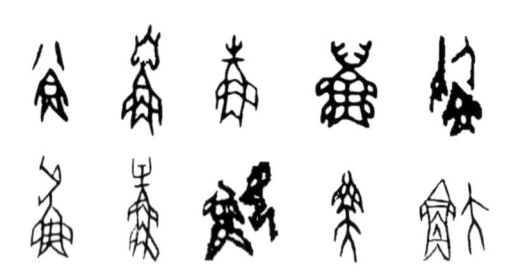

圖6.7：一些以「魚」為構件的甲骨文字。

「魯」字的甲骨文字形由「魚」下一「口」組成（圖6.8），一說「口」象器皿，整體會使用器皿盛裝魚，但也有學者認為「口」只是用於分化「魚」、「魯」二字的符號，無義。

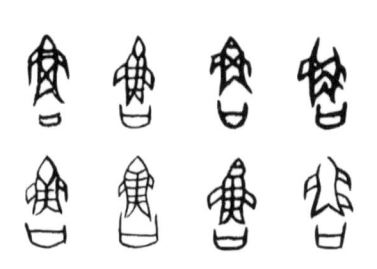

圖6.8：甲骨文的「魯」字。

在卜辭裡「魯」字有嘉美、美好之義，如《合》10133：「王占曰，吉，魯」、「王占曰，吉，保。」又如《合》7823：「□辰卜，古，貞商魯」，意思是貞問商地會不會吉利？再如《合》10133：「丁巳卜，殼，貞黍田年魯」，意思是貞問黍是否會美好豐收？另外「魯」字也作女性之名，如《合》22102：「壬午卜，魯男」、「壬午卜，魯不其男，五月」、「魯男，允男，祉（延）死」、「魯不其男」一連串壬午日的貞問，問的是魯這名女子會生下男孩嗎？魯五月之時不會生下男孩嗎？魯會生男孩嗎？如果生下男孩，會不會死亡？最後，商王又重複貞問了魯不會生男孩嗎？顯見商王對魯這名女子生產的關心。甲骨文中也有「甫魯」之地名，同上揭「甫魚」（注四），見於《合》7895：「貞今雨，在甫魯。」

西周金文的「魯」字基本上承繼了甲骨文的字形，只是有些字形在「口」中加了一點，訛變為「甘」。到了春秋時代字形魚尾部分與「口」相連，故小篆的「魯」字訛變為从「魚」从「白」（圖 6.9）。

圖 6.9：西周、春秋早期金文及小篆的「魯」字。

## 注釋

注一：僅殷墟小屯東北灰坑 H1 出土鱘魚骨片一片，無法進一步鑑定確切物種。

注二：清代段玉裁於《說文解字注》中提到：「水蟲也。象形。魚尾與燕尾相似。其尾皆枝，故象枝形，非从火也。」

注三：甲骨文的「漁」字字形多元，早期多由魚、水兩個構件組成，亦可見四魚一水的繁複字形，晚期的「漁」字則改為單手或雙手持網捕魚的字形。

注四：一說甲骨文「甫」通「圃」，甫魚、甫魯即圃魚、圃魯，兩地名為魚類養殖地。《詩經・大雅・文王之什・靈臺》中有記載商末「（周文）王在靈沼、於牣魚躍」成功養殖魚類。

## 參考資料

于省吾
　2017　《甲骨文字釋林》。北京：商務印書館。

中國社會科學院考古研究所（編著）
　1994　《殷墟的發現與研究》。北京：科學出版社。

伍獻文
　1949　〈記殷墟出土之魚骨〉，《中國考古學報》第四冊，頁 139-143。

周才武
　1985　〈古代山東地區漁業發展和資源保護〉，《中國農史》第一期，頁 75-81。

胡澱成
　1981　〈甲骨文字考釋二則〉，輯於四川大學歷史系古文字研究室編，《古文字研究》（第六輯），頁 150-156。北京：中華書局。

單育辰

2020 〈說"魚"〉，輯於單育辰著，《甲骨文所見動物研究》，頁321-330。上海：上海古籍出版社。

楊升南
1992 〈商代的漁業經濟〉，《農業考古》第一期，頁271-276。

樂佩琦、梁秩燊
1995 〈中國古代漁業史源和發展概述〉，《動物學雜誌》第三十卷，第四期，頁54-58。

劉興林
1989 〈論商代漁業性質〉，《古今農業》第一期，頁128-133。

## 7　古文字裡的各種鳥

### 甲骨文的「隹」與「鳥」字

「隹」與「鳥」是甲骨文中兩個飛鳥側面形象的字，在甲骨文發現之初便分別由羅振玉、王襄考釋而得（注一），這兩字並不總是容易單從字形上來分辨，有時須借助卜辭內容。

甲骨文的「隹」字普遍為簡筆、抽象而突出羽毛（圖 7.1），在卜辭中多借用作發語詞，通「唯」，其泛指鳥類的本義和人名、地名的用法則不多見。在許多對貞卜辭中「叀」（惠）、「隹」（唯）并見，意義也相近，但「隹」既可用於肯定句，也可用於否定句，而「叀」一般只用於肯定句。在晚期甲骨文中始出現從「口」之「唯」（圖 7.2）作為語氣詞的專用字。商末青銅器銘文及甲骨刻辭中也常見「隹王」一詞，如著名的小臣艅犀尊銘文的：「隹王來正人方，隹王十祀又五」和帶刻辭鹿頭骨《甲》3941 的：「已亥，王田於羌……在九月，隹王十〔祀〕……。」許多學者認為這裡的「隹」也只作發語詞使用，但陳光宇主張「隹王」其實是個複合詞，「王」前加「隹」是為了強調商族與王室的玄鳥起源傳說（注二）。

圖 7.1：甲骨文的「隹」字。

圖7.2：甲骨文的「唯」字。

　　甲骨文的「鳥」字則顯得具象而突出鳥喙（圖7.3），在卜辭中除了表人名、地名之外，多作本義飛鳥。「鳥」字字形較「隹」更為多樣，儘管目前都暫歸類為「鳥」字，但可能蘊藏了一些未釋字，只是因其字形特徵較不顯著而尚未被認出。

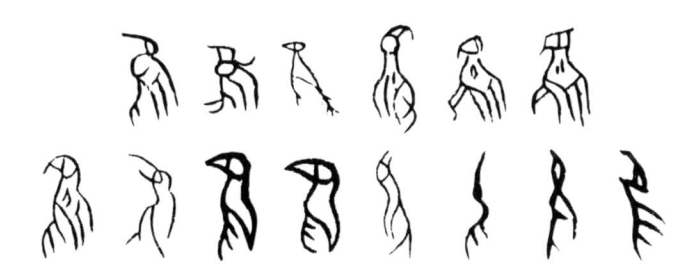

圖7.3：甲骨文的「鳥」字。

　　「隹」、「鳥」其實是一形之變，兩者在古文字中作為偏旁也常互用，並不如許慎在《說文解字》中所云，以尾之長短作為區分（注三）。這二字究竟表何種鳥類則尚待研究，若從所呈現的鳥形如此多樣的情況來看，可能並不特定表某種鳥，而是種泛指。

## 以「隹」、「鳥」為構件的甲骨、金文字

　　許多鳥類的生活空間與人類高度重疊而極為常見，也因此商周時期先民以「隹」、「鳥」為構件所創造的甲骨和金文字相當多，這些文字不僅反映了人群對鳥類的敏銳觀察與辨識力，也是古代人、鳥關

係的活化石，而經由字形、文獻考證所推測的可能物種也能補充考古發現上的不足（注四）。

　　甲骨文裡有個由「隹」呈二上一下合組的字，隸定為「雥」（圖7.4），由於中國古文字裡重複出現三個相同的符號通常代表著多數，也因此「雥」字之義應是群鳥。類似的造字初義也見於一個「雨」下有三「隹」的甲骨文字，多見於黃組卜辭，釋為「靃」，全字可能是會大雨來臨之際，群鳥快速飛翔躲雨之景（注五），在卜辭中僅見作為地名使用。該字的早期字形僅見「雨」下一手持「隹」或「雨」下一「隹」；西周晚期金文除承繼「雨」下三「隹」的晚期甲骨文字形外，也見有「雨」下二「隹」的簡省字形，為小篆所從（圖7.4）。

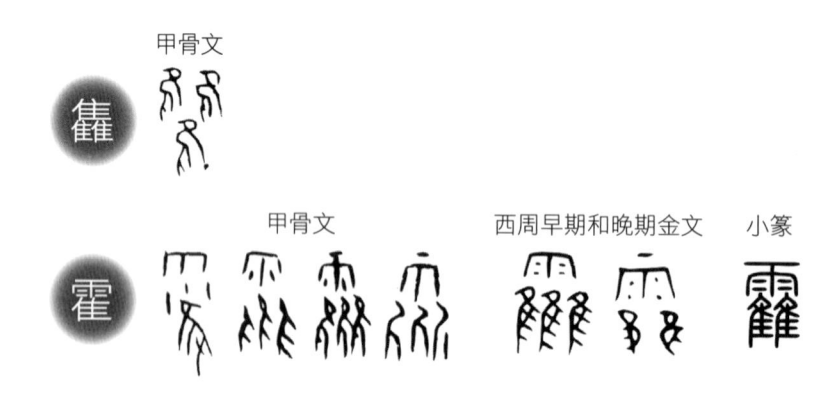

圖7.4：甲骨文的「雥」字以及甲骨文、西周早、晚期金文和小篆的「靃」字。

　　樹梢是許多鳥類的棲息場所，甲骨文中便有個「隹」在密林中的字（圖7.5），具象地描繪著鳥類生態，有學者釋該字為「萑」，不確，見下述「萑」與「雚」字。甲骨文中還有個「木」上一「隹」（或「鳥」）的字形，釋為「集」。從「隹」或「鳥」與「木」是否相連來看，應會靜態的鳥於樹上停留、棲止，或動態的鳥下降於樹梢，西周金文亦可見到類似的兩種字形（圖7.6）。商代晚期金文的「集」字則可在

三「隹」之上見到由三個小點所組成的「小」，整體字形會小鳥聚集於樹梢。甲骨文中還有個在「莫」字的基礎上加了一個「隹」於「日」（或「月」）下的字形，整體會黃昏時刻倦鳥歸巢之義，應是「莫」字的異體（圖 7.6）。

圖 7.5：象「隹」於密林中的甲骨文字。

商代晚期金文　　甲骨文　　西周早期金文

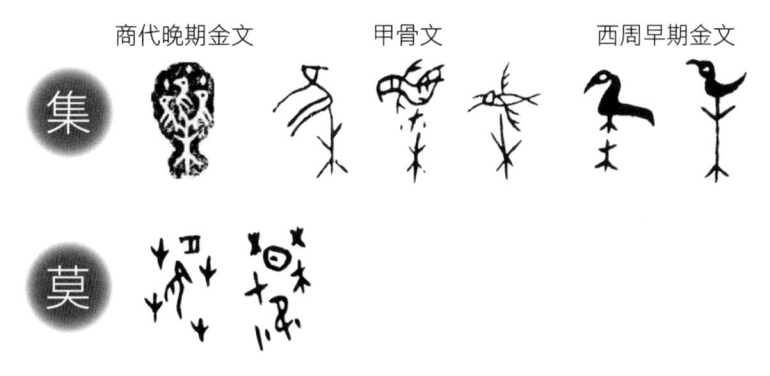

集

莫

圖 7.6：商代晚期金文、甲骨文、西周早期的「集」字和甲骨文「莫」字的異體。

　　樹頭上的鳥似無歇止般的鳴叫，在人們心煩意亂時往往甚感絮聒，因此古人在創造西周早期金文的「喿」字時，便是以三「口」於樹梢上（圖 7.7）表不絕於耳的鳥鳴。商代晚期金文與甲骨文的「鳴」字則是以一「鳥」（或「雞」）旁有一「口」來表現鳴叫中的鳥禽（圖 7.7）。在卜辭中「鳴」字除表其本義之外，也有表人名和地名的例子。

## 二、甲骨文動物園

圖 7.7：西周早期金文的「梟」字、甲骨文和商代晚期金文的「鳴」字。

鳥一般是以飛翔的方式移動，如若在地面，也常採用跳躍而非跨足的方式。古人可能觀察到鳥只能前進而無法後退的獨特行走方式，進而藉此創造「進」這個腳步（「止」形）於「隹」下的甲骨文字來表前進（圖 7.8）。西周金文的「進」字則是在甲骨文的基礎上於「隹」側添加行道符號，用意在強調於道路上行走。

圖 7.8：甲骨文和西周早期金文的「進」字。

水域沼澤也是許多鳥類的棲地，甲骨文中便有一個「隹」下有「勹」的字，象水鳥於水面上振翅欲飛之形，釋為「鳧」。西周晚期

金文的「鳧」字於「隹」之一側見有兩個小點作為字綴，應是表振翅濺起的水花（圖 7.9）。西周早期金文還可見到一個由鳥首、四爪和如魚般身軀相連的字，造字初義可能是象某種鷙鳥伸出利爪捕魚（圖 7.9）。

甲骨文　　　　　西周早、晚期金文

象以爪捕魚的西周金文

圖 7.9：甲骨文、西周早、晚期的「鳧」字，以及象以爪捕魚的西周早期金文。

## 商周時期文字所反映的鳥類物種

商周時期文字也反映了許多考古工作未發現過的鳥類，如甲骨文中一個呈現鳥形有喙、雙翅張開、尾部分岔的字（圖 7.10），像極了燕子，可能即「燕」字。該字在卜辭中常與「吉」連用，如《合》5281：「□亥卜，事，貞王□叀吉燕」、《合》12754：「貞叀吉燕。」若從卜辭中兩個或兩個以上的近義詞常有連用的情況推測，該字應與吉利有關。另從《合》12496：「辛巳〔卜〕…〔貞〕…王于翌…往逐燕，不…」、《合》18345：「…卯王…逐燕□…子己…」這兩條田獵卜辭來看，早期的「燕」字也表動物本義。

98　二、甲骨文動物園

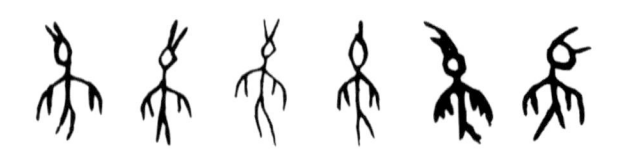

圖 7.10：可能為「燕」字的甲骨文。

甲骨文中還有一個由三小點的「小」字與「隹」合組的字（圖 7.11），若參考《說文解字》對「雀」字的釋字：「依人小鳥也。从小、隹、讀與爵同」，該字應可釋為「雀」。這類鳥可能小而常見，沒有太過顯著的特徵，亦無特殊利用需求，故古人僅以小隹去籠統地描述牠們。

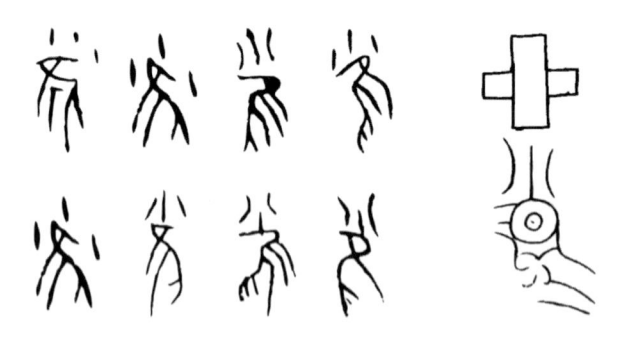

圖 7.11：甲骨文的「雀」字及鹿角器《甲》3942 上刻寫之「亞雀」。

「雀」在甲骨卜辭中尚未發現作動物本義，而在作地名、族名使用以外都指一位與商王武丁同姓的貴族，身分可能是武丁之兄、兄丁後人、武丁之子或姪，商王也曾擔心他的安危而為他占卜。目前所見卜辭中大約有四百條與雀有關，可知雀擁有自己位於王都以西的封地，境內有農業、畜牧和田獵區，需要向商王納貢。雀擁有被稱為「雀師」的軍隊，接受派遣為商王經略西土、南土，參與商對二十多個部族、方國的戰爭。卜辭中也可見雀南、亞雀、雀任一詞，南、亞、任都是雀的爵稱，中央研究院史語所典藏的鹿角器《甲》3942 便刻有：

「亞雀」（圖 7.11）。雀也曾參與王室祭祀、為商王徵取各種如象、猱的貢物，並陪同商王進行田獵。

甲骨文中另有個从「工」「隹」的形聲字（圖 7.12），隸定為「㠯」，羅振玉參考《說文解字》：「㠯，鳥肥大㠯㠯也。從隹，工聲」、段玉裁《說文解字注》：「㠯，謂鴈之肥大者也」，認為「㠯」乃古「鴻」字。「鴻」一般指天鵝，常與「鵠」連用，亦可指大雁。在卜辭中「㠯」除作為地名使用，也表動物本義，見於商王貞問進貢與否的卜辭《合補》1573：「貞，以㠯」、「貞，不其以」，可知「㠯」是以珍禽的身分作為貢物進獻給商王，在苑囿圈養供人賞玩的。

圖 7.12：甲骨文的「㠯」字。

商代晚期金文和甲骨文中亦可見到一個「隹」上有一柄「戈」的字（圖 7.13），于省吾認為即「鳶」，是一個形聲字。《說文解字》未收錄「鳶」字，但《集韻》引用《說文》保留了此義項。《集韻》：「鳶，《說文》：『鷙鳥也，或从弋。』」在卜辭中「鳶」作動物本義使用，見於田獵場合，如《合》5739：「乎多射鳶」、《合》5740：「……古，貞乎多……射鳶，獲。」從金文字形帶有伸長的利爪來看，「鳶」指的應是某種鷹科動物。

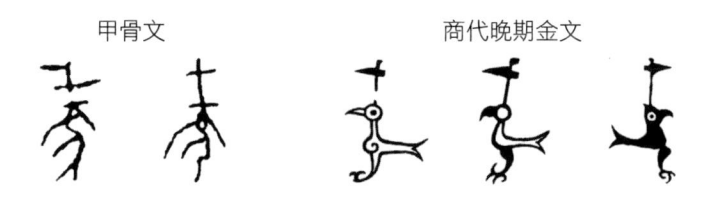

甲骨文　　　　　　商代晚期金文

圖 7.13：甲骨文和商代晚期金文的「鳶」字。

100　二、甲骨文動物園

　　談到鷹科動物，甲骨文中還有個「隹」旁有個如針勾般符號的字，對照相似的西周金文與小篆的「雁」（鷹）字，並參考《說文解字》所收錄「雅」字的籀文字形，可推知應是「鷹」字初文（圖 7.14）。根據許慎的解釋：「雅，鳥也。從隹，瘖省聲。或從人，人亦聲。𪆁，籀文雅从鳥」，說明該字是形聲字，聲符「疒」其實是將「瘖」省去「音」而成，並不是確實从「疒」這個表病疾的符號（注六）。若這個甲骨文字是「雅」（鷹）字，那麼那個「隹」旁如針勾般的符號其實可能便是象猛禽由高空撲擊捕食之際伸長的彎曲利爪，在西周時期改置於「隹」之左上，並逐漸變形，最終在小篆字形類化為「疒」，所以許慎無法從小篆字形看出「疒」其實是鷹的利爪，只好以瘖省聲來解釋。籀文的「𪆁」在「雅」下加「鳥」作為意符，用意在強調其鳥類義。《說文解字》所收錄的小篆字形中還有一個與籀文的「𪆁」相似的字，只是形符「鳥」改為了「肉」，為「䧹」字，甲骨文中有一個與「隹」在右下呈弧形相連的字，應該即「䧹」字，弧形與「隹」尾相連其實是字體共用，原為「月」（肉）形（圖 7.14）。

西周金文

雁　　甲骨文　小篆　　籀文

鷹　　小篆　　　甲骨文

䧹

圖 7.14：商周時期至秦代小篆「鷹」（雁）與「䧹」字的字形演變。

## 7 古文字裡的各種鳥

甲骨文中還有個「隹」上似有角冠的字（圖 7.15），若參考《說文解字》所收錄的小篆「雈」，應可直覺地釋為「雈」。許慎對「雈」的解釋為：「鴟屬。从隹、从𠂉，有毛角。所鳴其民有旤。凡雈之屬皆从雈。讀若和。」意思是雈這種鳥頭上有形狀似角的毛，民間相信當這種鳥啼叫時便預示著會有災禍發生。從字形與這般不堪的敘述推測，「雈」是鴟鴞，也就是俗稱貓頭鷹的象形。

圖 7.15：甲骨文與小篆的「雈」字，以及殷墟婦好墓出土的鴞尊。

鴟鴞造型的青銅、玉石器在商代相當常見，且多發現於高等級墓葬中，如殷墟婦好墓出土著名的鴞尊（圖 7.15），似暗示著鴟鴞是商代貴族階層崇拜的鳥類，一說《詩經》中所記載降而生商的玄鳥就是鴟鴞（注七）。鴟鴞成為不祥的象徵可能始於周人，從《詩經・豳風・鴟鴞》：「鴟鴞鴟鴞，既取我子，無毀我室。」可知鴟鴞的形象不佳，周人對其是極盡地貶抑；而從西漢劉向所著雜事小說集《說苑・談叢》裡的梟、鳩對語故事可知（注八），至遲在西漢晚期開始，鴟鴞的叫聲便已被人們視為不祥。

102　二、甲骨文動物園

　　商代晚期金文和甲骨文中還有個與「萑」字相似的字，僅於冠角下多了「吅」形（圖7.16），一說此符號為二「口」，表這種鳥善於啼叫；另一說則認為「吅」是強調這種鳥有銳利的雙眼。若參考《說文解字》所收錄的小篆「雚」，該字應可直覺地釋為「雚」。許慎對「雚」的解釋為：「小爵也。從萑，吅聲。《詩》曰：『雚鳴于垤』」，認為是個形聲字，不確，原因可從「萑」、「雚」二字的界說談起。

甲骨文　　　　　　　　　　　　　　商代晚期金文

　　　　　　　　　　　　　　　　　　　　　小篆

圖7.16：甲骨文與小篆的「雚」字。

　　學界早年對於「萑」、「雚」二字的界說有相當大的分歧，大致分為三種意見：（一）認為二字實一字之異，均應釋為「雚」，義為「觀」；（二）認為二字確實為一字之異，但應釋為「萑」，義為「穫」；（三）認為二字可分別釋為「萑」、「雚」，此說為大部分學者支持，原因在於二字除了字形不同，於卜辭中的用法也不相同。

　　其實甲骨文的「萑」與「雚」字出現在年代不同卜辭的現象是相當明顯的，在商王武丁時代的一期卜辭中只有「萑」而無「雚」，該字用法有作為動詞「觀」，表觀察、動觀，如《合》5158乙：「貞，王其往萑河，不若」、《合》6096正：「壬子卜，宕，貞舌方出，王萑。五月」、《合》9500：「庚子卜，貞王其萑耤，叀往。十二月」；

另也作為祭名表灌祭，如《合》190正：「乙未卜，爭，貞來辛亥酹萑亾于祖辛。七月」、「來辛亥叀萑亾酹祖辛。」這兩種用法在一期之後的卜辭都寫作「雚」，如表灌祭的《合》27115：「……祼大乙……□雚，王悔」、《合》30828：「乙酉酹雚，其葬又……。」又如表「觀」的《合》24425：「壬寅卜，旅，貞王其往雚于詩，亡災。」由此可證「雚」實為「萑」的後期分化。

「萑」字在一期卜辭中也用作動詞「穫」，表農業收穫，如《合》9599：「婦井黍不其萑」、「貞婦〔井〕黍其萑。」甲骨文中另有個由「隹」、「又」合組的「隻」字表「獲」（下述），與表「穫」之「萑」不同。不過在三期卜辭中也可見到以「萑」表「獲」的辭例，但比例已相當低。

總體而言，「萑」、「雚」二字是在一期卜辭之後才開始分化，但在分化之初可能由於使用慣性，在二期卜辭裡仍然可見以「萑」表灌祭的辭例，不過隨著時間推移，兩字的區別逐漸明確，一期以後卜辭所見「萑」字不再表「觀」，而表「觀」、灌祭的「雚」也從來沒有表「穫」（或「獲」）的辭例。

甲骨文中另有個以「萑」、「臼」為構件共組的形聲字（圖7.17），可釋為「舊」。在卜辭中「舊」除表地名的少數辭例外，多表新舊之舊。《合》30693：「癸丑卜，叀舊熹用」、「叀新熹用」正可見「舊」與「新」對貞。值得一提的是，上揭「萑」字在二期卜辭後其實也有假借作「舊」的用法，見於《合》30681：「其又于□，叀萑（示冊）用，三十……」，與《合》30414「岳燎，叀舊（示冊）用，三牢，王受佑」辭例相同，可證「舊」字是從「萑」字分化而來。

圖 7.17：甲骨文的「舊」字。

　　商代晚期、西周金文裡可見到一個「隹」首有羽冠，尾部以「丙」形剪尾為特點的字，若從「雟」字小篆、戰國晚期睡虎地秦簡字形回推，推測應是「雟」字初文（圖 7.18）。今日楷書「雟」字下半的「冏」是在「丙」下加「口」作為飾筆。根據《說文解字》：「雟，燕也。從隹、屮，象其冠也，䍜聲。一曰：蜀王望帝婬其相妻，慙亡去，為子雟鳥，故蜀人聞子雟鳴，皆起云望帝」，雟被認為是古蜀傳說中蜀王杜宇死後所幻化的杜鵑鳥（Cuculidae）（注九），也就是俗稱的布穀鳥，但杜鵑鳥並沒有羽冠，故此說顯然不確。甲骨文目前並沒有發現與金文相同的「雟」字，但有個「隹」首同樣帶羽冠、尾部有「丙」形剪尾的字，可能即「雟」。甲骨文中還有個與「雟」雷同，但缺了羽冠的字，可能也是「雟」，為省寫；另還有個有羽冠而無剪尾的字，單育辰推測可能為「崔」字初文（圖 7.18）。

　　西周金文有個特點為昂首、張喙的鳥形字，若參考《說文解字》所收錄的小篆「烏」，推測即「烏」之初文（圖 7.19）。根據許慎：「烏，孝鳥也。象形。孔子曰：『烏，盱呼也。』取其助气，故以為烏呼。凡烏之屬皆從烏」，「烏」即烏鴉。烏鴉啼叫時也如雞一般昂首，但金文「烏」字的造字初義可能並非全然是對烏鴉啼叫時昂首的觀察，

| 小篆 | 睡虎地秦簡 | 西周金文 | 商代晚期金文 |

| 甲骨文 | 可能為「崔」字的甲骨文 |

圖 7.18：小篆、睡虎地秦簡、西周金文、商代晚期金文和甲骨文的「舊」字，以及可能為「崔」字初文的甲骨文字形。

而是牠們不悅耳的叫聲。西周早期金文另可見「烏」旁有如爪的勾形符號字形，在西周中期至春秋時期金文皆可見到其抽象、簡化的訛變（圖 7.19），有學者認為字形象鳥飛之貌，若對照《說文解字》所收錄的「烏」字古文，可知亦為「烏」，但該字在西周晚期已從「烏」分化為後世的「於」。「於」字是將原「烏」字的鳥首與身分離，同時鳥身與如爪的勾形符號結合。這樣的字形演變也保留在許慎所收錄較為繁複的「烏」字古文。目前所見春秋時期金文的「於」字則未同西周晚期金文「於」字的首、身分離，而是保留了西周中期以前「烏」字的造字初義，並成為睡虎地秦簡所見「於」字的根源。《說文解字》所收錄的另一個「烏」字古文應源自楚系文字，於戰國中期的鄂君啟舟節（編按：楚懷王頒給其子鄂君啟的船隻水運免稅通行證）、戰國早、中期的包山、信陽楚簡上均可見到（圖 7.19）。

西周早中期金文

烏

小篆　　　　古文

西周晚期金文　　春秋時期金文　　鄂君啟舟節

於

包山楚簡　　睡虎地秦簡

圖 7.19：西周時期至秦代「烏」與「於」字的字形演變。

「焉」其實也是一種鳥類。從小篆「焉」字上溯戰國晚期睡虎地秦簡「焉」字，並參考《說文解字》對「焉」的解釋：「焉鳥，黃色，出於江淮。象形」，可知「焉」在被假借為語氣詞之前，是一種棲息在江淮地區的黃色鳥類，戰國晚期中山王方壺銘文所見「焉」字即是「正」與一隻昂首長尾鳥的組合（圖 7.20），一說「正」為聲符，但也有一說指「正」即「征」，因此焉其實是能夠遠行的鳥類，也就是候鳥。若是，「焉」在古代可能即黃鸝（*Oriolus chinensis*），一種夏季會北徙至中國東北在內的東北亞，冬季則南遷至南亞大陸和東南亞越冬的候鳥。

# 7 古文字裡的各種鳥

小篆　　　　睡虎地秦簡　　　戰國晚期中山王方壺銘文

圖 7.20：小篆、睡虎地秦簡和戰國晚期中山王方壺銘文和的「焉」字。

啄木鳥攀樹啄木的形象其實也見於《合》17856卜辭，但該字僅作人名使用。《合》6528對貞卜辭也可見到兩個類似的字，凸顯啄木鳥特有的長尖喙，喙前甚至有啄木的凹坑（圖7.21）。這兩個字也同樣作人名使用。若根據《爾雅·釋鳥》：「鴷，斲木」，林沄認為這個字可暫釋為「鴷」。

圖 7.21：暫釋為「鴷」字的甲骨文。

甲骨文中有個「鳥」頸部刻有一短橫畫的字（圖7.22），短橫畫可能是指事符號，用意在凸顯頸部。該字曾釋為「雉」、「鷽」、「隼」和「鶴」，除「雉」已可排除之外，它說皆有道理但無決定性證據。該字在卜辭中除了作神名使用之外，也有與「鳴」連用的辭例，內容似顯示商人認為這種鳥的鳴叫為一種異兆。

圖 7.22：「鳥」頸部刻有一短橫畫的甲骨文。

108　二、甲骨文動物園

　　甲骨文中有個未釋字，在「隹」下有「＊」形符號（圖7.23），從卜辭內容可知表一種田獵動物，有時僅以「＊」代表。有趣的是卜辭對這種鳥類所用的田獵方式除了「獲」之外還有「逐」，而「逐」一般用於走獸，也就表明這種鳥類較善於奔跑而不是飛翔。甲骨文中還可見到該字下添加一腳部（止形），應便是表追逐該種鳥。殷墟鳥骨鑑定中發現的褐馬雞（*Crossoptilon mantchuricum*）便是種善奔走的鳥類，但目前沒有任何證據能夠支持該字表褐馬雞。

圖7.23：甲骨文中从「隹」、「＊」的未釋字。

　　商代末期黃組卜辭甲骨文中還有一個上从「羽」下从「隹」的字，類似的字形也見於西周金文、小篆（圖7.24），應可隸定為「翟」。根據《說文解字》：「翟，山雉尾長者。从羽从隹」，但甲骨文與金文的「翟」字並不象長尾山雉，而是一隻準備振翅高飛的鳥，但或許該字从「羽」意在強調這種鳥有著茂盛而修長的羽毛。

甲骨文　西周金文　小篆

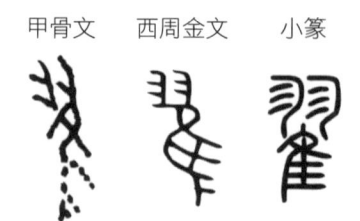

圖7.24：甲骨文、西周金文和小篆的「翟」字。

甲骨文中還有個从「隹」、「矢」的字（圖 7.25），若參考《說文解字》：「雉，有十四種⋯⋯从隹，矢聲」，可推測該字應是「雉」，但甲骨文的「雉」字並不是個形聲字，而是個以箭矢射鳥的會意字。在卜辭中「雉」字除作動物本義經常出現於田獵卜辭之外，也有被假借為「失」，表失去的辭例。根據不精確統計，雉是田獵卜辭中出現最多的鳥類。「雉」字的造字初義從「矢」上纏有繳的異體字（注十）來看更為清晰，亦在表明雉這種鳥飛行高度不高，靠近了可能也不會立即驚嚇而飛遁，因為相連於箭矢的繳是有一定長度限制的。甲骨文「雉」字的異體還有「矢」類化為「大」字形，出現的年代可能較晚。在晚期甲骨文還可見到一類由「至」和「隹」組成的「雉」字（注十一），多發現於黃組卜辭，說明了「雉」字在商代末期確實是朝向聲化發展。

圖 7.25：甲骨文的「雉」字。

## 古文字所反映的捕獵鳥禽方式

在使用弓箭捕獵鳥禽之外，商代先民還有其他捕鳥方式反映在文字的初義上。在與田獵有關的卜辭或記事刻辭中經常可發現一個以單

手持「隹」的字形（圖 7.26），會以手捕鳥。該字多見手形在下、隹形在上，但也有一個相反的案例，看似手抓著鳥禽的腳。這個字隸定為「隻」，表獵獲之「獲」，之後常接獵物與獵獲數詞，或者是人、方國等，如《合》10230：「癸丑卜，王其逐豕，隻？允隻豕三」、《合》6451：「貞，隻征土方」、「貞，弗其隻征土方」、《合補》11299：「壬午，王田于麥𦹛，隻商戠兕，王易宰丰寢小⬜，兄。才五月隹王六祀彡日。」許慎在《說文解字》裡釋「隻」為：「鳥一枚也。从又持隹。持一隹曰隻，二隹曰雙」正確，小篆的「雙」表現的正是手上捉著兩隻鳥，藉以表達兩件事物（圖 7.26）。

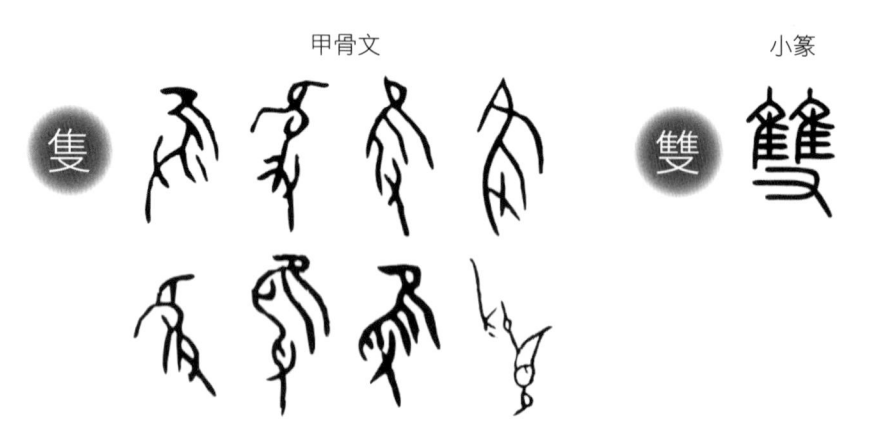

圖 7.26：甲骨文的「隻」與小篆的「雙」字。

以單手持捕「隹」為造字初義的文字亦可見於西周早期金文由「衣」中有「雀」、下方為手組成的「奪」字（圖 7.27），文字學家多會該字為手伸入他人懷中強取雀，至於許慎在《說文解字》裡的解釋：「奪，手持隹失之也。从又从奞」出現「失去」義，則是根據小篆字形釋字的結果，在西周金文的造字初義裡並沒有。《論語·子罕》有：「三軍可奪帥也，匹夫不可奪志也」一語，表明至遲在春秋、戰

國之交「奪」字已另出現「失去」義。這樣的字義發展可能是從被奪取的一方來思考，因為懷中的物品的確是失去了。有學者認為可奪取之物甚多，奪財之誘因遠高於奪雀，因此懷疑「奪」中之「雀」亦作為聲符，但「奪」字古音屬定紐月部而「雀」屬精紐藥部，聲韻有一定差距，故聊備一說。

西周早期金文還可見到一個與「奪」字極為相似，從「衣」、「隹」、「田」的「奮」字（圖7.27）。高鴻縉釋之為象鳥從田中起飛，如同人振衣，但另有學者認為應象鳥遭人捉入懷中，奮而欲飛出逃於田。

西周早期金文　　小篆　　西周早期金文

圖7.27：西周早期金文、小篆的「奪」，以及西周早期金文的「奮」字。

以手抓取顯然不是個容易成功的捕鳥辦法，商代先民也應懂得使用網來捕鳥，《史記・殷本紀》裡便記載有商代開國之君湯外出時見人們以四面合圍的方式欲一網打盡鳥獸，其仁義悲憫之心起而要求眾人「網開三面」。甲骨文的「䍜」字由「网」與「隹」上下合組，可直覺地理解為張網捕鳥（圖7.28）。孫海波認為該字即「羅」字初文，李孝定則認為是「罩」字初文。若參考《說文解字》：「羅，以絲罟鳥也。从网从維。古者芒氏初作羅」、「罩，捕魚器也。从网，卓聲」，將「䍜」字釋為「羅」可能較為合適，《說文解字》釋「羅」為「以絲罟鳥也」正符合甲骨文字形。「䍜」字在卜辭中僅發現一例作本義使用，其餘皆作人名或方國名。

## 二、甲骨文動物園

「羅」作為姓氏，至遲於西周晚期至春秋時代便已出現，為「网」下有「隹」與繩線「糸」的組合。羅姓見於南京市雨花台區板橋9424工地出土的西周晚期青銅器羅兒匜（編按：盛水或酒的器皿），和南京市六合程橋M3春秋晚期墓出土的羅兒匜，後者內底銘文可見「羅兒囗囗，吳王之姓（甥），卯公之（弟）之子，睪（擇）氒（厥）吉金，自乍（作）盥鉈（匜）」，「兒」是春秋金文人名常見的後綴字，類似的例子也見於國立故宮博物院藏春秋中晚期的寬兒鼎。

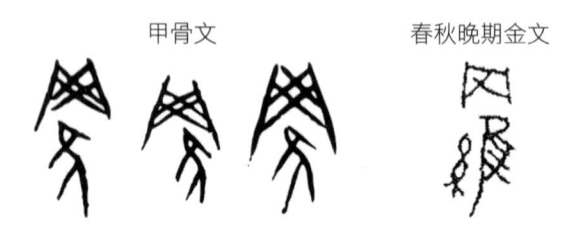

圖7.28：甲骨文及春秋晚期金文的「罹」字。

除了張網捕鳥，根據被釋為「離」字（注十二）的甲骨文，商代先民也會持長柄網捕鳥，因為「離」字的構形即長柄網上有一「隹」（圖7.29）。長期以來「離」字都被認為象鳥已遭長柄網捕獲，但其實該字是象飛鳥避開了網捕，進而引申有逃離、離去之義。「離」字多出現於田獵卜辭詢問是否會有逃脫的鳥獸，或是商王貞問他所關心的某位大臣是否安全離開敵對方國，以及貞問是否有「眾」離開（注十三），如《合》33374：「辛巳卜，才冀，今日王逐兕，離？允離七兕」，意思是辛巳日這天占卜，商王貞問在冀這個地方獵捕聖水牛是否會有獵物逃離？最終有七頭逃走；又如《合》24145：「丁酉卜，出，貞畢離舌方」，大意是商王在丁酉日這天占卜，貞問畢這位使臣是否離開了敵對的舌方之領土？又如《合》16：「貞，眾人弗其離？十月」，意思是貞問「眾」不會離開吧？

圖 7.29：甲骨文的「離」字。

對於一些不善飛翔的鳥類，商代先民除了以「逐」的方式獵捕之外，可能也擅於使用坑陷一類的陷阱。甲骨文中便有個「隹」在坑陷「凵」內的字（圖 7.30），似是會鳥禽掉入事先挖鑿的陷阱中。在卜辭中這個字目前僅發現作為地名使用的辭例，而未見表其本義。

圖 7.30：象「隹」在坑陷「凵」內的甲骨文字。

甲骨文中有個三角形或扁半圓形般倒口在上、「隹」在下的字（圖 7.31），釋為「陰」，表天陰（注十四），學界過去多認為該字是個形聲字，字形上半的倒口為「今」，作聲符使用，而以「隹」表「陰」之形符的原因，推測是鳥鳴預示天氣將轉陰有變。此說牽強，原因在於天陰是一個靜態狀態，為何要多此一舉用一個天氣有變的動態過程來表示？其二，該字之「隹」形並沒有透露出任何與鳴叫有關的訊息，與上揭「鳴」字由「鳥」加「口」兩構件組成完全不同。其實這個甲骨文字有可能是會意字，倒口其實是一個由竹、木材料製成如籠般的陷阱，整體字形呈現的是鳥踏入陷阱之下的場景。由於捕鳥陷阱下會形成大面積陰影，古人便藉此來表「陰」。

圖 7.31：甲骨文的「陰」字。

## 商代晚期的鳥害防制與鳥類獵捕用途

　　古人捕鳥不一定是全然為了食肉，可能也是為了防止鳥害，甲骨文裡有個由「隹」、「攴」合組的字（圖 7.32），便是會手持棍棒驅趕飛鳥。學界對這個字的釋讀仍有歧見，不過認為釋為「摧」者較多。在卜辭中它常與「降」、「寧」連用，顯然是某種災禍，很可能指的便是鳥害。對這種災禍，商代先民主要是以祭祀的方式，祈求神靈保佑，因為他們把鳥害當作是神靈的警告。

圖 7.32：由「隹」、「攴」合組的甲骨文未釋字。

　　在《合》33384 中可見目前唯一「宀」下有「隹」的甲骨文字（圖 7.33），由於在這條田獵卜辭中是用作地名，本義不明。這個字的造字初義或許可從該字從「宀」的角度來切入。甲骨文中從「宀」的字甚多，但「宀」下有動物的字則很少，除了前述從「隹」的孤例之外，僅有從「豕」、「亥」和「犬」。甲骨文中「豕」為豬的象形，「亥」

可能也是某種豬，《合》22050 便可見一「宀」下有一「豕」一「亥」的字可資佐證。「宀」下有「豕」為「家」字，「宀」下有「豕」、「亥」可能也是「家」字的異體，而「宀」下有「犬」與小點字綴為「突」字（圖 7.33）。既然能夠在象家中屋頂的「宀」下之動物均是能夠由人類豢養且關係密切的豬和狗，那麼這個「宀」下有「隹」的字所表現的，定然也是能夠為人們在家裡所豢養的禽類，可能是作為賞玩之用途。《史記・殷本紀》裡曾記載：「帝紂資辨捷疾，聞見甚敏；材力過人，手格猛獸⋯⋯益廣沙丘苑臺，多取野獸蜚鳥置其中。」說明在商末王室宮殿區外不遠可能設置苑囿，供商王遊憩，一如西安漢文帝霸陵動物殉葬坑 K10、陝西長安神禾原秦夏太后墓珍禽異獸從葬坑 K12，和秦始皇陵珍禽異獸陪葬坑所表現的皇家王室動物園。一九八七年安陽小屯東北地宮殿區甲四基址以東灰坑（87AXTIH1）所發現的猛禽、鶴等可能即商王苑囿所飼養的鳥類遺骸。

「宀」下有「隹」的甲骨文字

圖 7.33：「宀」下有「隹」的甲骨文字，以及甲骨文的「家」、「突」字。

甲骨文裡有一個「隻」在「鬲」裡，四周或有數小點字綴表水滴的字（圖 7.34），由於鬲是中國古代一種主要用於燒煮的炊器，出現於新石器時代晚期並流行於商代，可知全字會以鬲燒煮手中之鳥。根據《周禮・天官》：「亨人，掌共鼎鑊，以給水火之齊」、鄭玄注：「鑊所以煮肉及魚臘之器」，羅振玉將該字釋為「鑊」，如是，另再參考《詩經・周南・葛覃》：「維葉莫莫、是刈是濩」、《毛傳》：「濩，

煮之也」，則甲骨文中另有一個「隹」旁有數小點字綴表水滴的字即可能是「濩」（圖 7.34）。

圖 7.34：甲骨文的「鑊」與「濩」字。

甲骨文中還有個「鳥」下有「火」的字（圖 7.35），隸定為「爲」，見於《合》5497，由於辭殘而用法不明。該字直覺上與會以火燒鳥的戰國時期金文「焦」字相同，實際則否，因為可能隸定為「焦」字的甲骨文在「隹」下並不從「火」而是聲符「小」（圖 7.35），是個形聲字（注十五），原意與火燒無關，而是一種早熟用於祭祀先公先王的穀物「穛」，在卜辭中常與「登」連用。

圖 7.35：甲骨文的「爲」、「焦」字及戰國金文的「焦」字。

甲骨文中還有一個雙手持倒「隹」置於擺放祭品的平台「示」（注十六）上之形（圖 7.36），有時也可見僅有一手持倒「隹」，或僅倒「隹」於平台上的省寫，從字形可知應與祭祀有關，而鳥類在商代晚期也作為祭品。姚孝遂認為該字是田獵過後以所獵禽獸獻祭的一種祭名，或是在狩獵之前祈求能夠多獲的祭祀方法，不過從卜辭內容來看，該字也與戰爭俘獲有關。

圖 7.36：雙手（或單手、無手）持倒「隹」置於擺放祭品的平台「示」上之形的甲骨文。

## 注釋

注一：「隹」字的考釋者為羅振玉，「鳥」字為王襄。

注二：在《詩經‧商頌‧玄鳥》曰：「天命玄鳥，降而生商」，《史記‧殷本紀》也有：「殷契，母曰簡狄，有娀氏之女，為帝嚳次妃。三人行浴，見玄鳥墮其卵，簡狄取吞之，因孕生契」的記載。胡厚宣也注意到商先公王亥在卜辭的刻寫，「亥」字於一般常見的「亥」之上有另加「隹」的字形，反映的可能便是商與作為圖騰的鳥之密切關係。

注三：《說文解字》：「隹，鳥之短尾總名也。象形。凡隹之屬皆从隹」、「鳥，長尾禽總名也。象形。鳥之足似匕，从匕。凡鳥之屬皆从鳥。」

注四：目前安陽殷墟經考古發現的商代鳥類遺骨相當有限，僅一九八七年於小屯東北地宮殿區甲四基址東邊的灰坑（87AXTIH1）發現一批，經鑑定為種屬無法確定的猛禽鵰和鷹，以及家雞（*Gallus*

gallus domesticus）、褐馬雞（Crossoptilon mantchuricum）、丹頂鶴（Grus japonensis）、耳鴞（Asio sp.）和冠魚狗（Megaceryle lugubris）。

注五：《說文解字》：「靃，飛聲也。雨而雙飛者，其聲霍然」；《玉篇・雨部》：「靃，鳥飛急疾貌也。」

注六：商代晚期金文和甲骨文的「疒」字象一人躺臥於床上，身旁或背部偶可見到數小點可能表流汗或流血的字綴。「疒」字在卜辭中常用義為生病，前、後常接身體器官。

注七：根據《說文解字》：「玄，幽遠也。黑而有赤色者為玄」、段玉裁《說文解字注》：「玄色者，在緇緅之間。其六入者與。按纁染以黑則為緅。緅，漢時今文禮做爵。言如爵頭色也。許書作纔。纔既微黑。又染則更黑。而赤尚隱隱可見也。故曰黑而有赤色。至七入則赤色不見矣」，可知玄色指黑中有赤之色，也就是近於黑色的褐色。不過《說文解字》也提到玄亦有「象幽而入覆之也」之義，也就有另一層幽夜、黑夜的意思，古有「天地玄黃」一語，出自《易經・坤卦》：「天玄而地黃」，再參考西漢揚雄《太玄經・太玄告》：「玄者，神之魁也。天以不見為玄，地以不形為玄」，可推知玄即夜晚、黑夜。能夠在黑夜出現，外表又是近黑褐色的鳥類便是鴟鴞。

注八：《說苑・談叢》：「梟逢鳩。鳩曰：『子將安之？』梟曰：『我將東徙。』鳩曰：『何故？』梟曰：『鄉人皆惡我鳴，以故東徙。』鳩曰：『子能更鳴可矣，不能更鳴，東徙猶惡子之聲。』」

注九：根據西漢揚雄《蜀王本紀》：「望帝積百餘歲，荊有一人名鱉靈，其屍亡去，荊人求之不得。鱉靈屍隨江水上至郫，遂活，與望帝相見。望帝以鱉靈為相。時玉山出水，如堯之洪水，望帝不能治。使鱉靈決玉山，民得安處。鱉靈治水去後，望帝與其妻通，慚愧，自以為德薄不如鱉靈，乃委國授之而去。」另根據晉常璩《華陽國志》：「後有王曰杜宇，教民務農……七國稱王，杜宇稱帝。號曰望帝……會有水災，其相開明，決玉壘山以除水害。帝遂委以政事，法堯舜禪授之義，遂禪位於開明。帝升西山隱焉。時適二月，子鵑

鳥鳴。故蜀人悲子鵑鳥鳴也。」
注十：根據《正字通》：「繳，謂生絲繫箭以射飛鳥也」，繳是古代繫在箭上的生絲繩。
注十一：甲骨文的「至」字象一支箭矢射達標的。
注十二：一說該字仍釋為「禽」，但從《屯南》663、664 同版正、反卜辭所見「禽」、「離」二字並見，可知非一字。
注十三：卜辭中的「眾」過去曾被認為是奴隸階級，不確。商代晚期的「眾」應是社會中的自由民，是負責經濟生產的主要勞動者，除農作外也需額外負擔戍守與征伐的任務。
注十四：該字在卜辭中可見與表放晴的「啟」字對貞，如《合》20988：「戊戌卜，其陰，翌己卯」、「啟，不見云」，可知確實表陰天。
注十五：周忠兵從西周金文中釋為「糕」的字進行觀察，發現西周中期以前由「米」、「焦」合組之「糕」字的「焦」都從「隹」、從三小點的「小」或四小點的「少」，而從「隹」從「火」的字形最早只見於西周晚期，而這個從「火」的訛變形成原因推測是「隹」下的爪形與三小點的「小」結合而來。「小」的古音屬新紐宵部，「焦」屬精紐宵部，音近，可知「小」作為「焦」之聲符。甲骨文中從「隹」從「小」的字與西周中期以前金文「糕」字之「焦」構形相同，故可釋為「焦」。
注十六：「示」字之釋形說法甚多，未有定論。主要有象放祭祀物品的平台架子的看法，平台架子之下所加數點字綴或斜線表支架；另一種看法則象神主之形。

# 參考資料

于省吾
　　2017　《甲骨文字釋林》。北京：商務印書館。
王林、王婧怡

2019 〈"玄鳥"與鴟鴞的關聯性探究〉,《殷都學刊》第二期,頁160-163。

王震中
2010 《商族起源與先商社會變遷》。北京:中國社會科學出版社。

田煒
2014 〈說"今""酓"——從商代甲骨文與西周金文中的"陰"說起〉,《文史》第二輯,頁241-250。

朱彥民
2003 〈甲骨卜辭中"叀"與"隹"用法之異同〉,《殷都學刊》第四期,頁11-16。
2014 〈由商湯"網開三面"說到商代鳥類保護觀念〉,《南開學報》（哲學社會科學版）第六期,頁80-86。

何挺
2020 〈古漢語"奪"字形義新解〉,《綿陽師範學院學報》第三十九卷,第一期,頁95-99。

李聰
2019 〈甲骨文"囗"字小議〉,輯於李學勤主編,《出土文獻》（第十五輯）,頁15-23。上海:中西書局。

林沄
2016 〈一組卜辭的釋讀〉,輯於中國古文字研究會編,《古文字研究》（第三十一輯）,頁1-3。北京:中華書局。

周忠兵
2014 〈釋甲骨文中的"焦"〉,《文史》第三輯,頁255-262。

姚孝遂
1981 〈甲骨刻辭狩獵考〉,輯於四川大學歷史系古文字研究室編,《古文字研究》（第六輯）,頁34-66。北京:中華書局。

胡厚宣
1963 〈甲骨文商族鳥圖騰的遺跡〉,《歷史論叢》第一輯,頁121-159。

徐山

2004　〈釋"奮"〉,《達縣師範高等專科學校學報》(社會科學版)第十四卷,第六期,頁 48、60。

高鴻縉

2023　《中國字例》。台北:三民書局。

侯連海

1989　〈記安陽殷墟早期的鳥類〉,《考古》第十期,頁 942-947。

陳光宇

1994　〈從玄鳥生商的傳說看甲骨文中「隹王」一詞〉,《Journal of Chinese Linguistics》第二十二卷,第一期,頁 101-113。

陳曦、陸煬

2002　〈試析殷墟甲骨文中"萑"和"雈"的關係〉,輯於中國古文字研究會、安徽大學古文字研究室編,《古文字研究》(第二十三輯),頁 26-29。北京:中華書局。

連邵名

2011　〈殷墟卜辭中的鳥〉,《考古》第二期,頁 50-52。

張惟捷

2014　〈殷商武丁時期人物「雀」史跡研究〉,《中央研究院歷史語言研究所集刊》第八十五本,第四分,頁 679-767。

程少軒

2008　〈試說"巂"字及相關問題〉,輯於復旦大學出土文獻與古文字研究中心編,《出土文獻與古文字研究》第二輯,頁 131-145。上海:復旦大學出版社。

黃天樹

2020　〈說甲骨文"騙"、"鴻"、"龖"、"羌"〉,輯於宋鎮豪主編,《甲骨文與殷商史》(新十輯),頁 122-126。上海:上海古籍出版社。

單育辰

2020　〈說"隹""鳥"〉,輯於單育辰著,《甲骨文所見動物研究》,

頁 271-314。上海：上海古籍出版社。

馮時
　2008　〈釋離〉，輯於中國古文字研究會、吉林大學古文字研究室編，《古文字研究》（第二十七輯），頁 89-95。北京：中華書局。

裘錫圭
　1980　〈甲骨文字考釋（八篇）〉，輯於中國古文字研究會、中山大學古文字研究室編，《古文字研究》（第四輯），頁 153-175。北京：中華書局。

劉釗
　2018　〈"集"字的形音義〉，《中國語文》第一期，頁 106-128。

劉雲
　2010　〈釋"鸄"及相關諸字〉，復旦大學出土文獻與古文字研究中心學者文庫網路文章，5 月 12 日。http://www.fdgwz.org.cn/Web/Show/1147#

韓江蘇、江林昌
　2010　《《殷本紀》訂補與商史人物徵》。北京：中國社會科學出版社。

# 8 幾乎自中國消失的大象

## 亞洲象的驚奇之旅

　　二〇二一年春天，來自中國西南邊陲西雙版納自然保護區的十七頭野生亞洲象（*Elephas maximus*）開啟了牠們在雲南為期一年多向北遷徙再折返原棲地的驚奇之旅。這群野象在約五百公里的長距離跋涉過程，不時漫遊在鄉間莊稼，穿梭於村莊城鎮，甚至一度沿著公路逼近雲南省會昆明，造成人員緊張。這趟大象之旅沿途共約十五萬人被強制疏散，造成約一百萬人民幣損失，官方更是出動了九百七十三架次無人機及兩萬五千名工作人員進行監測。象群的旅程成為全國新聞，讓民眾瞠目結舌，許多沿途村民甚至蜂擁排隊，希望一睹野象的丰采。

　　大象的移動並不罕見，因為牠們的食量大，必須在一定的範圍內覓食，但這次長距離且看似無固定路線的「北漂」卻讓科學家感到不解，許多人認為這可能和棲地遭到破壞、資源減少，以及人類活動的增加有關，但也有人認為這是近年來中國的保育奏效，使得西雙版納象群從上世紀八〇年代的不到一百八十頭逐年回升，食物競爭日趨嚴峻所致。所幸在中國各級政府與保育組織的合作下，象群在這趟旅程並沒有與人產生衝突，反而因新聞在媒體全力播送下，使中國老百姓對亞洲象的瀕危困境與保育工作有了更多認識。

## 東亞古代象群的分布

　　亞洲象是熱帶、亞熱帶動物，目前野生族群主要分布於亞洲南部的雨林及林間溝谷、山坡、稀樹草原、竹林及開闊地帶，中國目前僅雲南西南與緬甸、寮國接壤一帶有野生象群活動，但根據古生物學研究，在距今七千多年前，亞洲象在東亞的分布其實相當廣，北自河北陽原盆地（約北緯四十度），南達雷州半島南端（約北緯十九度），東起長江下游馬橋一帶（約東經一二一度），西至雲南盈江中緬邊境（約東經九十七度），都可見到牠們的蹤影。古代象群的活動區域與中國新石器時代人群多所重疊，自仰韶時代（中國新石器時代中期，約距今七千至五千年）以來的許多考古遺址，都有象骨及臼齒的發現，象牙則更是古人所珍視的藝術創作材料（注一）。長江中游新石器時代晚期的石家河文化鄧家灣遺址則發現有十四件體長約七至十公分，高約四至八公分的陶塑象偶，年代約為石家河文化早、中期（公元前兩千五百至兩千三百年），造型均維妙維肖（圖8.1）。

圖8.1：湖北天門鄧家灣石家河文化遺址出土陶塑象偶。

## 氣候環境變遷與亞洲象在中國的時空分布變化

　　亞洲象是一種對氣候、生態環境極為敏感且畏懼寒冷的動物，牠們在古時的分布北界能夠抵達中緯度，表示中國古代的氣溫相較於今更加溫暖，而此現象顯然與全新世氣候最適宜期（Holocene climatic optimum）有關。全新世氣候最適宜期指的是地球在進入全新世以後氣候最為溫暖且較為穩定的階段（注二），它的起訖時間在不同地點各不相同，研究者根據不同的氣候指示物所得到的研究結果也多有差異，但大致來說，全新世氣候最適宜期在中國的開始時間落在距今八千五百至八千年左右，結束時間則在距今五千年至商代晚期（公元前一千一百年）。整體而言，全新世氣候最適宜期中國西北地區的平均氣溫較現代高約攝氏三至四度，華北、東北則高約三度，華中長江流域約二度，華南一度。在距今八千五百至五千年的大暖期，中國熱帶種生物的分布北界可達秦嶺—淮河線，較現代北移約緯度六度；距今五千至三千一百年的降溫期（氣溫仍較現代溫暖），中國熱帶種生物的分布北界則約略退至秦嶺—淮河線以南的長江流域，較現代北移約緯度四度。

　　文煥然等人曾根據考古與歷史文獻記載分析出亞洲象於中國史前與歷史時期時空分布的八個階段變化，儘管過程有所反復，但總體而言象群是不斷南遷的。仰韶時代至商末周初（約公元前五千至九百年），黃河中下游都可見到象群，其分布北界大至在河北陽原盆地及山西晉中盆地和陝西西安略北一帶；西周中期至春秋時代（約公元前九百至七百年），象群的分布範圍已退至長江流域；春秋至戰國時代末期（約公元前七百至二百年），分布範圍稍微向北回歸，秦嶺以南、淮河下游為象群分布的北界；戰國時代末期至魏晉南北朝末期（約公元前二百年至公元五八〇年），象群分布的北界又再度南退至以秦

二、甲骨文動物園

嶺—淮河一線。此後,象群逐步由長江流域退往閩南、嶺南、雷州半島、雲南西部,直到最後終於退居西南一隅,幾乎消失,以至於很多人誤以為中國自古以來便沒有大象(圖8.2)。

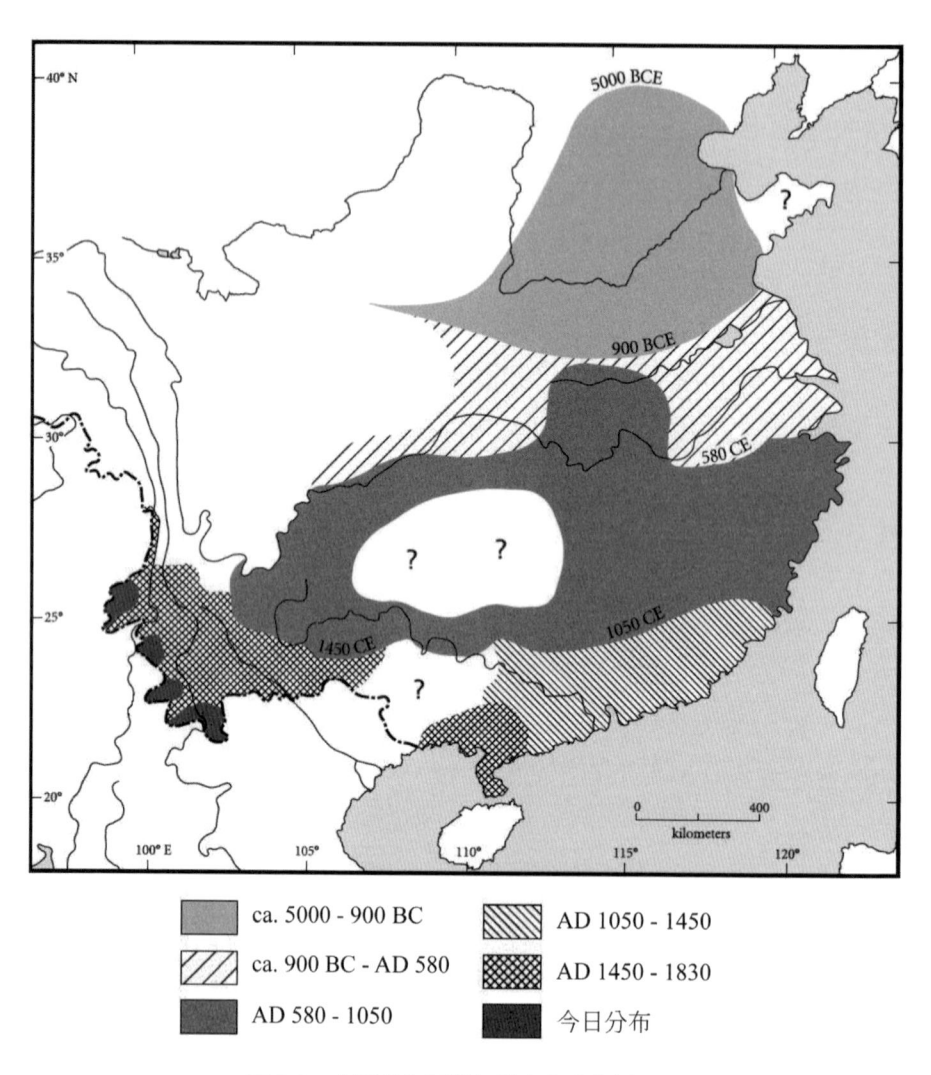

圖8.2:中國野生亞洲象群古今分布變遷。

## 商代晚期的人、象關係

　　從栩栩如生描繪著大象的各種器物推斷，如商代晚期白陶、青銅象尊、帶象紋、象形青銅器、習刻甲骨（編按：用於契刻練習的甲骨）所見小象在妊娠母象體內的刻畫，和殷墟出土玉象圓雕（圖8.3），大象在商代晚期仍是人們所熟悉的動物。甲骨文與商代晚期作為族徽使用的金文「象」字也是一個象形字，清楚地表現一種有著碩大身軀、長而彎曲的鼻子、大耳、尾巴帶開岔簇毛的動物（圖8.4），在用法上也主要表大象或象族；而就商代部分族徽與職官有關，或具有職事性的特點，象族可能與馴養大象有關。甲骨文的「為」字的書寫為一隻手牽著象鼻（圖8.5），顯然表現的就是馴象，造字初義為役使大象，使之從事勞力工作，並引申為「有所作為」的「為」；這也同時說明了《呂氏春秋・古樂》中所載：「商人服象」為真。殷墟考古迄今共發現三座埋葬有大象的祭祀坑，位置皆鄰近商王陵墓區東區，其中兩座（M1426和武官村北地35號祭祀坑）埋葬幼象，一座（M2040）埋葬剛成年的成象。武官村北地35號祭祀坑出土的幼象骨骼頸部上方發現有一個象鈴（圖8.6），而M2040另隨葬一人，推測為象奴，由此可見殷墟的大象可能是馴養的。

　　商代先民除了將大象用於祭祀奉獻，根據《呂氏春秋》：「商人服象，為虐于東夷」的記載，也可能作為戰象使用（注三）；此外，象肉也可能拿來食用，所剩的象牙、象骨，根據考古發現，則被貴族所使用，成為梳子、酒器、飾牌等貴重器物的製作材料。殷墟大象的來源是個耐人尋味的問題，從甲骨卜辭可見到的「獲象」（注四）、「以象」、「來象」等詞可知，除了本地獵捕之外，大象也透過貿易、進貢而來，這可能也凸顯了本地象群在大肆獵捕下已無法滿足商代先民需索的現實。

128　二、甲骨文動物園

圖 8.3：Ⓐ習刻甲骨上一隻小象在妊娠母象體內的刻畫，Ⓑ河南安陽西北岡 M1567 出土玉象，Ⓒ殷墟婦好墓出土玉象，Ⓓ河南新鄉市博物館藏白陶象尊，Ⓔ美國藏青銅象尊，Ⓕ國立故宮博物院藏亞醜者姤方尊。

**8** 幾乎自中國消失的大象　129

甲骨文

商代晚期金文

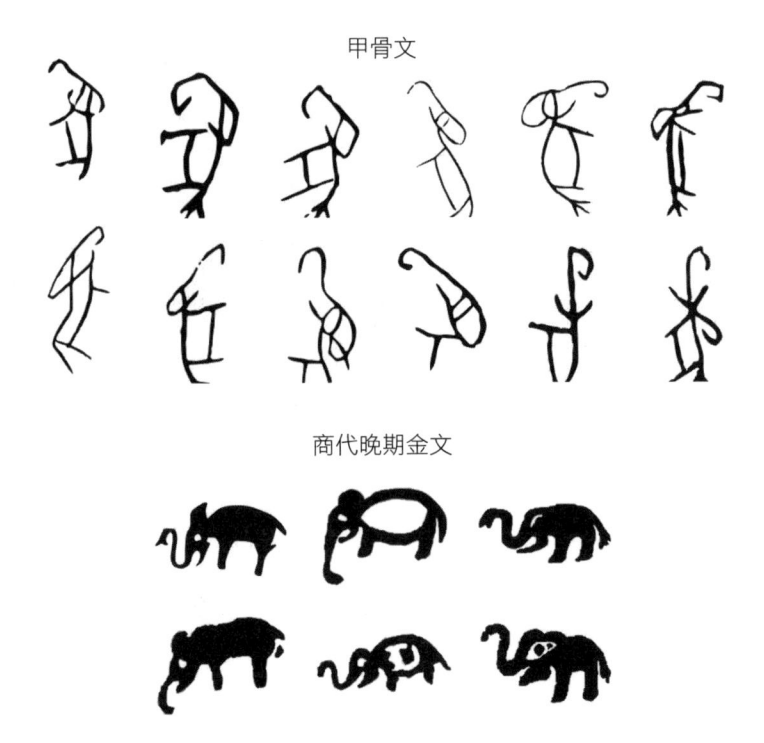

圖 8.4：甲骨文和作為族徽使用的商代晚期金文「象」字。

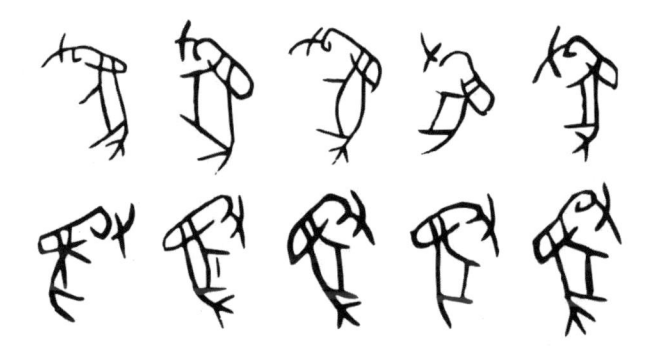

圖 8.5：甲骨文的「為」字。

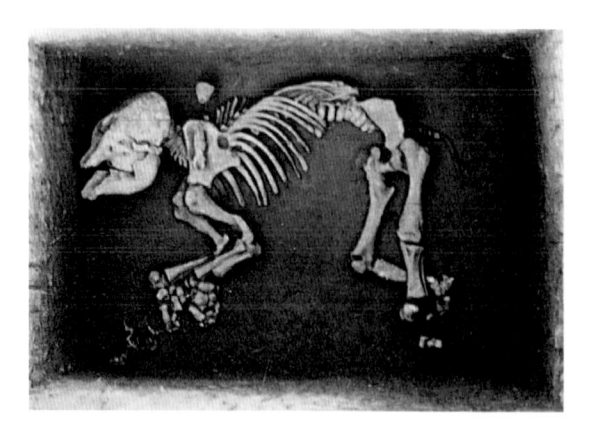

圖 8.6：安陽武官村北地 35 號祭祀坑出土的幼象與象鈴，此圖左下角還有豬骨骼。

## 氣候環境與人為因素所導致的大象退卻

　　商代處於全新世氣候最適宜期的尾聲，儘管當時的中原地區環境與今日長江流域類似，年均溫為攝氏十五點六至十六點六度，一月均溫為攝氏一點二至三點二度，但其實呈現的是早期寒冷乾燥向中期溫暖濕潤過渡，再於晚期轉趨寒冷乾燥的變化趨勢，溫暖濕潤期主要發生在商代中期。自約商代晚期（公元前一千一百年）開始，中原地區氣溫一度轉趨寒冷，情況延續至西周早期尾段（約公元前九百年）才逐步回暖，並於春秋時代回復轉冷前的水準（當時中國北方溫度可能較現代高攝氏三度）。另根據地下水水位變化與土壤學地層剖面分析，商代晚期華北也因東亞季風轉向影響，轉趨乾旱，情況並隨著時間推移愈趨劇烈，出現沙塵暴、現代黃土覆蓋古土壤現象，古文獻、甲骨卜辭所見商代晚期大規模旱情與應對方式，如祭祀、焚巫尪、做土龍、奏樂舞蹈求雨、改從事旱作農業等的記載，也證實當時中原發生氣候環境巨變。

中國大象的分布範圍在商末周初之後退出華北，必然與氣候環境變遷有關，但從古文獻與甲骨卜辭所見森林砍伐、農業燒墾、耕作、畜牧、田獵行為，似乎也反映了大象的退卻與人類活動引發的棲地破壞、族群數量銳減有關。從甲骨卜辭在商王武丁（商代晚期）之後再也見不到獲象記錄，以及青銅器造型、紋飾在西周中期以後鮮少見到大象，或外形已與真實個體有顯著差距兩方面推測，這種大型動物當時可能在華北已變得罕見，人群也不再熟悉象的樣貌。戰國末期成書的《韓非子・解老篇》中提到：「人希見象也，而得死象之骨，按其圖以想其生也，故諸人之所以意想者，皆謂之『象』也。」除了解釋「象」字表疑似之意的來由，其實也訴說著當時象已脫離了中原人群的視野。

到了漢代，我們仍可在考古遺留中零星見到象的身影，但多為百戲中的玩物，如二〇一〇年江蘇省盱眙縣大雲山江都王陵 M1（西漢江都王劉非，公元前一六八至一二七年）所出土的鎏金銀青銅象俑與馴象人俑，和一九五四年洛陽市防洪渠二段 72 號墓出土的東漢彩繪騎象陶俑（圖 8.7）。根據《漢書・武帝紀》所載：「南越獻馴象」以及東漢中期許慎對「象」字的解釋：「象，長鼻牙，南越大獸，三季一乳，象耳牙四足之形」，這些大象可能多來自南方。

人象衝突其實是中國亙古的矛盾，因為與人類活動區域多所重疊的大象時常會毀壞莊稼與屋舍，從許多歷史記載可知，如《孟子・滕文公下》：「周公相武王……驅虎、豹、犀、象而遠之，天下大悅」，象對中國農人而言，總是亟欲除之而後快的，象牙、象鼻則是人們所追逐的逸品、珍饈。這些人為干擾都導致本就受氣候環境變遷而棲地縮減的象更不容易生存下來（注五），最後只能逐步退縮到西南一隅苟延殘喘。

圖 8.7：江蘇盱眙大雲山西漢江都王陵一號墓出土象俑與馴象人俑。

# 古代中國的象不是亞洲象？

在中國華北古時曾有大象的命題上，近年有學者對其種屬提出質疑。他們認為全新世最適宜期華北的溫暖程度仍不足以讓畏寒的亞洲象安然過冬（注六），因此中國新石器時代漫遊於華北的大象不可能是亞洲象。那麼，華北的大象又是哪個種屬呢？學者們推測是一度被認

圖 8.8：Ⓐ湖南醴陵獅形山出土商代象尊，Ⓑ寶雞茹家莊出土西周中期象尊，以及非洲象、亞洲象鼻尖端。

為在距今約一萬年左右便滅絕的諾氏古菱齒象（*Palaeoloxodon naumanni*）或納瑪象（*Palaeoloxodon namadicus*），因為許多在更新世末期中國北方與古菱齒象伴生的哺乳動物，其實都延續生存到了全新世；且相較於亞洲象，古菱齒象有較佳的抗寒能力。

儘管學者們所提出古菱齒象的生存可能延續至商代晚期華北的看法相當有趣，但此說並未獲得學界一致支持，目前的確也沒有明確的化石證據能證實此說；而學者用來排除物種為亞洲象的旁證——商周時期象形器物在鼻尖端具有亞洲象所沒有的「二指」特徵（注七）（圖8.8），其實可能只是工匠別出心裁的工藝巧思，而非根據實際觀察而來的摹製，更何況並非所有的商周時期象形器物的鼻尖端都為二指，湖南醴陵獅形山出土的商代象尊鼻尖便只有一指。

最後，從動物的適應性來看，或許學者們低估了亞洲象的耐寒程度，其實現代案例仍可見到象群短暫於雪地中玩樂的景象。美國動物園及水族館協會（Association of Zoos & Aquariums）二〇一二年所修訂的大象照護管理辦法曾寫到，如已適應了環境條件，戶外飼養的大象其實是能夠短暫忍受適度的極度低溫。黃河象研究小組在上世紀七〇年代的研究顯示，從第四紀初迄今，中國大象的體軀其實是逐漸縮小的；而根據內田純子對殷墟西北岡1001號大墓出土象骨器的測量，商代大象的體型確實較現代標準亞洲象還要來的巨大。一般而言，體型越大的動物，身體表面積相對於身體體積的比值就越小，有利於減少體熱散失，因此對寒冷環境下的生存有所幫助，這也就表示古代華北的大象仍可能是亞洲象。總而言之，中國古代華北的大象究竟是亞洲象抑或是一九五五年由斯里蘭卡古生物學家 Paulus E. P. Deraniyagala 所提出，被認為早已絕跡的亞洲象亞種中國象（*Elephas maximus rubridens*）、古菱齒象，都有待未來更多的古生物發掘研究才能獲得解答。

## 注釋

注一：如浙江餘姚河姆渡遺址發現的河姆渡文化象牙匕、雙鳥朝陽紋象牙蝶形器、象牙梳；山東泰安大汶口遺址出土的大汶口文化象牙梳；浙江嘉興吳家浜遺址及江蘇蘇州綽墩遺址墓葬出土的馬家浜文化象牙梳；湖北巫山大溪遺址墓葬出土的大溪文化象牙鐲；以及浙江省周家浜遺址出土良渚文化玉背象牙梳等。

注二：全新世氣候最適宜期的氣候並不是全然穩定的，而是在溫暖的大趨勢下有著些微的波動變化。

注三：新說亦有商王朝為獲得大象，對善於馴象的東夷產生需索上的困擾。

注四：除了獵捕大象之外，「獲象」也有捕獲象族人的說法。「獲象」一詞也不一定代表大象一定是在商朝的土地上捕獲。

注五：亞洲象無法適應寒冷和陽光直射，又由於體積龐大、視覺較差，導致逃避敵害有難度，再加上孕期長達六百五十天，且每胎一仔，相隔約六年，繁殖率低，族群數量在人為影響下銳減後便難以於短時間內恢復；另由於亞洲象食量與飲水量均較大，在棲地被破壞後便難以維生，因此無法與古代中國大量的農業人口和平共存。

注六：董建文等人的亞洲象凍傷與搶救案例顯示，亞洲象成象在攝氏零度低溫時會出現呼吸急促、皮溫不均、肢體末端發涼、感覺遲鈍、全身顫慄、四肢僵硬、眼結膜水腫、充血等症狀；二〇二一年西雙版納象群北遷事件中，小象面臨攝氏十度以下低溫便出現難以支應現象。另根據巴西全球大象庇護組織（Global Sanctuary for Elephants）觀察，大象在攝氏六度以下，身體一些較脆弱的部分便會出現凍傷。

注七：大象靈活的鼻子在鼻尖處有突起，如同人類的指頭一般，能夠幫助大象用來夾或勾，拿取各種食物。此外，鼻尖的突起有敏感神經，能感應外界訊息，再傳遞至大腦。現存的非洲象鼻尖有上、下兩個突起，而亞洲象則僅有上半一個突起。

## 參考資料

Allan, Sarah (editor)
  2005　*The Formation of Chinese Civilization: An Archaeological Perspective*. New Haven: Yale University Press.

Deraniyagala, Paulus Edward Pieris
  1955　*Some Extinct Elephants, Their Relatives and the Two Living Species*. Colombo: Government Press.

Elvin, Mark
  2004　*The Retreat of the Elephants: An Environmental History of China*. New York: New Haven and London: Yale University Press.

Hinsch, Bret
  1988　Climatic change and history in China, *Journal of Asian History*, vol. 22, no. 2, pp. 131-159.

Li, Liu and Chen, Xingcan
  2012　Chapter 2: Environment and Ecology, *The Archaeology of China: From the late Paleolithic to the Bronze Age*. Cambridge: Cambridge University Press.

Ji, Li *et al.*
  2013　The latest straight-tusked elephants (*Palaeoloxodon*)? "Wild elephants" lived 3000 years ago in North China, *Quaternary International*, vol. 281, pp. 84-88.

Olivier, Robert
  1978　Distribution and Status of the Asian Elephant, *Oryx*, vol. 14, Iss. 4, pp. 379-424.

內田純子
  2013　〈殷墟西北岡1001號大墓出土雕花骨器研究〉,《中央研究院歷史語言研究所集刊》第八十四本，第四分，頁601-649。

王宇信、楊寶成

1982 〈殷墟象坑和「殷人服象」的再探討〉，輯於胡厚宣主編，《甲骨探史錄》，頁 467-489。北京：三聯書店。

王祁
2020 〈商人服象與象之分布〉，輯於山東大學文化遺產研究院編著，《東方考古》第十六集，頁 134-143。北京：科學出版社。

王暉、黃春長
2002 〈商末黃河中游氣候環境的變化與社會變遷〉，《史學月刊》第一期，頁 13-18。

中國社會科學院考古研究所（編）
1994 《殷墟地下瑰寶》。北京：文物出版社。

中國社會科學院考古研究所安陽工作隊
1987 〈安陽武官村北地商代祭祀坑的發掘〉，《考古》第十二期，頁 1062-1070，1145。

文煥然
2019 〈再探歷史時期的中國野象分布〉，輯於文榕生選編，《中國歷史時期植物與動物變遷研究》，頁 221-226。重慶：重慶出版社。
2019 〈再探歷史時期中國野象的變遷〉，輯於文榕生選編，《中國歷史時期植物與動物變遷研究》，頁 227-235。重慶：重慶出版社。

文煥然等
2019 〈歷史時期中國野象的初步研究〉，輯於文榕生選編，《中國歷史時期植物與動物變遷研究》，頁 206-220。重慶：重慶出版社。

朱彥民
2006 〈商代晚期中原地區生態環境的變遷〉，《南開學報》（哲學社會科學版）第五期，頁 54-61。

同号文
2007 〈第四紀以來中國北方出現過的喜暖動物及其古環境意義〉，《中國科學》（D 輯），頁 922-933。

何兆雄
1984 〈中國野象南移與環境破壞〉，《生態學雜誌》第三卷，第五期，頁 48-51，58。

李永迪（編）
  2009　《殷墟出土器物選粹》。台北：中央研究院歷史語言研究所。
李志文等
  2015　〈全新世中國東部亞熱帶地區氣候變遷的古生物學證據〉，《熱帶地理》第三十五卷，第二期，頁179-185。
李冀、侯甬堅
  2010　〈先秦時期中國北方野象種類探討〉，《地球環境學報》第一卷，第二期，頁114-121。
李龍海
  2005　〈從西周氣候的變遷看《豳風‧七月》的寫作時間〉，《寶雞文理學院學報》（社會科學版）第二十五卷，第五期，頁31-34。
竺可楨
  1972　〈中國近五千年來氣候變遷的初步研究〉，《考古學報》第一期，頁15-38。
施雅風等
  1992　〈中國全新世大暖期氣候與環境的基本特徵〉，輯於施雅風主編，《中國全新世大暖期氣候與環境》，頁1-18。北京：海洋出版社。
徐中舒
  1930　〈殷人服象及象之南遷〉，《中央研究院歷史語言研究所集刊》第二本，第一分，頁60-75。
陳絜
  2016　〈商周東土開發與象之南遷不復〉，《歷史研究》第五期，頁4-18。
陳明勇等
  2006　《中國亞洲象研究》。北京：科學出版社。
梁彥民
  2001　〈商人服象與商周青銅器上的象裝飾〉，《文博》第四期，頁50-72。
張梅坤

1992 〈我國亞洲象的盛衰及原因 - 兼論歷史氣候和生態的變遷〉,《東南文化》第六期,頁 67-75。

張惟捷
2018 〈引用古文字材料為跨學科研究證據應謹慎 - 以卜辭與菱齒象的相遇為例〉,《中原文化研究》第五期,頁 114-121。

郭賢民等
2017 〈我國亞洲象研究綜述〉,《自然科學》第五期,頁 31-36。

單育辰
2020 〈說"象"〉,輯於單育辰著,《甲骨文所見動物研究》,頁 194-197。上海:上海古籍出版社。

彭林
2021 〈婦好墓象牙杯與先秦時期的生態環境〉,輯於彭林著,《文物精品與文化中國》,頁 180-201。香港:中華書局。

黃銘崇
2018 〈商人服象 - 事實與想像〉。取自歷史學柑仔店(https://kamatiam.org/ 商人服象事實與想像)。

董作賓
1948 《小屯》(殷墟文字・甲編)。南京:商務印書館。

董建文等
2005 〈亞洲象凍傷的搶救與治療〉,《中國獸醫雜誌》第四十一卷,第九期,頁 51。

賈蘭坡、衛奇
1980 〈桑干河陽原縣丁家堡水庫全新統中的動物化石〉,《古脊椎動物與古人類》第十八卷,第四期,頁 327-333。

盧連成、胡智生
1988 《寶雞弓魚國墓地》。北京:文物出版社。

魏繼印
2007 〈殷商時期中原地區氣候變遷探索〉,《考古與文物》第六期,頁 44-50。

# 9 滅絕的犀牛與聖水牛

犀又稱犀牛，是奇蹄目犀科（Rhinocerotidae）食草動物，在所有陸棲動物中體型僅次於象，目前全球僅存四屬五種，分別是非洲大陸的白犀（*Ceratotherium simum*）與黑犀（*Diceros bicornis*）、南亞大陸北部的印度犀（*Rhinoceros unicornis*）、印尼爪哇島的爪哇犀（*Rhinoceros sondaicus*）和蘇門答臘島與婆羅洲的蘇門答臘犀（*Dicerorhinus sumatrensis*）。在國際自然保護聯盟瀕危物種紅色名錄（The IUCN Red List of Threatened Species）分級下，除白犀為近危（near threatened）物種，印度犀為高一級的易危（vulnerable）物種外，其他三種犀牛都屬於極危（critically endangered）物種，僅次於野外滅絕（extinct in the wild）與滅絕（extinct）二級。

## 犀牛在中國的時空分布變化

亞洲犀牛喜棲息於熱帶、亞熱帶森林與周遭的濕潤草地、河岸濕地，以及海拔兩千公尺以下山地，對較為寒冷的氣候環境適應能力差。研究顯示，上述三種亞洲犀牛過去都曾生存於中國境內，是更新世的孑遺物種，其分布北界在距今三、四千年前曾達黃河流域，類似於象，這表示古代華北曾較今日氣候更加溫暖濕潤。整體而言，犀牛受到氣候轉冷、轉乾、人類活動快速增加與棲地破壞影響，再加上本身對突變環境適應力較弱、繁殖能力不強和人類大肆獵殺（注一），在中國的生存區域是不斷由北向南、由東向西退卻，並伴隨數量驟減（圖9.1），其分布北界從公元前一千年開始至秦、漢帝國建立初年，便逐漸南退至秦嶺—淮河一線南北，此情況大致維持了數百年之久，直到唐代前

後於中國中、東部的分布北界再向南退至長江中下游一帶，而在中、西部的分布北界仍維持於秦嶺一線。公元一千年左右，犀牛於中國東南的分布迅速退至南嶺東部和福建武平、上杭一線之南，在中部、西部的分布北界則維持在長江流域以南。到了明清時期，中國犀牛的分布再退至嶺南、西南邊陲。曾有學者推估，犀牛在東亞大陸的分布區域退縮速度大約是每年半公里，雲南邊陲是其最後的棲地，一九二〇至一九三〇年代雲南思茅萊陽河、西雙版納保護區的熱帶森林仍有零星的目擊記錄，但大約在二十世紀中期中國的犀牛便已滅絕，一九五七年所獵獲的犀牛是中國的最後一頭。

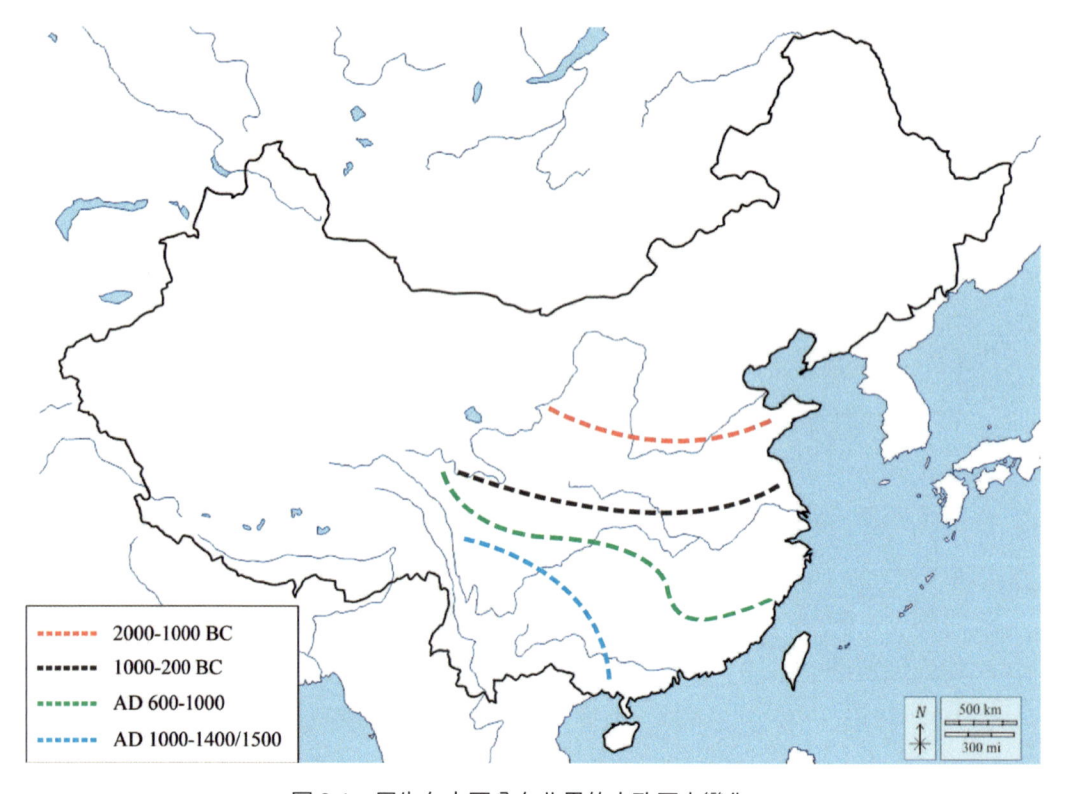

圖9.1：犀牛在中國分布北界的大致歷史變化。

**9** 滅絕的犀牛與聖水牛　141

　　商代晚期黃河中下游應是有犀牛棲息的，上世紀三〇年代河南安陽殷墟的哺乳動物群遺骨鑑定便曾發現犀牛掌骨，一九九七年發掘的河南安陽洹北花園莊遺址動物骨骼經鑑定也發現有犀牛橈骨、右尺骨、左股骨各一；而傳清代出土於山東壽張梁山，現藏美國舊金山亞洲藝術博物館（Asian Art Museum of San Francisco）的小臣艅犀尊則是目前存世唯一整體以犀牛為造型的商代青銅器（注二），從器底銘文字形風格與內文「征人方」推測，年代可能是商王帝乙或帝辛在位的商末（圖 9.2）。如果當時人們沒有見過犀牛，勢必難以製作出如此栩栩如生的作品。

圖 9.2：小臣艅犀尊及銘文。

　　既然商代晚期黃河中下游有犀牛，那麼在甲骨文許多的象形動物字中是否可以找到犀牛呢？答案在過去被認為是肯定的，因為甲骨文中確實有一個頭部明顯可見有大角相連的動物字（圖 9.3），也曾被葉玉森釋為「犀」（注三），但此釋字後來經學界過程相當有趣的一番論證，最終隸定應是「兕」字。

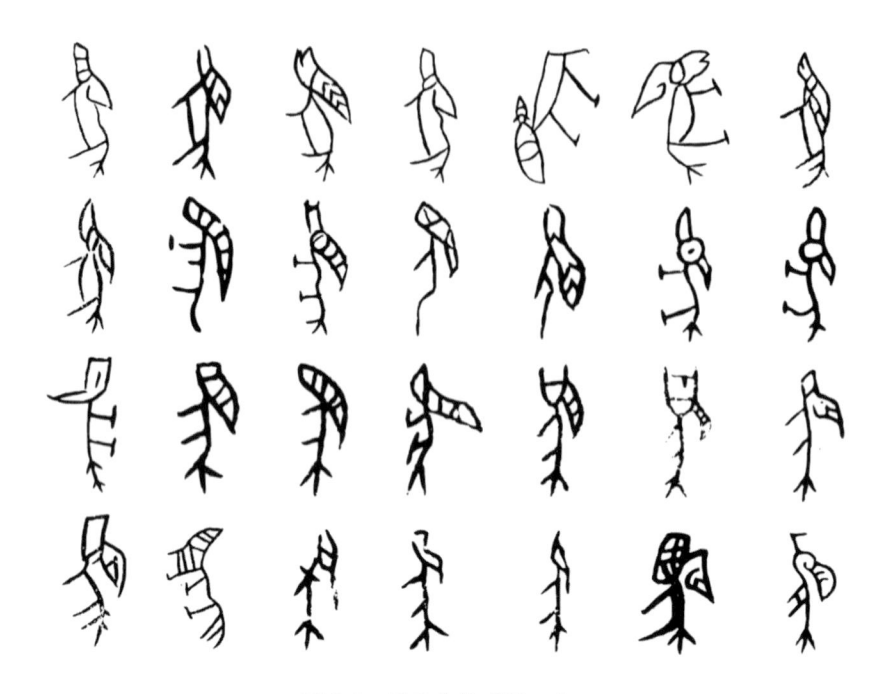

圖9.3：甲骨文的「兕」字。

## 「兕」字隸定的一波三折

　　因緣際會，一九二九年中央研究院史語所在河南安陽殷墟所進行的第三次發掘發現了一件極為特別的獸頭骨，其正面見有兩行豎刻之記事刻辭，而上述曾有爭議的甲骨文動物字便在其中，從該字前的「隻」（獲）、「白」連用，可知為「獲白□」（圖9.4），閱讀刻辭全文後可大致推知內容為商王帝辛在征伐盂方後舉行田獵，捕獲了某種毛色為白色的獸類，同時舉行了祭祀（注四）。一九三〇年董作賓將此骨交給了古生物學家德日進神父（Pierre Teilhard de Chardin）鑑定，德氏根據內側的一排牙齒認定是某種牛，不過董作賓在接受德日

進的意見後仍思索著上頭動物字有大角這條線索，也從李濟處得知在《馬可波羅遊記》、亞述雕刻和巴比倫壁畫中有牛與獨角獸的關連，而在陸續蒐集了來自中東、波斯、中亞和華北有關獨角獸的研究材料後，在新發表的〈「獲白麟」解〉一文中推斷該獸骨第三字應釋為「麟」（注五），並考證「麟」是一種有著獨角的獸，尾巴似牛，可說是牛的同類或變種，也就是西方傳說中的 Rimu（獨角野牛）。董氏另根據此獸頭骨刻辭內容，推測此「麟」當是商王打獵所獲，獸骨就是白麟本身。

董作賓的見解後來遭受許多批評，方國瑜即認為該字所象與西方的 Rimu、東方的獨角獸「麟」並不相干，獨角的特徵也可能只是筆畫的省略。儘管方氏未明確說明該字所象為何，卻留意到該字有著和甲骨文「馬」一樣的尾巴（圖 9.3），進而影響葉玉森轉而主張該字象一匹體型巨大的獨角野馬，也許即《爾雅》所記載的「駮」（注六）。不過葉氏其實也有所保留，因為他也懷疑這個字上頭的角可能只是筆畫由雙角簡省為單角。

首先將這個有著獨角的甲骨文動物字釋為「兕」的是唐蘭，他在一九三二年〈獲白兕考〉一文主張該字與許慎《說文解字》所收錄的小篆「兕」字其實差異不大（圖 9.4），又舉《山海經·海內南經》：「兕……其狀如牛，蒼黑，一角」、《爾雅》：「兕似牛」，郭璞注：「一角、青色，重千斤」、晉代劉欣期《交州記》：「兕出九德，有一角，角長三尺餘，形如馬鞭柄」佐證兕是一種色青、獨角的野獸；進而再舉《說文解字注》中引《詩經·卷耳》、《韓詩外傳》所提到的兕觥（兕觵）能容納五升酒為例，說明兕角很大，與甲骨文字所見的大角形象吻合。

144　二、甲骨文動物園

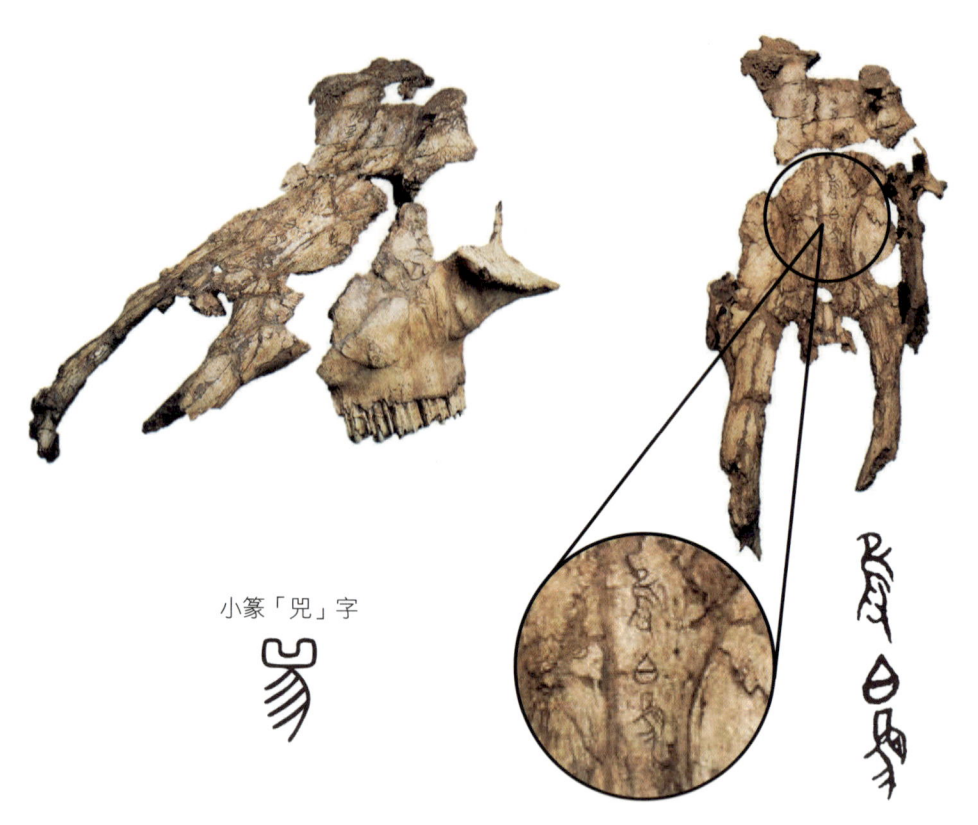

小篆「兕」字

圖 9.4：帶刻辭牛頭骨側面、正面照與「獲白兕」刻辭，以及小篆的「兕」字。

# 「兕」非犀牛而指聖水牛

　　現代學者目前都已承唐蘭之說，將這個有著大角的甲骨文動物字釋為「兕」，該字於卜辭中均作動物名使用，常與虎、鹿、豕、麋等動物並列，是田獵活動裡的常客，不過學界對於兕之所象究竟為犀牛或某種野牛，曾有意見分歧（注七）。

　　春秋晚期至戰國時期文獻可見大量與犀、兕有關之記載，如《道

德經・卷五十》：「陸行不遇兕虎……兕無所投其角」、《論語・季氏》：「虎兕出於柙，龜玉毀於櫝中，是誰之過與？」可知當時的兕指帶角、能與虎相匹的猛獸。另從《山海經・中山經》：「又東北一百里，曰美山，其獸多兕牛」、《山海經・南山經》：「東五百里，曰禱過之山，其上多金玉，其下多犀、兕，多象」、《山海經・西山經》：「嶓冢之山……其上多桃枝鉤端，獸多犀兕熊羆」、「女床之山……其獸多虎豹犀兕」、「厎陽之山……其獸多犀、兕、虎、豹、柞牛」、「眾獸之山……其獸多犀、兕」、《竹書記年》：「（昭王）十六年，伐楚，涉漢，遇大兕」、《左傳・宣公二年》：「牛則有皮，犀兕尚多，棄甲則那」，可知當時人們所認知的犀、兕應是有別的。

但此後不同時期的文獻資料對兕的解釋不一，歸納後大致有兩種觀點，第一種認為兕也是一種犀牛，如唐代劉恂《嶺表錄異》：「一在額上，為兕犀。」宋代羅願在《爾雅翼》中也表示：「兕似牛，一角，青色，重千斤，或曰即犀之牸者」，也就是認為犀之雌者為兕；或言：「古人多言兕，今人多言犀，北人多言兕，南人多言犀」，認為兕、犀為古今南北的不同稱謂。第二種觀點則無具體說明兕為何種動物，只稱兕外形像牛，如《爾雅・釋獸》：「兕似牛」、《說文解字注》：「兕如野牛，青色，其皮堅厚，可以制鎧。」

兕所象為聖水牛（*Bubalus mephistopheles*）的看法始於法籍神父雷煥章，後經學界再行研究整理，所提出較具說服性的理由包括：（一）其實最早提到兕「一角」的《山海經・海內南經》和《爾雅注》並沒有明確指兕即犀牛，而郭璞在替《爾雅》作注時也明確知曉犀、兕有別（注八），後世之人誤解了郭璞對兕「一角」的解釋，未經查證便指兕為犀；（二）田獵卜辭內容常見大量獲兕的記載，達十、甚至數十，但犀牛不是群居動物，不可能一次大量捕獲，只有牛較為可能。殷墟出土哺乳動物遺骸中聖水牛數量達千，非常龐大，但犀牛的估計

數量僅約虎的兩倍，相較之下非常稀少；（三）卜辭常見田獵射兕，但犀牛難以用弓箭射殺，反而牛較有可能；（四）甲骨文「兕」字的角並不位於吻端，而總是自頭後延伸，角也不是豎直的，而是弧曲向外延伸，角上也常見到紋理，這些都是牛的特徵；（五）犀牛角是實心的，做成容器兕觥需費力鑿鑽，而聖水牛角是空心的，顯然在製作上相對方便、合適。

聖水牛是大英博物館研究員胡步伍（Arthur T. Hopwood）一九二五年在河南安陽殷墟發現並命名的全新世水牛種，由於牠的角心極短而粗壯，外形與西方的惡魔形象相似，故當時便以梅菲斯托費勒斯（mephistopheles，浮士德傳說中的魔鬼之名）作為其種小名，即魔水牛之義，後來古生物學家德日進與楊鍾健在《安陽殷墟之哺乳動物群》報告中將其轉譯為「聖」，就此得名。聖水牛的角與家養水牛（*Bubalus bubalis*）、家養黃牛（*Bos taurus*）截然不同，易於辨識（注九）。傳統觀點認為中國新石器、青銅時代遺址所發現的聖水牛是現代家養水牛的祖先，但 DNA 研究已證實此說不真，聖水牛甚至可能沒有被馴化，現代家養水牛可能是在公元前一千年前後由南亞西北部地區傳入中國，至於家養黃牛，則是在距今約一萬年左右由西南亞當地的野牛馴化，並逐漸透過文化交流向東傳播，經中亞在距今約五千六百至四千八百年前傳至中國甘肅一帶，後再向東在距今約四千五百年前進入中原地區，甲骨文的「牛」字即家養黃牛的正面象形。商代的家養黃牛主要用於墓葬祭祀、日常食用和占卜，而聖水牛是狩獵的主要對象。

商代考古發現許多以牛為立雕或紋飾主題的青銅器、玉石器和陶器，經仔細檢視後可發現它們都是聖水牛而非家養黃牛，其中最著名的一件莫過於殷墟花園莊東地 54 號墓出土的牛形青銅尊（圖 9.5）。由於這座墓中出土的多數青銅禮器及部分青銅兵器上都鑄有「亞長」

銘文，表明墓主是個來自長族的武職官員，社會階級不低，甚至不亞於商王武丁的王后婦好，因此這件牛形青銅尊也有「亞長牛尊」的專稱，是迄今為止殷墟所發現的唯一一件牛型青銅器。殷墟考古初期也曾在侯家莊西北岡 1004 號商王大墓南墓道與墓室相連處發現一件稱作「牛方鼎」的大型立耳方鼎（圖 9.5），鼎身除了正中央，四足外側也可見到鮮明的牛首紋飾，於器底更鑄有一動物形銘文，其吻部大、張口、圓眼，頭部後方相連一只向後彎曲的帶紋理大角，四肢粗壯，長尾下垂，與甲骨文的「兕」字非常相像，可資甲骨文「兕」字所象非犀之佐證，由此這件青銅重器實應更名為「兕方鼎」，好與並置同出且器底同樣帶動物銘文的鹿方鼎命名協同一致。在石器方面，殷墟婦好墓也隨葬有一件著名的圓雕臥伏姿態白色大理石牛（圖 9.5），在材質、尺寸與表現手法上皆與西北岡 1500 號商王大墓所發現的大理石牛相似。這些墓葬出土的牛形器物皆表明商代晚期貴族有著共同文化背景與審美意趣，至於其隨葬目的有學者推測與動物崇拜或巫術行為有關。

今日甲骨文「兕」字所象為聖水牛的看法已獲得廣泛認同，那麼原先所認定的犀牛是否另見於甲骨文字中呢？遺憾的是並沒有，其原因不明。目前所知年代最早的「犀」字僅見於西周晚期金文，為後來戰國秦系文字、小篆「犀」字所承，是一個由從「牛」，「尾」聲的形聲字，且作族氏名使用，如犀伯魚父鼎銘文：「犀白（伯）魚父乍（作）旅鼎，其萬年子孫永寶用」（圖 9.6）。

148　二、甲骨文動物園

圖 9.5：Ⓐ亞長牛尊，Ⓑ牛方鼎及其器底銘文，Ⓒ婦好墓出土大理石牛。

西周晚期金文

睡虎地秦簡

小篆

圖 9.6：犀伯魚父鼎銘文及西周晚期金文、睡虎地秦簡與小篆的「犀」字。

## 注釋

注一：犀牛的孕期約四百至五百五十天，每胎僅產一子。根據歷史研究，古人獵殺犀牛的主要目的除了取其皮肉，也與犀角作為傳統藥材有關。

注二：中國故宮博物院典藏的四祀邲其卣兩側提樑末端也可見犀首造型。

注三：在葉玉森之前，羅振玉曾將此字釋為「馬」，王襄和商承祚釋作某種馬類動物。

注四：《合》37398：「……于㲋獲白兕，嘂于……在二月，唯王十祀，彡日，王來正盂方白□。」

注五：《詩經‧周南‧麟之趾》中對麟的敘述為：「麟之角、振振公族。于嗟麟兮。」僅可知麟有角，而《爾雅‧釋獸》較具體說明了麟的外形，提到：「麖，麕身。牛尾，一角。」麖是麟的異體，麕指獐子，整體描述麟有著獐子的身軀，似牛的尾巴和一支角。

注六：《爾雅‧釋畜》：「駮，如馬、倨牙，食虎豹。」

注七：認為「兕」象犀牛以外動物的學者多是受到古生物學鑑定的影響，如裴文中所認為的牛屬動物，主張兕是一種野牛。

注八：其實從《爾雅‧釋獸》：「兕似牛，犀似豕，彙毛刺」可知犀、兕已然有別。郭璞《爾雅注》裡只是再對犀補充：「猪頭大腹，庳脚。脚有三蹄，黑色。三角，一在頂上，一在額上，一在鼻上，鼻上者即食角也，小而不橢，好食棘，亦有一角者。」

注九：聖水牛的角極短而粗壯，各部橫截面呈等腰三角形，角的稜面相當銳利，尤其是遠端；兩角向頭後方伸長、稍向內彎，整體呈一較窄的新月形。現代家養黃牛的角橫截面為圓形，短且多彎向前。至於家養水牛角長而扁，並向後方彎曲。

## 參考資料

Dongya Y. Yang *et al.*

  2008 Wild or domesticated: DNA analysis of ancient water buffalo remains from north China, *Journal of Archaeological Science*, vol. 35, pp. 2778-2785.

Hopwood, Arthur T.
  1925 A new species of buffalo from the Pleistocene of China, *Annals and Magazine of Natural History*, Series 9, vol. 16, pp. 238-239.

Li, Liu *et al.*
  2004 A Study of Neolithic Water Buffalo Remains from Zhejiang, China, *Indo-Pacific Prehistory Association Bulletin*, vol. 24, pp. 113-120.

中國社會科學院考古研究所、安陽市文物考古研究所（編）
  2008 《殷墟新出土青銅器》。昆明：雲南人民出版社。

王子今
  2007 《秦漢時期生態環境研究》。北京：北京大學出版社。

王娟、張居中
  2011 〈聖水牛的家養/野生屬性初步研究〉，《南方文物》第三期，頁134-139。

王振堂、許鳳、孫剛
  1997 〈犀牛在中國滅絕與人口壓力關係的初步分析〉，《生態學報》第十七卷，第六期，頁640-644。

文煥然
  2019 〈中國野生犀牛的古今分布變遷〉，輯於文榕生選編，《中國歷史時期植物與動物變遷研究》，頁246-247。重慶：重慶出版社。

文煥然、何業恒、高耀亭
  1981 〈中國野生犀牛的滅絕〉，《武漢師範學院學報》（自然科學版）第一期，頁50-60。

文毅
  2023 〈秦代犀牛分布的歷史學考察〉，《理論觀察》第一期，頁124-127。

申文喜

2023 〈漫談殷墟遺址出土器物中的"聖水牛"形象〉,《殷都學刊》第一期,頁 41-49。

朱彥民

2005 〈關於商代中原地區野生動物諸問題的考察〉,《殷都學刊》第三期,頁 1-9。

李凡

2012 《商代牛類遺存研究》。鄭州:鄭州大學碩士學位論文。

周躍雲、何業恒

2002 〈試論野生水牛、四不像鹿和中國鼉在黃河中下游的絕跡〉,《第四紀研究》第二十二卷,第二期,頁 182-187。

胡洪瓊

2012 〈殷墟時期牛的相關問題探討〉,《華夏考古》第三期,頁 47-54,149。

2015 〈商代考古發現的牛狀遺物探悉〉,《殷都學刊》第三期,頁 15-20。

袁靖、唐際根

2000 〈河南安陽市洹北花園庄遺址出土動物骨骼研究報告〉,《考古》第十一期,頁 75-81。

孫機

1982 〈古文物中所見之犀牛〉,《文物》第八期,頁 80-84。

張之杰

1998 〈殷商畜牛考〉,《自然科學史研究》第十七卷,第四期,頁 365-369。

張之傑

2004 〈中國犀牛淺探〉,《中華科技史學會會刊》第七期,頁 85-90。

莫慧旋

2021 〈南越國的兕、犀與牛〉,《大眾考古》第九期,頁 48-53。

單育辰

2020 〈說"兕"〉,輯於單育辰著,《甲骨文所見動物研究》,頁

186-193。上海：上海古籍出版社。

黃家芳
  2009 〈"兕"非犀考〉,《樂山師範學院學報》第二十四卷,第三期,頁 81-84。

雷煥章（Jean A. Lefeuvre） 葛人 譯
  2007 〈商代晚期黃河以北地區的犀牛和水牛——從甲骨文中的□和兕字談起〉,《南方文物》第四期,頁 150-160。

楊鍾建、劉東生
  1949 〈安陽殷墟之哺乳動物群補遺〉,《中國考古學報》第四冊,頁 145-153。

楊龢之
  2004 〈中國人對「兕」觀念的轉變〉,《中華科技史學會會刊》第七期,頁 10-18。

劉莉、楊東亞、陳星燦
  2006 〈中國家養水牛起源初探〉,《考古學報》第二期,頁 141-178。

藍勇
  1992 〈野生印度犀牛在中國西南的滅絕〉,《四川師範學院學報》（自然科學版）第十三卷,第二期,頁 92-95。

聶選華
  2015 〈環境史視野下中國犀牛的分布與變遷〉,《文山學院學報》第二十八卷,第二期,頁 68-73。

# 10 古人豢養的寵物「獏」

　　由於發生盜墓的緣故，以山西省考古研究所為首的聯合考古團隊二十一世紀初對該省運城市絳縣西部橫水鎮的百餘座西周早、中期倗國墓地進行了搶救發掘，在清理 2158 號墓葬過程中發現了兩件外型呆萌可愛的動物形青銅器，據山西博物院簡介，此二器有著短頸、圓眼、圓形大耳、鼻稍長、短尖尾、四足粗壯、背部有蓋、鳥形鈕（注：器物上用於抓提的部位）和通體飾鱗紋的特點（圖 10.1）。與此外型相似的青銅器其實也見於一九三六年出版的《善齋彝器圖錄》，作為編者的古文字學家容庚當時根據這件動物形器有著稍長、似象非象的鼻

圖 10.1：Ⓐ山西橫水倗國墓地出土獏尊，Ⓑ遽父乙象尊，Ⓒ西周井姬孟鏙，Ⓓ美國國立亞洲藝術博物館藏獏尊。

子及銘文，暫時命名它為遽父乙象尊（圖10.1）。無獨有偶，一九七四年陝西省寶雞市茹家莊西周早期強國墓地也發現過一件風格類似的青銅器，由於它出土時相配有一件青銅盤，可知是作為水器使用。發掘者當時也對這件器物似羊非羊的外形與命名感到犯難，只好暫時稱之為羊尊，一九八八年出版的發掘報告也避開了它究竟表現的是何種動物的難題，僅根據器物方蓋內的八字銘文「（強）白（伯）匋井姬用盂錐」，正式命名它為西周井姬盂錐（圖10.1），不過一九九三年中國青銅器專家馬承源先生在寶雞進行考察時見到了這件器物，指出它應該是貘，終使西周井姬盂錐開始有了貘尊的俗名，並獲得廣泛認同。從此之後上述幾件器物，同美國國立亞洲藝術博物館（National Museum of Asian Art）所典藏的一件陝西出土動物形青銅器（圖10.1），也都有了貘尊的稱呼。

## 古代中國的貘

貘（Tapirus）是奇蹄目貘科動物，目前全球僅有一屬五種，分別為中美貘（*Tapirus bairdii*）、南美貘（*Tapirus pinchaque*）、山貘（*Tapirus pinchaque*）、二〇一三年發現的卡波馬尼貘（*Tapirus kabomani*）和馬來貘（*Tapirus indicus*），前四種分布於中南美洲，僅馬來貘分布於東南亞馬來半島、蘇門答臘、泰國、柬埔寨和緬甸的低海拔熱帶雨林。現今中國境內並沒有貘，那麼為何這幾件器物後來都以貘來稱呼呢？其實貘在古代曾經生存於中國，入選《考古雜誌》（*Archaeology*）二〇二三年度世界十大考古發現的西安漢文帝霸陵動物殉葬坑K10便發現有一具幾近完整的貘骨架，報載陝西考古研究所研究員胡松梅表示，透過骨骼測量與DNA檢測，可確認物種為馬來貘；此外，上世紀初所進行的河南安陽殷墟出土哺乳動物群鑑定也

曾發現過貘的頭骨和下顎骨,當時的鑑定結果也認為屬馬來貘。在出土文物方面,目前發現最早的貘形象見於湖北鄧家灣遺址石家河文化早、中期(公元前兩千五百至兩千三百年)陶塑的貘(圖 10.2),屬新石器時代晚期,而山東平陰孟莊漢代石柱畫像石、山東滕縣西戶口漢畫像石上也可見到貘(圖 10.2)。孟莊畫像石上甚至可見有人在一旁餵食,顯示除了皇家之外,貘也是漢代民間能夠豢養的寵物。

圖 10.2:Ⓐ湖北鄧家灣石家河文化遺址出土陶貘(示意圖),Ⓑ山東平陰孟莊漢代石柱畫像石,Ⓒ山東滕縣西戶口漢畫像石。

## 商代晚期的「貘」字

商代晚期甲骨文的動物字許多都是以象形呈現,既然殷墟發現有貘,那麼當時是否已有「貘」字呢?答案是肯定的,而且這個字的外形正是以略長而彎曲、下垂的鼻子為特色(圖 10.3)(注一),從《合》

6667可見該字與「方」連用，作為族名或地名表商代的方國——貘方。商代晚期的二祀邲其卣、四祀邲其卣、六祀邲其卣和其他幾件青銅鼎、鬲、簋、尊、爵、觚、斝、盉上也可見到一個目前通釋為「亞貘」的族徽（圖10.3），此「貘」字與甲骨文字形不同，而是以「莫」字為聲符的形聲字（注二），而其所從義符為一似犬之動物，大概就是貘的簡化，其頭部底端的分岔應是表貘下垂的鼻子。商代的族名與方國名往往一致，這幾件帶有「亞貘」族徽的青銅器可能即商代貘方的青銅器。另根據學者考證，貘方可能在西周早期即文獻中的貊族，地望鄰近位處北方的燕。陝西周原所發現的甲骨文中目前也發現一個由「莫」和似犬之動物為構件組成的字，可能也是「貘」字（圖10.3）。

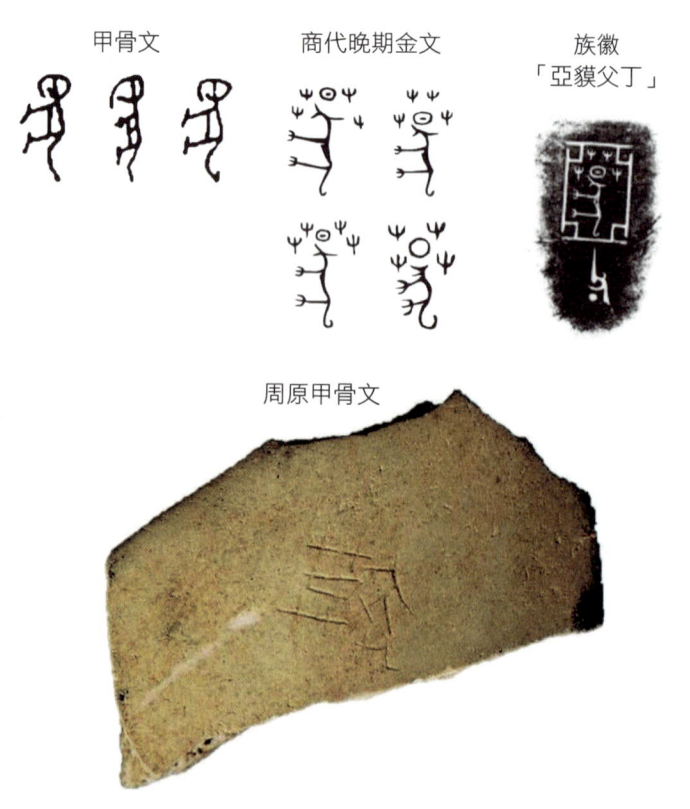

圖10.3：甲骨文、商代晚期金文和周原甲骨文的「貘」字，以及族徽「亞貘父丁」。

## 古代的「貘」不是大貓熊

　　古代文獻裡的「貘」過去一度被認為指的是現存主要棲地在四川盆地周邊山區和陝西南部秦嶺的大貓熊（Ailuropoda melanoleuca），此看法的形成應可回溯至中國最早說明貘為何物的訓詁書《爾雅》，其中〈釋獸〉篇提到：「貘，白豹。」如此精簡又語焉不詳的說明使得晉代郭璞在為其作注時感到一頭霧水，只能補充道：「（貘）似熊，小頭庳腳，黑白駁，能舐食銅鐵及竹骨。骨節強直。中實少髓，皮辟濕，或曰豹白色者別名貘。貘，音陌。」郭璞在《爾雅注》的說法顯然受到東漢許慎《說文解字》：「貘，似熊而黃黑色，出蜀中」的影響。在古代，《說文解字》向來被認為在描述名物上有著相當程度的準確性，而郭璞的注解同樣也有巨大的影響力，故後世之所以會將貘和大貓熊產生混淆，很可能是許、郭二人的說法，尤其是似熊、黃黑色、黑白駁、出蜀中、食竹骨這幾款為後世所輕信，進而人云亦云，明代李時珍在《本草綱目》裡其實便已意識到了後世穿鑿附會的問題（注三）。唐代白居易在〈貘屏贊〉中便對貘有過精準的描述：「貘者，象鼻、犀目、牛尾、虎足，生南方山谷中，寢其皮辟瘟，圖其形辟邪。」李時珍在《本草綱目》中也提及：「今黔、蜀及峨眉山中時有。貘，象鼻、犀目、牛尾、虎足。土人鼎釜，多為所食，頗為山居之患，亦捕以為藥。」從「貘」具有似象鼻般的外形特點，可知中國古代的「貘」的確不是大貓熊（注四）。

## 貘在中國的滅絕原因

　　現存的貘都棲息在氣溫高、濕度大的熱帶雨林環境，今日中國境內除少數地區之外，並不適合貘生存。貘在中國滅絕的原因可能也與

象、犀、聖水牛類似，除了氣候環境變遷所致，各種諸如農耕、伐林的人類活動破壞棲地也是主要因素。另有學者透過文獻爬梳，發現古人也會因藥材或是高級消費品的需求而獵殺貘並取其皮（注五）。不過中國的貘究竟在何時滅絕仍是個待解之謎，從文獻記錄可知在中唐時期貘仍生存於中國南方，南宋時期貘也還可在貴州、四川一帶發現，並持續到明代中期（注六）。

## 注釋

注一：甲骨文的「貘」字過去曾被誤釋為「虎」、「象」、「豸」。

注二：甲骨文的「莫」字是一個會意字，由四個「木」或「草」和一個「日」為構件所組成，會太陽已經隱沒入樹林草叢中，較簡單的字形則省去日下方兩個木或草，或省去日上、下各一木或草。「莫」後被假借為虛詞，表示否定，故在「莫」底下再加「日」成「暮」字表日暮。另有個甲骨文字則是在「莫」字的基礎上加了一個「隹」於「日」下的四木、四草間，整體會黃昏時刻倦鳥歸巢之義，應是「莫」字的異體。

注三：可見《本草綱目》中李時珍的整理：「按：《說文解字》出蜀中。《南中志》云：『貘大如驢，狀似熊，蒼白色，多力，舐鐵消千斤，其皮溫暖。』《埤雅》云：『貘似熊，獅首豺髮，銳鬐卑腳，糞可為兵切玉，尿能消鐵化水。又有齧鐵、犴、昆吾兔，皆能食銅鐵，亦貘類也。並附之。』」

注四：二〇二三年漢文帝霸陵動物殉葬坑 K10 除了發現馬來貘，也發現有大貓熊骨骸陪葬，可確知當時人們已同時認識這兩種動物，而不會產生混淆。

注五：郭璞《爾雅注》中特別提到貘「皮辟濕」，白居易在〈貘屏贊〉中也提到貘「寢其皮辟瘟」，李時珍在《本草綱目》中則說「捕以為藥」。《舊唐書》卷六十九列傳第十九〈薛萬徹〉記載唐太宗賜薛

萬均、薛萬徹兄弟貘皮，以獎勵其軍功。

注六：見唐代白居易〈貘屏贊〉、南宋羅願《爾雅翼》、明代邵寶〈貘皮行〉詩序文和李時珍《本草綱目》。

# 參考資料

山西省考古研究所等
　2006　〈山西絳縣橫水西周墓地〉，《考古》第七期，頁 16-21。
　2019　〈山西絳縣橫水西周墓地 M2158 發掘簡報〉，《考古》第一期，頁 15-59。

王子今
　2022　〈"貘尊"及其生態史料意義〉，《西北大學學報》（哲學社會科學版）第五十二卷，第三期，頁 5-13。

同号文、徐繁
　2001　〈中國第四紀貘類的來源與系統演化問題〉，輯於鄧濤、王原主編，《第八屆中國古脊椎動物學學術年會論文集》，頁 133-141。北京：海洋出版社。

何景成
　2018　〈釋甲骨文、金文的"貘"〉，輯於中國古文字研究會、吉林大學中國古文字研究中心編，《古文字研究》第三十二輯，頁 62-67。北京：中華書局。

林巳奈夫
　2013　〈從商、西周時期動物紋飾中所見的六種野生動物〉，《南方文物》第三期，頁 166-171。

周岩壁
　2020　〈"貘"與"大熊貓"的這段公案〉，《博覽群書》第三期，頁 101-102。

孫前、何芬奇、孫震
　　2008　〈大熊貓古名研究〉,《動物分類學報》第三十三卷,第四期,頁 819-826。
孫機
　　2016　〈古文物中所見之貘〉,輯於孫機著,《從歷史中醒來——孫機談中國文物》,頁 32-37。北京:三聯書店。
陳偉武
　　2004　〈說"貘"及其相關諸字〉,輯於中國古文字研究會、浙江省文物考古研究所編,《古文字研究》第二十五輯,頁 251-255。北京:中華書局。
曹瑋
　　2002　《周原甲骨文》。北京:世界圖書出版公司。
張靜
　　2021　〈臨水而居的和善動物 貘〉,《文明》第六期,頁 84-100。
湖北省文物考古研究所等
　　2003　《鄧家灣——天門石家河考古報告之二》。北京:文物出版社。
盧連成、胡智生
　　1988　《寶雞(弓魚)國墓地》。北京:文物出版社。
羅小華
　　2019　〈楚簡中的貘〉,《中國典籍與文化》第二期,頁 105-109。

# 11 華南虎與華北豹

## 商周時期的「虎」字

　　商代晚期金文與甲骨文的「虎」字是個很早便已考釋出的象形字，字形大多有著帶尖牙的大口、帶橫紋的修長身驅、簡化的圓耳和捲曲、上揚的長尾。越早期的「虎」字越鉅細靡遺地描繪著一頭虎，而隨著時間推移逐漸化繁為簡，但晚期的線條化字形仍保留上述基本特徵（圖 11.1）。甲骨文的「虎」字多作獸名使用，在卜辭中常可見到田獵是否會獲虎的貞問，如《合》10199：「壬午卜，㱿，貞獲虎」、《合》10201：「己未卜，雀獲虎，弗獲，一月在鹹。」卜辭裡虎的獵獲數相較於鹿、麋等食草動物一次田獵動輒數十、上百顯得稀少，正反映著食物鏈頂端動物族群數量少的特點。

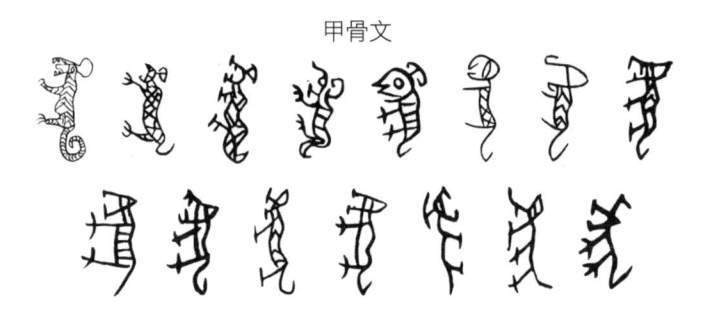

圖 11.1：甲骨文與商代晚期金文的「虎」字。

二、甲骨文動物園

「虎」字在卜辭裡也作人名、方國名使用，如《合》16496：「丁巳卜，貞虎其㞢禍」，問的是虎這個人未來是否會發生災禍；又如《合》6669 的「虎方」即表與商長期為敵的方國。另從《合》11018：「貞我馬㞢虎，不唯囚」、「貞我馬㞢虎，唯囚」、《合》671：「貞亡其虎」、「貞，㞢虎」來看，虎似有災禍之義，但也有可能貞問的是，是否有虎會造成災禍。過去也有學者從卜辭《合》21387、《合》21385、《合》21386 所記載有關商王在派出軍隊征伐時，會貞問是否要以「禘」祭來祀虎，以祈求其保佑，推測虎在商代晚期可能也是邊疆神祇。

西周金文的「虎」字承繼的是甲骨文的晚期字形，到了春秋時代早期字形變得更加簡化、抽象，為戰國時期秦系文字、小篆所延續（圖 11.2）。甲骨文和西周金文中除了「虎」字之外都另有「虍」字，為虎頭部的象形（圖 11.2），見於「盧」、「膚」、「虔」、「處」、「皆」等字的造字構件。

圖 11.2：西周時期後「虎」字的演變與甲骨文、西周金文的「虍」字。

## 商周時期文物所見虎形象與人虎母題

　　虎形象是商周青銅和玉石器上常見的一類藝術表現，以商代中、晚期至西周開國之初的器物上發現較多，但在西周前期以後至中、晚期間大幅減少，這現象可能與西周開國之初所部分承繼的是商代晚期的製器傳統和文化禮俗有關，而在周人自行發展出一套文化傳統後，前代的影響便快速更迭消失。虎在商周青銅與玉石器上的藝術表現可大致分成平面、立體兩類，前者多刻劃虎的側面，作匍伏潛行、蓄勢待發之狀，如虎形玉飾（圖11.3）；後者則大多呈現虎的身軀，或成為商代藝術表現裡混合式變形的要素（注一），而不見寫實的虎，經典作品如青銅虎鳥獸紋觥和兩件年代接近的虎形踞坐人像（圖11.3）。

　　無論是在平面或立體的藝術表現上，一些商代晚期至西周初期的青銅器上皆可發現一個相當特別的人虎母題（motif），呈現一虎或二虎左右對稱張口，口前有一人或人首（亦有猴、鬼魅之說）的形象，典型圖像見於商代中期安徽阜南出土的龍虎紋銅尊、商代晚期河南安陽婦好墓出土的銅鉞，商代晚期河南安陽西北岡出土的司母戊銅鼎，大英博物館藏的銅杖飾，和日本泉屋博古館、法國賽奴奇亞洲博物館（Musée des arts de l'Asie de la Ville de Paris）藏，可能來自湖南，屬於商代晚期的銅卣（圖11.4）。早期此母題常以「虎食人」稱之，但是否確實為虎張口食人仍有待商榷。

　　人虎母題自上世紀八〇年代以來開始廣泛受到學者關注，但其文化意義迄今仍眾說紛紜（注二），其中較具影響力的說法來自張光直，他綜合了民族學薩滿信仰資料、藝術史研究和中國古文獻記載，主張這類母題是商周時期原始巫術的物質表現，器物上的人其實是巫師，一旁的虎則是巫師溝通天地的助手，或以祭祀犧牲的方式真實出現，巫師與虎之間是親近而非虎食人的關係。虎張大的口代表著死亡世

界，而巫師則代表著生者，結合起來呈現通生死、通天地的概念。

另有部分學者在虎的「食人」形象上有所共識，但在整體文化意義上則看法相左。李學勤認為人虎母題表現的是人類自我與擁有神性的虎之間的合而為一，食人形象則是過程表現；Sarah Allan 則從載體器物的祭祀功能角度出發，認為食人形象僅僅是作為青銅器上死亡之途的象徵；巫鴻則從新石器時代以來玉石器上常見的怪獸食人母題追溯，推測虎食人是商代人祭（伐祭）的形象展現（注三），商代貴族使用這類母題裝飾青銅器意在威嚇群眾，強化其王權統治性，但馬承源認為虎食人所表現的是威儡力量，旨在辟邪、驅凶魅。

圖11.3：Ⓐ河南鹿邑太清宮鎮長子口墓出土西周早期玉質虎形跽坐人像，Ⓑ安陽殷墟出土商代晚期玉虎，Ⓒ西周平雕碧玉虎，Ⓓ中國社科院考古所藏商代晚期玉虎，Ⓔ S. N. Ferris Luboshez 舊藏商代晚期青銅虎鳥獸紋觥，Ⓕ中央研究院史語所藏安陽西北岡1001號大墓翻葬坑出土商代晚期大理石質虎形跽坐人像。

11 華南虎與華北豹　165

圖 11.4：Ⓐ婦好墓銅鉞，Ⓑ龍虎紋銅尊，Ⓒ泉屋博古館藏銅卣，Ⓓ司母戊銅鼎。

圖 11.5：Ⓐ殷墟侯家莊 1003 號墓所發現的虎形盾痕和Ⓑ西北岡 1004 號墓出土的青銅胄。

上述看法或多或少都有利用後世文獻推演前代的過度解讀問題，也有跨文化比較上的盲點，有時甚至流於主觀臆測。其實對於人虎母題文化意義的探討應將視角轉回虎形象的使用者，了解商周時期貴族對於虎的「消費」認知為何。較可行的方法或可透過帶有虎形象紋飾的商周青銅器器類，結合早期文獻和卜辭（注四）中有關虎之性質的記載進行瞭解。

　　商周時期虎的形象可能是與軍事緊密相聯的。過去學者曾注意到許多青銅武器上皆有著具象或抽象的虎形或虎頭形，如殷墟侯家莊1003號墓所發現的盾痕和西北岡1004號墓出土的青銅冑（圖11.5）。另從《尚書・牧誓》所記載周武王在討伐商紂王前的訓示：「勖哉夫子！尚桓桓如虎、如貔、如熊、如羆，於商郊弗迓克奔，以役西土」（將士們！希望你們威武雄壯，像虎、貔、熊、羆一樣，前往商都的郊外。不要禁止能夠跑來投降的人，以便幫助我們周國），可知商代末期商與周人皆有藉由虎之威猛來彰顯軍人武勇，以求克敵制勝的做法。徐良高過去也曾對載有人獸母題青銅禮器上人形的髮飾、服儀進行觀察研究，提出虎口之人應為商王朝域外的羌戎人看法，因此認為人獸母題所呈現的其實是虎食敵人。若綜合參考前述卜辭研究裡虎為商王征伐前的祈求對象之說，虎食人其實也可能是作為保護神的虎正在攫食商朝的敵人。無論何者為是，人獸母題出現在青銅器上大抵只是原始宗教戰爭祈勝，或祈勝紀念的一種表現。

## 中國的華南虎與人、虎關係

　　虎（Panthera tigris）是全球體型最大的貓科動物之一，長期以來生物學界傳統上根據體型、毛色、毛長和斑紋的不同，將分布各地的虎劃分為九個亞種，分別為西伯利亞虎、華南虎、印度支那虎、馬來亞虎、孟加拉虎、蘇門答臘虎、爪哇虎、裏海虎和峇里虎，其中後三

種現已滅絕（注五）。從分布區域來看（注六），商周時期器物上的虎形象與文獻記錄裡的虎應都是華南虎（*Panthera tigris amoyensis*）。

　　華南虎是一種典型的森林動物，主要棲息於海拔三千公尺以下的常綠闊葉林、常綠及落葉闊葉林和針闊葉混合林中，捕食對象包括野豬、鹿、獐等哺乳動物。由於華南虎與人類的活動區域多所重疊，人虎衝突是中國亙古的矛盾。《孟子・滕文公下》曾記載：「周公相武王……驅虎、豹、犀、象而遠之，天下大悅」，顯見虎對中國人而言，總是亟欲除之而後快的。從甲骨文的「虐」字造字初義為一隻虎正張口欲攫食一個倒地的人（圖 11.6），可知商代應有虎食人的案例；而從甲骨文的「虣」字（通「暴」字）（圖 11.7）與卜辭《合》5516：「其虣虎，獲」、「其虣虎，弗其獲」貞問去打虎會不會有收穫，可知商代已有組織性的獵虎行為。古代文獻注解往往將「暴虎」解釋為徒手搏虎（注七），但從甲骨文「虣」字由手持一柄長戈揮向虎的造字初義可知，「暴虎」是有使用兵器的。秦漢之際的文人學者之所以將暴虎理解為徒手搏虎，可能與《爾雅・釋訓》的「暴虎，徒搏也」解釋有關，但《爾雅》的微言大義其實指的是不乘車而徒步搏虎。

甲骨文　　　　西周晚期金文　　小篆　　楷書

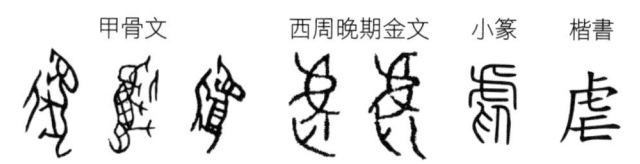

圖 11.6：甲骨文的「虐」字字形象虎抓人而欲噬，金文的虐字「人」形漸訛作「匕」並移於虎下，後字形為小篆所承繼。

甲骨文　　　　西周時期金文　　小篆

圖 11.7：甲骨文的「虣」字，表現為手揮一柄戈面對虎，藉以表達僅使用戈去搏鬥老虎，是一種無理智的粗暴行為。金文的「虣」字與甲骨文造字初義相同，小篆的字形「戈」字構件類化為「武」字成為「虣」。

168　二、甲骨文動物園

　　以「虎」及「虍」為造字構件的甲骨文、金文還有「虤」字，由一正一反的二「虎」組成，象兩虎相爭鬥之形。小篆將虤字改為兩個正立之虎，失去了二虎相鬥的造字初義（圖11.8）。西周中期金文的「豦」字則以「虍」與「豕」兩個構件組成，用虎噬野豬來表劇烈之義。至於甲骨文的「皆」字所欲表現的是一隻或兩隻老虎在陷坑裡，結果皆死於坑內成了白骨。另也有省略虎口，僅表現殘骨（歺）於坑內的字形。金文的皆字寫成兩人於陷坑內，字形延續至小篆（圖11.8）。

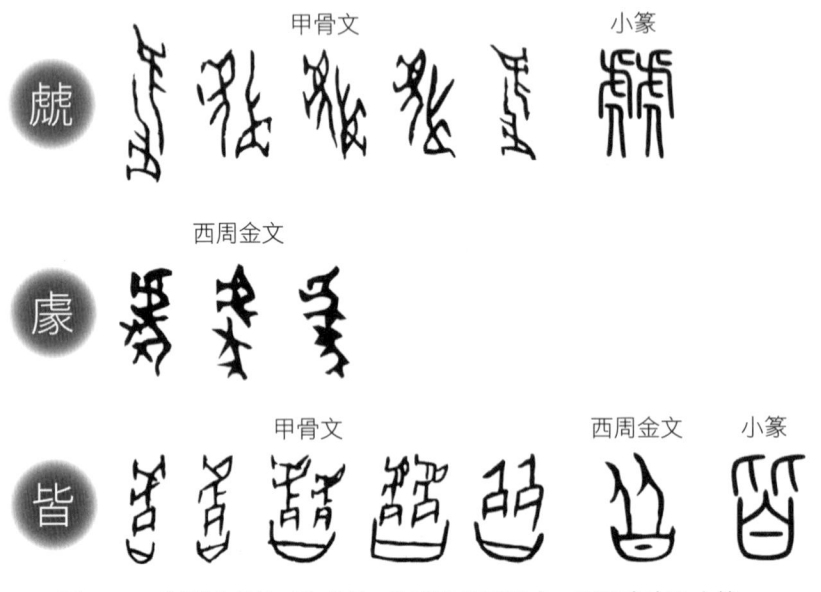

圖11.8：幾個以「虎」及「虍」為構件的甲骨文、西周金文及小篆。

　　中國曾廣泛有華南虎分布，在歷經了數千年的人虎生存競爭後，境內在二十世紀五〇年代以前可能仍有約四千隻左右的華南虎生存，不過在此後的十餘年間中國曾迭次發動所謂的「除害運動」，導致華南虎的數量快速下降，到了九〇年代初期數量可能僅剩約二十至三十隻，分散於福建西部山地和江西、湖南和廣東交界的山區。一九九四

年最後一隻野生華南虎在湖南被射殺後,中國已再無確鑿證據證明目前仍有野生個體的存在(注八)。除了人為獵捕之外,隨著中國人口在二十世紀快速成長而日漸嚴重的森林濫墾問題,也是導致華南虎瀕臨滅絕的主因之一。據研究,一隻華南虎的生存需要至少七十平方公里的森林、二百頭鹿、三百頭羊和一百五十隻豬,但棲地面積的大幅縮減與棲地破碎化,都不利於華南虎的生存繁衍,食物的不足更使得牠們長期處於飢餓、營養不良的狀態。現存的華南虎全為人工圈養,且均源自上世紀五〇、六〇年代所捕獲的六頭野生華南虎,近親繁殖問題嚴重,影響了物種的延續。目前華南虎仍是國際自然保護聯盟(International Union for Conservation of Nature and Natural Resources, IUCN)所列瀕危(EN)等級的物種。

## 甲骨文的「豹」字與華北豹

與甲骨文「虎」字相似的是甲骨文的「豹」字,同樣有著捲曲且上揚的長尾以及大張的尖牙利嘴,早年也曾被誤釋為「虎」,不過「豹」與「虎」字最大的區別在軀幹上有著表示斑紋的圓圈或小點(圖11.9),所象即華北豹(*Pantherapardus japonensis*)。西周金文的「豹」字並沒有延續甲骨文的字形,而是改為了从「豸」,「勺」聲的形聲字。甲骨文的「豹」字在卜辭中目前僅發現零星刻辭,皆作人名使用,而未見用以表獸名。儘管豹也屬於猛獸,商代人群似乎沒有崇豹的風俗,在青銅器製作上也未見以豹形為母題,可能相對於虎而言,豹的身形小且低矮了些,顯得較不威猛而不受青睞。

## 二、甲骨文動物園

圖11.9：甲骨文的「豹」字。

　　華北豹是豹九個亞種中的其中一種，是中國特有亞種，在一八六二年由英國動物學家 John Edward Gray 根據一張遠渡重洋而至大英博物館的豹皮鑑定命名，由於起初以為來自日本，故種小名為 *japonensis*，後來追溯紀錄才確知豹皮來自北京西部山地。華北豹對棲息地的適應力極強，即便在森林覆蓋較低的環境，只要擁有足夠的獵物，依然能夠生存下來。野外監測也顯示華北豹會在僅距離村莊數百公尺的地方活動，甚至侵入村莊捕食家畜。在上世紀六〇年代以前，華北豹仍分布於北京、河南、河北、山西、甘肅東南、陝西北部和寧夏南部等山地，但此後因人為大量濫捕與棲地遭到嚴重破壞、破碎化，使得種群數量急遽下降，目前已成為中國的珍稀瀕危野生動物。

## 注釋

注一：混合式變形指的是商代先民將多種動物造型組合在一起，從而構成一件完整器物的藝術手法。這些綜合了各種動物造型所創造的「新動物」，多有藝術文化變形或簡省的特點。

注二：在主流的巫術、虎食人說法外，還有虎方族徽說、圖騰說，甚至人披虎皮狩獵說、窮奇食人說。

注三：此說出現於一九七九年，年代較早。伐祭的操作手段若透過甲骨文字推測，是用戈或其他武器砍下人牲的頭顱向神祇獻祭，而非以動物食人的方式。

注四：甲骨卜辭為商王及商代高等貴族的占卜記錄，周代青銅器銘文、早期文獻也多與貴族事蹟有關。

注五：一說裏海虎與西伯利亞虎血緣接近，應可劃分為同一個亞種，因此全世界的虎應該只有八個亞種。另外，上世紀末 Andrew Kitchener 曾提出虎僅有兩個亞種的看法，分別為由爪哇虎、峇里虎和蘇門答臘虎所組成的巽他虎（*Panthera tigris sondaica*），和由西伯利亞虎、華南虎、印度支那虎、馬來亞虎、孟加拉虎和裏海虎所組成的大陸虎（*Panthera tigris tigris*），而此說在二〇一五年 *Science Advances* 期刊再度獲得重視，但迄今仍有爭議。

注六：華南虎過去幾乎遍布中國各地，除華南之外，華東、華中、西南，甚至陝南、隴東、豫西和晉南等地亦曾發現。

注七：如《詩・鄭風・大叔于田》：「襢裼暴虎，獻于公所」，毛亨傳：「暴虎，空手以搏之」、《論語・述而》：「子曰：『暴虎馮河，死而無悔者，吾不與也。必也臨事而懼，好謀而成者也』」、《呂氏春秋・安死》：「不敢暴虎」，高誘注：「無兵搏虎曰暴。」

注八：二十世紀末至二十一世紀初湖南、江西、廣東、福建等地仍有未能證實的零星間接生存證據和野外目擊紀錄。

## 參考資料

Allan, Sarah
   1991   *The Shape of the Turtle: Myth, Art, and Cosmos in Early China*. Albany: State University of New York Press.

Kitchener, Andrew
   1999   Tiger distribution, phenotypic variation and conservation issues, in John Seidensticker, Peter Jackson, and Sarah Christie (eds), *Riding the Tiger: Tiger Conservation in Human-Dominated Landscapes*, pp. 19-39. Cambridge: Cambridge University Press.

Wilting, Andreas *et al.*
 2015 Planning tiger recovery: Understanding intraspecific variation for effective conservation, *Science Advances*, vol 1, iss 5.

丁國偉、杜麗君
 2020 〈華北豹野外生存現狀〉,《農家參謀》第十五期,頁234。

中國社會科學院考古研究所(編著)
 1980 《殷墟婦好墓》。北京:文物出版社。
 2005 《安陽殷墟出土玉器》。北京:科學出版社。

王文浩、李紅
 2006 《西周玉器》。北京:藍天出版社。

王平、顧彬
 2007 《甲骨文與殷商人祭》。鄭州:大象出版社。

王祁
 2020 〈商代虎食人紋飾分類研究——兼論青銅器上的"飛翼"紋飾〉,《南方文物》第四期,頁138-145。

王震中
 2003 〈試論商代"虎食人卣"類銅器題材的含義〉,輯於中國文物學會、中國殷商文化學會、中山大學編,《商承祚教授百年誕辰紀念文集》,頁113-124。北京:文物出版社。

朱乃誠
 2021 〈商代玉龍研究〉,《文博學刊》第三期,頁4-19。
 2021 〈夏商時期玉虎的淵源與流變〉,《中原文物》第二期,頁44-55。

宋大昭
 2019 〈華北豹:中國倖存的森林王者〉,《森林與人類》第一期,頁22-35。

宋大昭、陳月龍
 2019 〈北京有沒有豹?〉,《森林與人類》第一期,頁88-95。

李偉等
    2020　〈華南虎研究現狀〉，《經濟動物學報》第二十四卷，第二期，頁 115-118，124。

李學勤
    1987　〈試論虎食人卣〉，輯於四川大學博物館、中國古代銅鼓研究學會編，《南方民族考古》（第一輯），頁 37-44。成都：四川大學出版社。

胥执清
    2003　〈野生華南虎是怎樣走向瀕危的——兼談華南虎保護拯救之希望〉，《四川動物》第二十二卷，第三期，頁 184-190。

施勁松
    1998　〈論帶虎食人母題的商周青銅器〉，《考古》第三期，頁 56-63。

苗霞
    2010　〈殷墟出土的虎類遺物探析〉，輯於劉慶柱主編，《考古學集刊》第十八集，頁 131-154。北京：科學出版社。

徐良高
    1991　〈商周青銅器"人獸母題"紋飾考釋〉，《考古》第五期，頁 442-447，404。

馬承源
    1984　《商周青銅器紋飾》。北京：文物出版社。

張之傑
    2010　〈庚寅談虎——中國虎雜談〉，《科學月刊》第二期，頁 104-110。

張光直
    1963　〈商周神話與美術中所見人與動物關係之演變〉，《民族學研究所集刊》第十六期，頁 115-146。
    1981　〈商周青銅器上的動物紋樣〉，《考古與文物》第二期，頁 53-68。

1983  〈中國古代藝術與政治——續談商周青銅器上的動物紋樣〉,《新亞學術季刊》第四期,頁29-35。
1988  〈濮陽三蹻與中國古代美術上的人獸母題〉,《文物》第十一期,頁36-39。

張弢
2009  〈極危動物華南虎的生存現狀研究〉,《新疆環境保護》第三十一卷,第二期,頁40-42。

張翀
2020  〈人虎之爭〉,輯於《青銅識小》,頁62-75。北京:北京聯合出版公司。

陶怡曦
2019  《中原地區商周青銅器上的虎形象初步研究》。西安:陝西師範大學碩士論文。

陳星燦
2009  〈"虎食人卣"及相關圖像的史影蠡測〉,輯於北京大學考古文學院編,《俞偉超先生紀念文集·學術卷》,頁232-240。北京:文物出版社。

郭靜云
2014  〈試釋"虎□" - 兼論老虎為殷王室保護神的作用〉,輯於宋鎮豪主編,《甲骨文與殷商史》(新四輯),頁97-105。上海:上海古籍出版社。

單育辰
2020  〈說"虎"〉,輯於單育辰著,《甲骨文所見動物研究》,頁7-22。上海:上海古籍出版社。
2020  〈說"豹"〉,輯於單育辰著,《甲骨文所見動物研究》,頁23-25。上海:上海古籍出版社。

梁思永未完稿、高去尋輯補、李濟總編輯
1967  《侯家莊·第四本·1003號大墓:河南安陽侯家莊殷代墓地》。台北:中央研究院歷史語言研究所。

劉敦愿
    1985　〈雲夢澤與商周之際的民族遷徙〉,《江漢考古》第二期,頁47-57。

盧昉
    2010　〈商代青銅神秘紋樣——"人虎母題"新論〉,《文物世界》第五期,頁13-17。

# 12 名實不符、爭議不斷的「狐」、「狼」、「貍」與「貓」

## 甲骨文的「犾」字究竟指「狼」還是「狐」？

甲骨文裡有個以「亡」為聲符和未知動物為形符的字（圖12.1），由於形符與甲骨文的「犬」字十分相似（圖12.2），學者們多隸定為「犾」（注一），從卜辭可知用於表一種田獵動物，捕獲數量少則十餘頭，多則達八十六、一百六十六頭，相比象、虎、鹿、麋等動物的獵獲數量仍算相當常見。學界對這個字的釋字見解不一，但主要可分成「狼」與「狐」兩派，迄今仍莫衷一是。

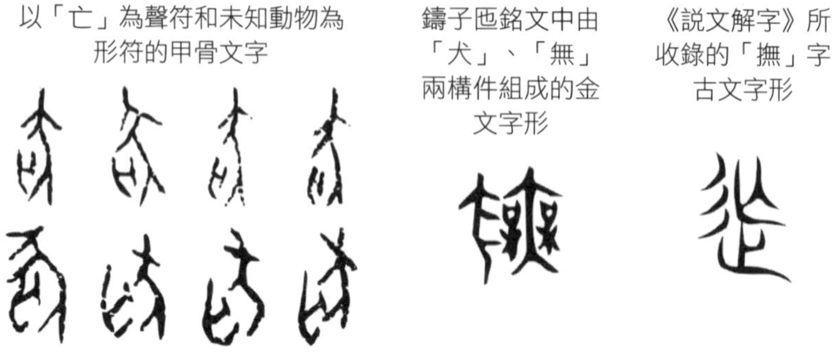

以「亡」為聲符和未知動物為形符的甲骨文字　　鑄子匜銘文中由「犬」、「無」兩構件組成的金文字形　　《說文解字》所收錄的「㹮」字古文字形

圖12.1：以「亡」為聲符和未知動物為形符的甲骨文字、鑄子匜銘文中由「犬」、「無」兩構件組成的金文字形，及《說文解字》所收錄的「㹮」字古文字形。

圖12.2：甲骨文的「犬」字。

羅振玉早年從古音的角度探討這個釋字問題，認為該字從「亡」得聲，「亡」屬明紐陽部，「狼」屬來紐陽部，二字同部，且明、來二紐關係極近。在聲韻非常近的情況下再將《說文解字》：「良從亡聲」的線索納入考量，主張釋為「狼」，為王襄、商承祚、唐蘭等人所支持。

葉玉森也從古音切入問題，主張該字應釋為「狐」，原因在於甲骨文裡的「亡」均讀作「無」（注二），而「無」聲與「狐」聲韻近，前者屬明紐魚部，後者為匣紐魚部，故「犾」可讀作「狐」，為郭沫若、陳夢家、張秉權等人所支持。譚步雲另舉早期文獻中「亡」亦讀為「無」，以及「撫」字在《說文解字》所收錄的古文字形「𢶍」於𡔝部之上的確為「亡」為證（圖 12.1），說明古時「亡」、「無」讀音相同、相通。在此認知基礎上，譚步雲另指出春秋時期青銅器鑄子匜銘文中一個由「犬」、「無」兩構件組成的金文字形（圖 12.1）可能便是源自甲骨文的「犾」，只可惜這個字在銘文中是作人名使用，無法進一步推知甲骨文「犾」字的釋字。

張惟捷認為這個有爭議的甲骨文字由從「亡」聲的角度來看，聲母部分明、來可通假（編按：同音字或近音字相互通用或假借），而韻部方面魚、陽有陰陽對轉關係（注三），所以無論是釋為「狼」或「狐」都可接受，所以釋字上若想有所突破，勢必得從古音之外的研究探求。

## 甲骨文的「犾」字應釋為豬？

單育辰也曾對這個甲骨文爭議字提出看法，起初主張釋為「狼」，不過後來認為這個字的隸定不正確，原因在於作為形符的動物其實非「犬」，而是「豕」（注四）（圖 12.3），所以應重新隸定為聲符「亡」、形符「豕」兩構件共組的字。他同時注意到該字常見於商末帝乙、帝辛朝的黃組卜辭，而在其他年代較早的卜辭組類中僅零星出現；有趣

的地方也在於其他卜辭組類常見的「豕」字在黃組卜辭中也沒了蹤影，所以他推測這個從「亡」「豕」的字在黃組卜辭裡其實就是其他組類的「豕」字，兩字的混用始見於無名組卜辭，時代約商王祖甲、廩辛、康丁和武乙朝，也就是殷墟中晚期。單育辰承繼雷煥彰的野豬說和林澐的某種豬類動物說，推測這個甲骨文字可能即是後來的「豬」字。如是，則過去游移於「狐」、「狼」的釋字論述便難再成立。

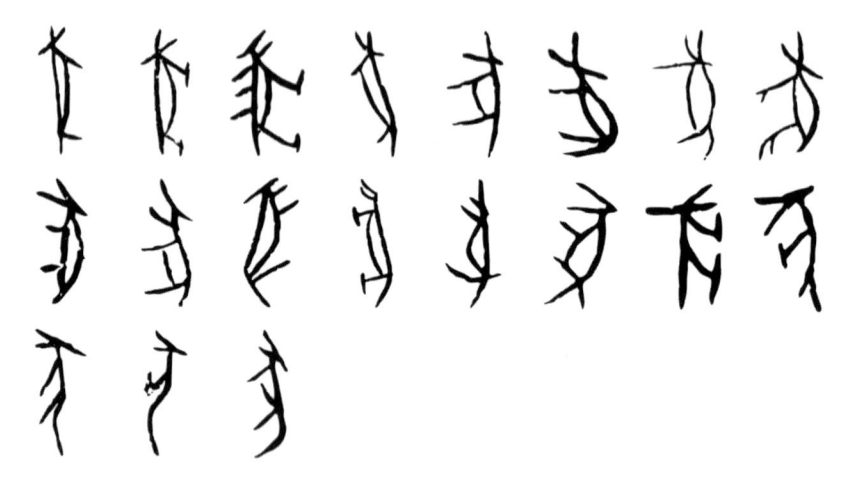

圖12.3：甲骨文的「豕」字。

# 甲骨文中是否確實有「狼」字？

甲骨文中是否有「狼」字仍是個問題，因為迄今河南安陽的哺乳動物遺骨鑑定都沒有發現狼，但這個看似特殊的現象可能與狼、犬零散骨骸鑑定困難有關，畢竟犬是由一種已滅絕的灰狼馴化而來，而動物考古學迄今缺乏有效區別狼、犬的測量數據。另一種可能則是當時狼的獵獲數量本來就低，少見於卜辭也是能夠理解的，劉一曼與曹

12 名實不符、爭議不斷的「狐」、「狼」、「貍」與「貓」　　179

定雲即認為一個僅五見於《花東》108 田獵卜辭的新見字形可能便是「狼」（圖 12.4），它在卜辭中也的確表某種動物，其字形以一頭未知動物為形符，並可能以一個形似口袋，一端或兩端以繩索綑紮的囊狀物為聲符，讀為「囊」，又由於「囊」、「良」韻母同為陽部，疊韻，可通假，故可釋為「狼」。

圖 12.4：殷墟花園莊東地甲骨卜辭所見可能釋為「狼」的甲骨文字。

　　嚴格來說，該字釋為「狼」的確能夠在卜辭中通讀，但若釋為其他動物其實也沒有問題，所以單育辰即表示這個釋字並沒有強而有力的證據，只是有釋為「狼」的可能罷了。劉一曼和曹定雲推測這個釋為「狼」的字形符即狼的象形，原因在於它似犬但尾長而下垂，與犬尾總是捲曲上翹截然不同（圖 12.2）。單育辰也同意這個形符非「犬」，同時對照了花東卜辭常見的「豕」字寫法後，排除了「豕」字的可能。不過有趣的是，這個「狼」字的形符其實和一開始隸定為「犰」字的動物形符並無二致（圖 12.1），這使得上揭未釋字究竟表何種動物的問題變得愈加令人摸不著頭緒，或許未來對於甲骨文「豕」字的識別與早、晚字形變化需要再重新檢視。

## 甲骨文中是否確實有「狐」字？

　　那麼甲骨文中是否有「狐」字？若從殷墟哺乳動物遺骨鑑定中發現有狐骨來看，商代先民勢必是獵過狐狸的，那麼「狐」字應該存在

於田獵卜辭中。韓江蘇認為一個《屯南》742、756、《合補》10628所錄，由外形如瓠瓜且釋為「瓠」的字作聲符，並以上述為「狼」或「豕」有所爭議的字為形符所共組的字即為「狐」（圖 12.5）；「瓠」即後來「狐」字「瓜」之偏旁來源，因為「瓠」為「瓜」的一種，作為文字偏旁有時可互換使用。儘管如此，部分學者認為韓江蘇所說作為聲符的「瓠」其實只是「卣」的省寫（注五）（圖 12.5），因此這個釋為「狐」的字仍有爭議。

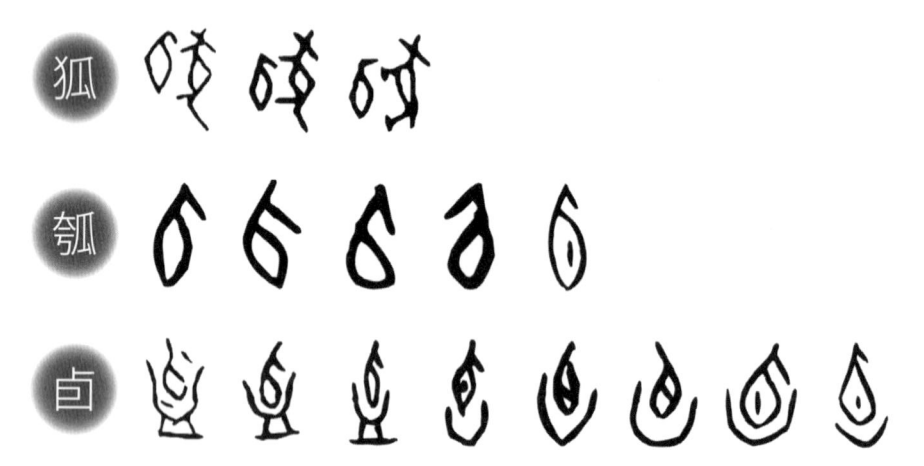

圖 12.5：韓江蘇所認為的甲骨文「狐」字，以及甲骨文的「卣」字、「瓠」（或「卣」字省寫）字。

單育辰認為一個見於《合》10220 的字才是「狐」（圖 12.6），而以該字作為構件的甲骨文字還包含一個長期隸定為「靁」，以及一個「八」下有動物形的字（圖 12.6），其共通點皆為動物的身體修長，或弓身，嘴尖，有大耳，長尾下垂，顯然為狐形。他另舉一個見於《合》10982 中一個可能由該動物形與甲骨文「壺」字所組成的文字為證（圖 12.6）（注六），推測左側的狐形是作為「壺」的附加聲符使用。

**12** 名實不符、爭議不斷的「狐」、「狼」、「貍」與貓　181

見於《合》10220 的甲骨文動物字

長期釋為「霾」字的甲骨文

見於《合》10982 由一個動物形與甲骨文「壺」字組成的甲骨文

「八」之下有動物形的甲骨文

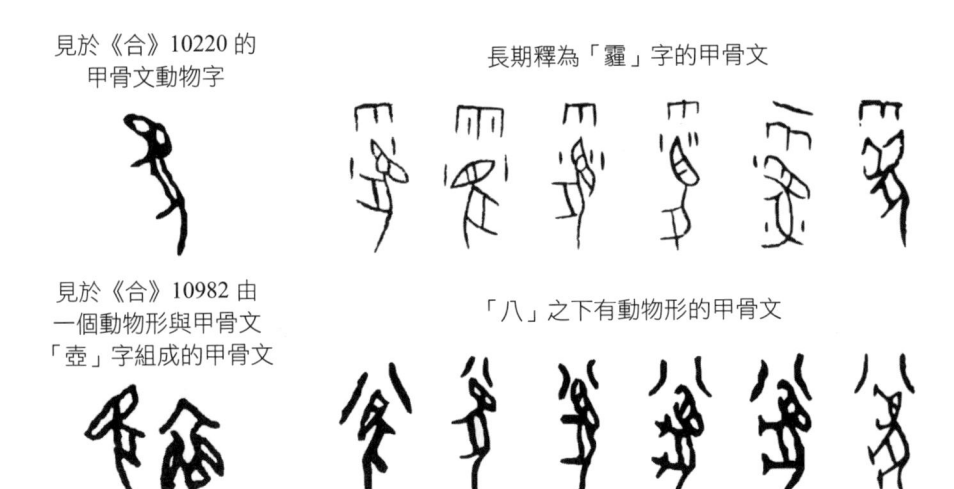

圖 12.6：見於《合》10220、10982，以及長期釋為「霾」、「八」之下有動物形的甲骨文字。

## 過去隸定為「霾」字的甲骨文其實有疑義

　　單育辰所認為甲骨文「霾」字「雨」下作為聲符使用的動物形其實非「貍」是有道理的，因為它與西周中期金文「貍」字作為形符的動物明顯不同（圖 12.7），前者尾部總是下垂，而後者尾部上翹。與金文「貍」之動物形符相似的字也見於北京琉璃河 1193 號墓出土的西周早期克罍銘文（圖 12.7），同樣有著尾部上翹的特徵（注七），所以這個過去釋為「霾」的甲骨文字其實也有爭議。姚孝遂便曾指出：「《爾雅‧釋天》：『風而雨土為霾』，孫炎注：『大風揚塵土從上下也。』」、「『雨土為霾』，雨為動詞。霾由土起，既已有雨則不得復有霾。《合》13467：『貞茲雨隹霾』、『貞茲雨不隹霾』明言有雨，何得有霾？」（注八）。單育辰從包含這個爭議字，但數量極為

有限且內容又部分殘缺的卜辭內容推測，這個應重新隸定為從「雨」「狐」的字似乎是表雨下得過多的意思，夏炎則認為應是表下雨時天空昏暗、空氣混濁的狀態。

圖 12.7：西周中期金文的「貍」字與西周早期克罍、克盉所見動物形字。

## 古代的「貍」究竟指什麼動物？

西周中期金文「貍」字形符的動物並無法從該字所出貍作父癸尊青銅器銘文得知，因為「貍」字在此僅作族氏名使用，不過早期典籍裡所記載與「貍」有關之敘述卻有助於解決這個問題。文獻載明，貍在早期應是指某種與人關係親近、擅於捕鼠且喜食雞的類貓動物（注九），若根據近年研究，可能即距今約五千餘年被短暫馴化過的石虎（*Prionailurus bengalensis*）（注十），也就是俗稱的豹貓，為中國原生種，「貍」字的形符應就是石虎的象形。若從克盉銘文裡的動物字來看（圖 12.7），牠的口部前端上下均可見彎曲的尖牙，亦符合貓科動物的典型特徵。克盉銘文裡的這個動物字與睡虎地秦簡、小篆的「豸」字極為相似，應也釋作「豸」。如是，甲骨文中一個有著大口、修長身軀和長尾特徵的動物形字（圖 12.8）應也可釋作「豸」。

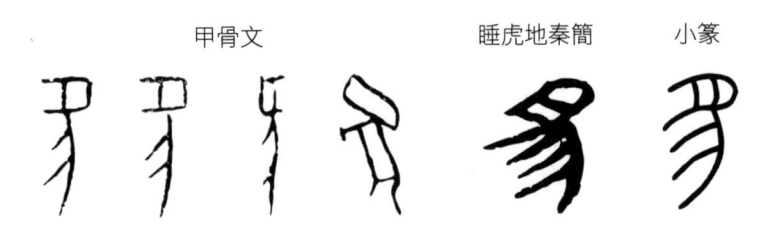

圖 12.8：甲骨文、睡虎地秦簡和小篆的「豸」字。

金文「貍」字的形符絕非今日家貓（*Felis domesticus*）的原因，在於作為外來種的家貓在西周時期尚未被引入中國（注十一）。家貓來到中國的確切時間目前尚無定論，但從公元前一世紀中葉北京大葆台漢墓陶鼎、陶罐內及西安漢長安城城牆西南角發現有家貓遺骨研判，家貓可能在漢帝國直接透過河西走廊與西方世界接觸前便已來到中國（注十二），但年代上限仍舊不詳。若從戰國至漢代文獻中「以貍捕鼠」記載常見之現象來看，家貓進入中國之初也並未立刻取代石虎作為解決鼠患的幫手，大葆台漢墓與長安城所發現的家貓遺骸反而說明牠們可能有一定比例是作為肉食資源或藥材利用（注十三）。

## 早期文獻裡的「貓」非指家貓

由於家貓被引入中國的時間甚晚，甲骨文與兩周金文都不可能有字來指稱家貓，但有趣的是中國最早的詩歌總集裡卻有「貓」，《詩經‧大雅‧韓奕》在形容西周韓侯的封國疆域時用了：「有熊有羆、有貓有虎」的敘述，是中國最早文字記載的「貓」。年代稍晚的《逸周書‧世俘解》也有：「武王狩，禽虎二十有二，貓二，麋五千二百三十五……鹿三千五百有八」的記載。成書於西漢的《禮記》在〈郊特牲〉篇所記載的一段周代農業祭祀中則提到：「迎貓，為其食田鼠也；迎虎，為其食田豕也，迎而祭之也。」這三條文獻裡的「貓」不僅與

熊、羆、虎等猛獸並舉，也能捕食田鼠一類的動物，又為狩獵的對象，顯然不可能是溫馴的家貓。由於當時古人利用「貍」來捕鼠較為常見，有學者即推測這裡的「貓」也不會是石虎，而較可能是歐亞猞猁（*Lynx lynx*），因為其外形似貓，但體型比貓大得多，卻又小於虎、豹，屬於中型貓科動物。

家貓雖然至遲在西漢初年已被引入中國，但奇怪的是東漢許慎在《說文解字》中並沒有收錄「貓」字（注十四），可能的原因是當時家貓的畜養還沒有廣泛流行，數量仍少，時人對這種動物了解不多，更遑論替代也擅於捕鼠的石虎。不過到了公元三世紀在曹魏經學家張揖所編纂的《廣雅》中提到：「貓貍，貓也」，這是首次貓與貍開始相提並論，可見當時貓已漸廣為人知，也因同為小型貓科動物的關係而與貍作了相比。在年代更晚些的晉代，郭璞對《爾雅》作注時也於「蒙頌，猱狀」寫道：「即蒙貴也。狀如蜼而小，紫黑色。可畜，健捕鼠，勝於貓」，可知當時家貓已用於捕鼠，只是效果相較其他競爭者不一定同樣良好。中國普遍開始馴養家貓的時間至遲應在南北朝時期（注十五），而在漢初至魏晉這段時間應是人與家貓間反覆試探、互相改變以期能互利共生的過渡階段。

## 注釋

注一：甲骨文的「犬」字重要特徵為尾部捲曲上翹，但這個以某種未知動物為形符的甲骨文字並不見「犬」字的尾部特徵，故實非「犬」，因此「犺」的隸定有待商榷。

注二：如常見之卜旬卜辭裡的「貞旬亡囚」其實都是「貞旬無囚」，氣象卜辭裡的「亡雨」也都是「無雨」。

注三：陰陽對轉是漢語語音發展的一種規律，即陽聲失去鼻音尾韻變為陰聲，陰聲加上鼻音尾韻變為陽聲。

## 12 名實不符、爭議不斷的「狐」、「狼」、「貍」與「貓」

注四：甲骨文的「豕」字一般呈現體態肥胖、短腿的動物側視形，也可見以單線勾勒身軀的寫法，但案例較少，與「犬」字最顯著的區別在「豕」字的尾巴總是下垂。

注五：部分學者認為「卣」字字形其實有個從繁複到簡單的演變過程，最繁複的字形是一個「皿」字狀容器內有一略小的瓠瓜形容器，瓠瓜形容器旁偶見數個小點字綴表水，「皿」字狀容器因此表現的是一個溫酒器。後來這個繁複字形簡省為瓠瓜形容器下有一道彎曲、凹口向上的筆劃；直到最後，又將一道彎曲、凹口向上筆劃也全部省略（圖 12.5）。

注六：甲骨文的「壺」字是各種青銅壺的象形，異體字相當多。

注七：一九八六年與克罍同出於北京市房山區琉璃河 1193 號墓的克盉也與克罍有著相同內容的銘文，但這個動物字的寫法不同，克盉上的字形尾部朝下（圖 12.7），但該字顯然已脫離寫實動物象形，因此尾部朝下可能是文字抽象、筆畫化的結果，但其口部前端有彎曲長牙、頭頂帶尖耳的特徵仍保留部分的象形。

注八：《甲》2840 為對貞卜辭，如順著「霾」的釋字解釋，所貞問的是這場雨會產生沙塵灰霾嗎？這場雨不會產生沙塵灰霾嗎？

注九：《爾雅·釋獸》：「貍子，隸」、《法言》：「聖人虎別，其文炳也。君子豹別，其文蔚也。辯人貍別，其文萃也。貍變則豹，豹變則虎」、《說文解字》：「貍，伏獸，似貙。从豸，里聲。」又如《莊子·秋水》：「捕鼠不如貍狌」、《商君書·農戰》：「我不以貨事上而求遷者，則如以貍餌鼠爾，必不冀矣」、《韓非子·揚權》：「使雞司夜，令貍執鼠，皆用其能，上乃無事」、《呂氏春秋·不苟論·貴當》：「貍處堂而眾鼠散」、《淮南子·主術訓》：「譬猶雀之見鸇而鼠之遇貍也，亦必無餘命也」、《淮南子·泰族訓》：「貍執鼠，而不可脫於庭者，為捕雞也」、《說苑》：「然使捕鼠，曾不如百錢之貍」、《論衡·福虛》：「猶貍之性食鼠，人有鼠病，吞貍自愈，物類相勝，方藥相使也」、《文選·四子講德論》：「是以養雞者不畜貍。」

注十：二〇〇一年考古學家在陝西泉護村遺址發現兩隻貓的八塊頭骨化石，後根據碳、氮同位素分析結果，判斷其中一隻明顯食用大量粟米，間接表明這隻原是肉食性的貓極有可能受到人類豢養並餵食農作物；而另外一隻貓年紀顯得較大，推測曾受到人類照顧，才得以較為長壽。近年科學家進一步分析了泉護村以及另外兩個中國村落遺址的貓骨骼，鑑定應來自石虎。科學家也指出，由於所鑑定的骨骼比野生石虎略小，是重要的馴化特徵。另由於其中一隻貓的骨骼保持相當完整，顯然是被仔細安葬，故當時的馴化石虎可能與人類有密切關係，儘管牠們的馴化程度不如現代家貓，但至少是處於馴化的早期。

注十一：今日中國日常所見的家貓其實皆源自於近東野貓（*Felis silvestris lybica*）在距今一萬年左右的單次馴化事件。研究顯示公元前九四〇至七七五年間家貓才出現於絲綢之路西端的哈薩克，因此家貓引入中國的時間不太可能在西周時期。

注十二：清代王初桐所編纂之《貓乘·卷五》中有「《玉屑》：『中國無貓，種出于西方天竺國，不受中國之氣。釋氏因鼠咬壞佛經，故畜之。唐三藏往西方取經帶歸，養之，乃遺種也』」，但此說顯然與考古證據有出入。

注十三：東漢王充《論衡·福虛》記載：「猶狸之性食鼠，人有鼠病，吞狸自愈，物類相勝，方藥相使也。」明代李時珍《本草綱目》中也有貓頭骨、貓肉、貓肝入藥的記錄；李時珍也說：「時古方多用狸，今人多用貓，雖是二種，性氣相同，故可通用。」

注十四：今日《說文解字》卷九下有「貓」字，注解為：「貓，狸屬。從豸，苗聲。莫交切。文一新附」，「新附」指的是宋太宗雍熙年間徐鉉奉詔校訂《說文解字》時所新增的文字，所以今日《說文解字》注解中貓屬於狸的一種，其實是宋人觀點。

注十五：唐代釋玄應、釋慧琳在所編纂、增補的《一切經音義》中解釋「貓狸」時提到：「貓，捕鼠者也」、「顧野王云：『（貓）似虎而小，人家養畜，令捕鼠。或從犬作猫，俗字也。』下裏知反。顧野王

云：『（貍）亦似虎而小，野獸，亦貓之類。俗謂之野貓。好偷人家雞食之。』」顧野王為南朝梁至陳時代官員，從其論述可知當時南朝已畜養家貓捕鼠，而貍也已改稱野貓。家貓之所以在南北朝時終得名為「貓」，可能是因為其捕鼠的用途與過去《禮記》中所載貓「食田鼠」有所關聯，在「貓」喪失了早期的猛獸義的情況下，被重新借來表家貓。

## 參考資料

Driscoll, Carlos A. et al.
   2007  The Near Eastern Origin of Cat Domestication, *Science*, vol. 317, pp. 519-523.

Haruda, A. F. et al.
   2020  The earliest domestic cat on the Silk Road, *Scientific Report* 10 (1): 11241. doi:10.1038/s41598-020-67798-6

Vigne, Jean-Denis et al.
   2016  Earliest "Domestic" Cats in China Identified as Leopard Cat (Prionailurus bengalensis), *PLOS ONE* doi:10.1371/journal.pone.0147295

Yaowu Hu et al.
   2013  Earliest evidence for commensal process of cat domestication, *PNAS* doi: 10.1073/pnas.1311439110

王子今
   2010  〈北京大葆台漢墓出土貓骨及相關問題〉，《考古》第二期，頁91-96。

中國社會科學院考古研究所漢長安城工作隊
   2006  〈西安市漢長安城城牆西南角遺址的鑽探與試掘〉，《考古》第十期，頁40-52。

夏炎
  2014 〈"霾"考：古代天氣現象認知體系建構中的矛盾與曲折〉，《學術研究》第三期，頁 92-99。

袁靖、唐際根
  2000 〈河南安陽市洹北花園庄遺址出土動物骨骼研究報告〉，《考古》第十一期，頁 75-81。

張宇衛
  2020 《綴興集：甲骨綴合與校釋》。台北：萬卷樓圖書股份有限公司。

張惟捷
  2021 〈殷契研究六題〉，《政大中文學報》第三十五期，頁 191-219。

許進雄
  2017 《字字有來頭：文字學家的殷墟筆記．3, 日常生活篇 I, 食與衣》。新北市：字畝文化創意出版。

單育辰
  2008 〈說"狐""狼"—"甲骨文所見的動物"之二〉，見復旦大學出土文獻學古文字研究中心網站 http://www.fdgwz.org.cn/Web/Show/539#_edn2
  2020 〈說"狐"〉，輯於單育辰著，《甲骨文所見動物研究》，頁 26-35。上海：上海古籍出版社。
  2020 〈說"狼"〉，輯於單育辰著，《甲骨文所見動物研究》，頁 36-41。上海：上海古籍出版社。
  2020 〈古代兩種動物名考實〉，輯於單育辰著，《甲骨文所見動物研究》，頁 387-397。上海：上海古籍出版社。

雷煥彰
  1985 《法國所藏甲骨錄》。台北：光啟出版社。

趙瑤瑤
  2023 〈中國古代"貓"的名實演變考〉，《古今農業》第二期，頁 1-12。

劉一曼、曹定雲

2006 〈殷墟花園庄東地甲骨卜辭考釋數則〉，輯於劉慶柱主編，《考古學集刊》第十六集，頁237-286。北京：科學出版社。

韓江蘇
2019 〈甲骨文"浮"、"狐"字考〉，《殷都學刊》第二期，頁12-15，32。

謝成俠
1993 〈中國養貓史略〉，《古今農業》第三期，頁302-306。

譚步雲
2013 〈古文字考釋三則：釋狐、釋蔞、釋飲/酓〉，《中山大學學報》（社會科學版）第五十三卷，第六期，頁63-68。

## 13　獼猴不叫猴，熊也不稱熊

### 甲骨文裡的獼猴

　　甲骨文裡有個動物字，字形特別描繪如人一般的圓潤頭形，還有著小眼、微尖的嘴與耳、彎曲向下的手臂、曲折的雙腿和上翹的尾巴之特點，顯然是獼猴（*Macaca mulatta*）的象形（圖 13.1）。這個字也可見到頭上帶幾根毛髮的字形，而與甲骨文的「頁」有些相似，差別在於後者呈跪坐姿勢，手垂放於大腿上、無尾，從其特別描繪頭部與眼部並對照一些有著相同特徵的出土文物，如來自殷墟婦好墓帶有大眼的玉人（圖 13.1），推測所表現的是貴族的形象。

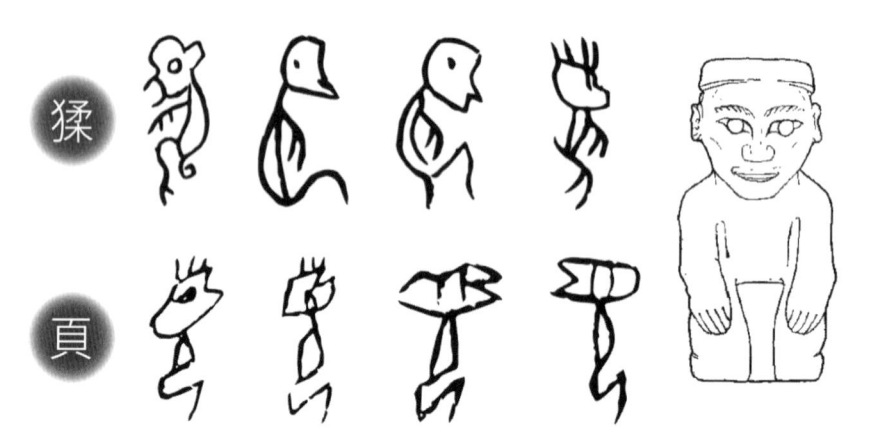

圖 13.1：甲骨文的「猱」與「頁」字，以及殷墟婦好墓出土跪坐玉人線圖。

　　這個獼猴的象形字在卜辭中皆作動物本義使用，除了見於商王貞問方國的進貢情事之外，也見於田獵的收穫。甲骨文中還可見到一個

「网」下有獼猴的字（圖 13.2），顯然字義是以網捕猴，或是捕獲獵物的引申義。河南安陽殷墟所發現的商代哺乳動物遺骨中便有獼猴，安陽武官村北地商代祭祀坑 M4 也發現過一具側身屈肢呈綁縛狀的猴骨，身上繫有一個銅鈴；殷墟婦好墓中亦發現過一件呈身軀匍匐、面朝上姿勢的玉猴雕飾，外表有著圓眼大鼻，尾壓於臀下，頭上則雕有細毛（圖 13.2），與甲骨文字形相似，推測商代人們除了可能偶將獼猴用於祭祀、作為肉食來源之外，也豢養牠們來從事娛樂活動。

圖 13.2：「网」下有獼猴的甲骨文字與殷墟婦好墓出土玉猴線圖。

　　甲骨文中還有一個和上揭獼猴象形字十分相似的字，差別在於除了習刻甲骨《合》35269 所見字形為非常寫實的獼猴外形，其餘字形除了頭部以外皆以單筆勾勒身軀、四肢和尾巴，且整體呈膝微屈的站姿或蹲踞姿態，手朝上掩面（圖 13.3）。依據顯然是從商代晚期至秦代源於一系，都具有手朝上掩面特徵的商晚期至西周時期金文、春秋早期青銅器秦子簋蓋、樊君盆上所見金文，以及小篆所見「夒」字（圖 13.4），古文字學者今多將這個甲骨文字隸定為「夒」。許慎於《說文解字》中釋「夒」為：「貪獸也。一曰：母猴，似人。从頁、巳，止、夊，其手足」（注一），從早、晚字形來看，獼猴的頭部的確後來類化為了「頁」（圖 13.4），尾巴類化為「巳」，雙手類化為「止」，雙足則類化為「夊」（注二）。

## 二、甲骨文動物園

圖 13.3：《合》35269 習刻甲骨與甲骨文的「夔」字。

圖 13.4：商代晚期至西周早期、春秋早期、小篆的「夔」字和西周中期金文、小篆的「頁」字，以及西周晚期毛公鼎銘文。

「夒」在卜辭中表商代先民的遠古祖先之一（注三），在卜辭中常見「高祖夒」一詞，如《合》30398：「叀高祖夒祝用，王受佑」，意思是貞問對高祖夒的祭祀殺牲，以使商王受到保佑；又如《屯南》4528：「乙亥卜，高祖夒燎二十牛」，意即貞問是否用燎祭二十頭牛的方式來祭祀高祖夒。高祖夒在卜辭中也常見省略高祖一詞。在商代先民心中高祖夒可能主管農業生產，卜辭常見有向夒「求禾」、「求年」的貞問，或問夒是否會對禾苗、雨水造成危害，如《合》33277：「壬申貞，求禾于河，燎三牛、沉三牛」、「壬申貞，求禾于夒，燎三牛、卯三牛」，意思除了在壬申日貞問是否以燎祭三頭牛、沉祭三頭牛的方式向高祖河祈求農作收成外，也貞問是否該以燎祭、卯祭各三頭牛的方式向高祖夒祈求農作收成。可能夒的地位崇高，商代先民甚至為其設立有宗廟，見於《合》30319：「貞王其酻于又宗夒，又大雨」，其中「又宗」即「右宗」，全句之意是商王親自在右宗，也就是夒的宗廟舉行酻祭，貞問是否會下雨。有關於高祖夒究竟是誰，學界有帝嚳、契的看法，莫衷一是。

上揭甲骨文、商代晚期至西周金文的「夒」字也有學者根據該字字形以手掩面表羞恥或憂愁義的特點隸定為「羞」或「憂」，該字在毛公鼎銘文中若讀為「羞」或「憂」（圖 13.4），於「申恪大命，康能四國，欲我弗作先王羞（憂）」全句均通；相似的「羞」用法也見於《尚書・康王之誥》：「用奉恤厥若，無遺鞠子羞」、《左傳・襄公十八年》：「苟捷有功，無作神羞」、《左傳・哀公二年》：「以集大事，無作三祖羞。」其實「羞」字屬心紐幽部，「憂」字古音屬影紐幽部，兩者古音近，而「夒」字古音屬泥紐幽部，更說明三者關係密切。

## 「夒」字如何轉變為「猴」與甲骨文裡的獼猴象形字隸定

今日所見「猴」字最早僅見於小篆，是一個後起字，而根據《說文解字》：「猴，夒也。从犬，矦聲」，可知「猴」是一個形聲字，「猴」本作「猴」，「猴」即「夒」。由「夒」這麼個象形字轉變為形聲从「犬」的「猴」，可能與小篆裡新出現一個由「夒」、「犬」合組的「獿」字有關，「夒」加上「犬」的偏旁意在強調夒為獸類的性質。根據南唐徐鍇《說文解字繫傳》：「夒……今作猱」、宋代韻書《集韻》：「夒，或從犬，從憂，從柔」、「夒，或作獿、獶、蛱」可知至遲在宋代「夒」已通「獿」、「獶」和「猱」。古文字學界今多將上揭獼猴象形的甲骨文字隸定為「猱」，是根據清段玉裁《說文解字注》所言：「猱即《說文解字》之夒字，是二者可相為屬而非一物也」（注四）。

## 獼猴在古人心中的形象轉變

可能由於獼猴既不雄壯、威猛，也與古時神話傳說中的神獸無關，所以商代出土文物中鮮有以獼猴這種世俗性風格強烈的動物為器形或紋飾的器物，美國佛利爾美術館（Freer Gallery of Art）所收藏可能出土於安陽的成對猴形青銅武器構件及猴形柄石祖則是少數的案例（圖13.5）。隨著禮樂制度在兩周之交的加劇崩壞，獼猴開始以生動活潑的形象出現於青銅器上，如上海博物館藏西周晚期晉侯盨四足所見手臂上舉蹲式猴形，以及山西博物院藏春秋時期刖人守囿銅車頂蓋蹲伏猴形（圖13.5）。在大量文獻存世的東周，猴除了有迅捷的描述外，在文人心中開始可見愚蠢的負面形象，如著名的成語「朝三暮四」

便典出《莊子・齊物論》，而以猴兒穿周公的衣服來形容猴之蒙昧則見於《莊子・天運》（注五）。到了漢代，獼猴的形象也好不到哪裡，典出《史記・項羽本紀》的「沐猴而冠」便是拿獼猴來比喻人虛有表象卻不脫粗鄙的本質；而東漢辭賦家王延壽更在〈王孫賦〉中生動地描寫獼猴的外貌、神情、聲音、動作舉止、生活、喜好，以王孫代獼猴，用意在嘲諷貴族子弟湮於世俗的愚鈍、醜陋。魏晉至唐宋時期獼猴的形象似乎愈形低落，阮籍在〈獼猴賦〉中便以獼猴比喻、嘲諷小人的庸俗、人面獸心、趨利忘義、短視近利。從宋元時代開始，獼猴在普羅大眾心中的形象開始有了些許正向的改變，其原因與各版本西遊文學及最終《西遊記》的成書，帶出孫悟空這個既聰明調皮又忠誠、嫉惡如仇的角色形象有關。

## 甲骨文裡的黑熊

甲骨文中還有一個字與「猱」有些相似，有著「目」形的頭、豐腴的身軀、短尾及前、後足向下彎折的特點（圖13.6），表明其能直立行走。儘管這個字過去曾被誤認為「兔」，但若將其與商代晚期的圓雕玉熊、青銅器上的族徽字形對照（圖13.6），可發現極為相似，所以該字其實是亞洲黑熊（*Ursus thibetanus*）的象形。由族徽向甲骨文的演變（注六）是將熊的頭部簡省為「目」形，同時把向後彎折的前、後足改為線條化，並使兩者長度變得相近，下垂的短尾則保留下來。

那麼這個字應該隸定為何字呢？根據西周金文、戰國楚系、秦系文字及小篆「能」字的演變脈絡（圖13.7），應可將該字同樣隸定為「能」。「能」字從甲骨文向西周金文的演變較大，熊的頭部由「目」改成「㠯」形，身軀則簡化呈「月（肉）」形，這也是《說文解字》釋「能」：「從肉，㠯聲」的由來（注七）。西周金文的「能」字也把

196　二、甲骨文動物園

圖 13.5：Ⓐ猴形青銅武器構件，Ⓑ猴形柄石祖，Ⓒ晉侯盨，Ⓓ刖人守囿銅車。

甲骨文字形所見上、下豎立的前、後足改為左右並列。從西周金文向戰國金文、戰國簡牘文字、小篆、隸書的字形變化不大，容易理解其字形關係。甲骨文的「能」字目前發現相當少，所出卜辭全都殘損，無法確知該字的用法。

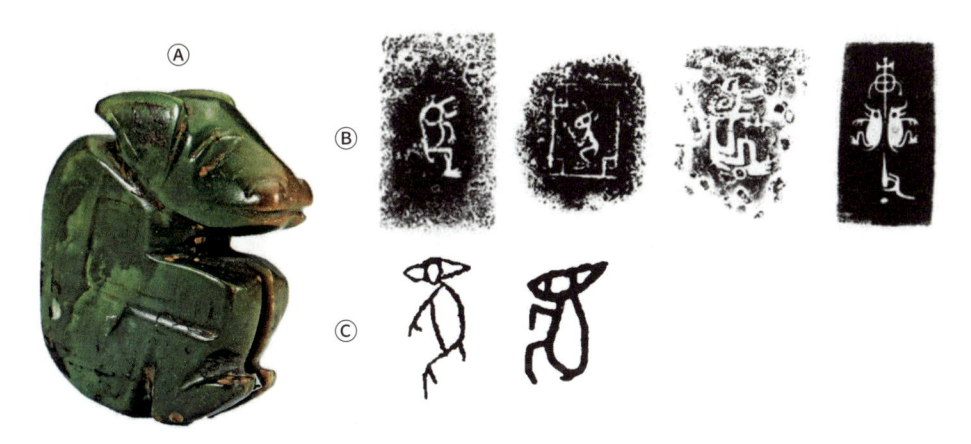

圖 13.6：Ⓐ山西博物院藏玉熊、Ⓑ含「能」字族徽，及Ⓒ甲骨文的「能」字。

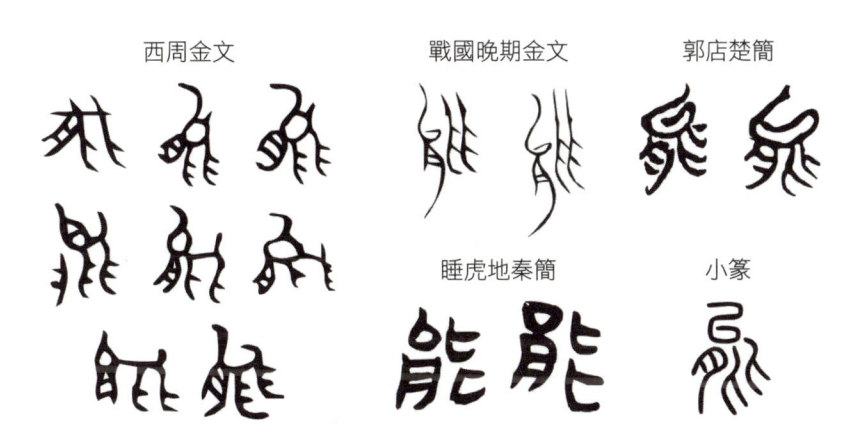

圖 13.7：西周、戰國晚期金文、郭店楚簡、睡虎地秦簡和小篆的「能」字。

## 二、甲骨文動物園

甲骨文中還可見到一個以「网」、「能」為構件的字（圖13.8），會以網捕熊，或可隸定為「羆」。由於目前見有「羆」字的卜辭也大多殘損，從有限的材料僅能推知該字有作人名、地名的用法，或也有表捕獲熊或捕獲獵物的引申義。

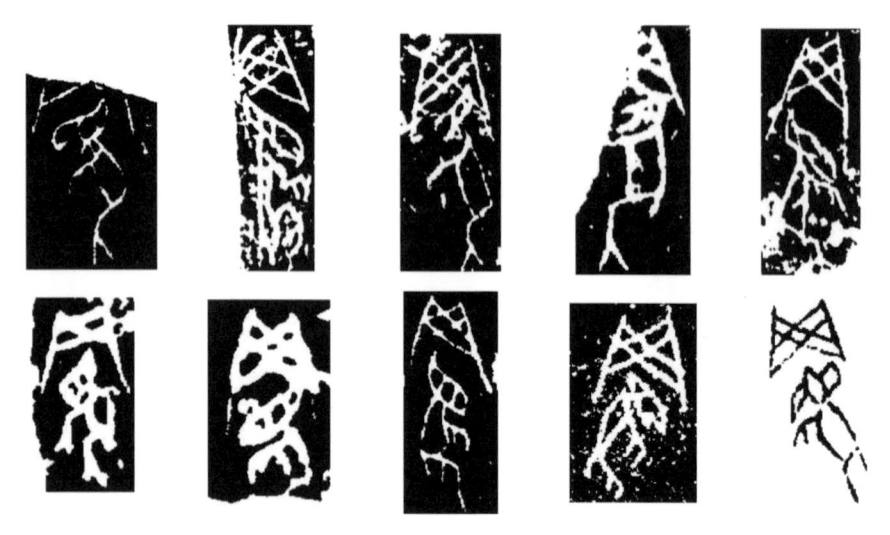

圖13.8：甲骨文的「羆」字。

## 注釋

注一：根據段玉裁《說文解字注》：「……母猴乃此獸名。非謂牝者。沐猴、獼猴皆語之轉」，「母猴」即「獼猴」。在一些古文獻中，獼猴經常以雙音詞「母猴」、「沐猴」稱之，如《韓非子・外儲說左上》：「宋人有請為燕王以棘刺之端為母猴者，必三月齋，然後能觀之」、《史記・項羽本紀》：「人言楚人沐猴而冠耳，果然」、《詩・小雅・角弓》：「毋教猱升木」，陸機疏：「猱，獼猴也，楚人謂之沐猴。」

注二：「巳」、「止」、「夂」的甲骨文字源其實分別是胚胎和腳掌的象形，與許慎所說不同。

注三：在卜辭中商代先民的高祖有十餘位，如王亥、季、土、岳、河等。

注四：象獼猴之形的甲骨文字確與甲骨文的「夒」相近，但所表意義不同，即段玉裁所言：「二者可相為屬而非一物也。」

注五：《莊子・齊物論》：「勞神明為一，而不知其同也，謂之朝三。何謂朝三？曰狙公賦芧，曰：『朝三而莫四。』眾狙皆怒。曰：『然則朝四而莫三。』眾狙皆悅。名實未虧，而喜怒為用，亦因是也」。《莊子・天運》：「故禮義法度者，應時而變者也。今取猨狙而衣以周公之服，彼必齕齧挽裂，盡去而後慊。觀古今之異，猶猨狙之異乎周公也。」

注六：商代青銅器上的族徽多出現於商朝末期和西周早期，少數也出現於商代中期，被認為可能是年代較早文字發展階段的活化石。

注七：《說文解字》：「能，熊屬，足似鹿。从肉，㠯聲。能獸堅中，故稱賢能，而彊壯稱能傑也。凡能之屬皆从能。」

## 參考資料

文物出版社、光復書局企業股份有限公司（編）
　　1994　《殷墟地下瑰寶：河南安陽婦好墓》。台北：光復出版社。

文煥然、何業恒、徐俊傳
　　1981　〈華北歷史上的獼猴〉，《河南師大學報》第一期，頁 37-44。

中國社會科學院考古研究所安陽工作隊
　　1987　〈安陽武官村北地商代祭祀坑的發掘〉，《考古》第十二期，頁 1062-1070，1145。

邵雨
　　2021　〈"熊"字考釋〉，《作家天地》第二十四期，頁 12-14。

徐山
2013 〈釋 "罷"〉,《浙江海洋學院學報》(人文科學版)第三十卷,第四期,頁 67-68。

常玉芝
2010 《商代宗教祭祀》。北京:中國社會科學出版社。

單育辰
2020 〈說 "熊"〉,輯於單育辰著,《甲骨文所見動物研究》,頁 42-46。《甲骨文所見動物研究》。上海:上海古籍出版社。
2020 〈說 "猱"〉,輯於單育辰著,《甲骨文所見動物研究》,頁 198-204。《甲骨文所見動物研究》。上海:上海古籍出版社。

楊鍾建、劉東生
1949 〈安陽殷墟之哺乳動物群補遺〉,《中國考古學報》第四冊,頁 145-153。

劉桓
1992 〈釋能罷〉,輯於劉桓著,《殷契存稿》,頁 116-118。哈爾濱:黑龍江教育出版社。

# 14 甲骨文裡的揚子鱷

## 韓愈〈鱷魚文〉裡的古代鱷魚究竟是哪一種？

　　今日當我們談起中國古代的鱷魚，往往會聯想起唐代韓愈著名的〈鱷魚文〉。該文類似檄文，講述唐憲宗元和十四年（公元八一九年）韓愈因諫迎佛骨事被貶為潮州刺史後，得知當地溪潭鱷魚為患，侵擾百姓、牲口，便以一羊、一豬祭鱷，與之約定，諭令鱷魚南向遷徙入海一事。另從《新唐書‧韓愈傳》與《舊唐書‧韓愈傳》可知，在韓愈祭禱後當晚，當地暴風雷電四起，輒數日溪潭窪地亦盡皆乾涸，鱷魚則已向西遷徙六十里，從此潮州再無鱷患（注一）。

　　鱷魚是遠古孑遺的爬蟲綱鱷目變溫動物，世界上現存三科八屬二十三種（注二），過去人們根據唐代潮州（今廣東省潮州市潮安區）所在位置、環境，以及鱷魚習性、棲地分布，推斷韓愈所驅走的，應該是能夠同時生存於淡、鹹水環境並能夠泅海的灣鱷（Crocodylus porosus）。但有趣的是，現生灣鱷僅分布於太平洋西南與東印度洋東部，中國僅在清代於澎湖、海南島至西沙群島水域有零星目擊（注三），中國境內也從來沒有發現過灣鱷遺骸或化石。那麼，古代中國嶺南的鱷魚還有可能是灣鱷嗎？其實灣鱷的看法早在一九八一年便已受質疑，當時王將克與宋方義將珠江三角洲出土，距今約兩千五百至五千年的鱷魚遺骸同現生灣鱷進行比對，指出中國古代嶺南的鱷魚應該是生存於淡水環境的馬來長吻鱷（Tomistoma schlegelii）。一九八五年順德博物館藏標本的骨骼鑑定也獲得相同結論。

　　那麼韓愈筆下的鱷魚又確實是馬來長吻鱷嗎？根據最新的骨骼

鑑定，答案可能也是否定的。中、日聯合研究團隊二〇二二年三月發表於《英國皇家學會報告》（B 系列）的論文裡明確指出，他們所鑑定這類在南中國出土，有著細長吻部特點的鱷魚不僅和任何一種現生物種都不像，也和任何已知的古物種不同，是一種新發現的古生物。由於這種生物的化石主要分布在兩廣珠江、韓江水系、雷州半島和海南島，研究團隊便將此物種命名為中華韓愈鱷（*Hanyusuchus sinensis*），以紀念創作〈鱷魚文〉的韓愈。這種鱷魚為長吻鱷，外形近似馬來鱷，但在一些骨骼特徵上卻較接近恆河鱷（*Gavialis gangeticus*）（圖 14.1）。從骨骼標本估算，中華韓愈鱷的體長可達六公尺以上，足以對人類生命造成嚴重危害。根據現有化石出土地層內容物所作的碳十四測年，珠江流域所發現的中華韓愈鱷年代落在距今五千至兩千五百年間，早於唐代，也就是說韓愈所驅離的鱷魚為中華韓愈鱷的看法其實也沒有直接證據。不過研究團隊相信中華韓愈鱷直到數百年前才因棲地破壞及人為獵捕而滅絕（注四），漢代至明代末年諸多文獻裡華南地區人鱷接觸紀錄的主角應都是中華韓愈鱷。

圖 14.1：中華韓愈鱷復原圖。

## 揚子鱷——中國現存的野生鱷魚

中國境內目前僅存的野生鱷魚種屬是一八七九年經法國博物學家 Albert-Auguste Fauvel 鑑定為新發現物種並命名的中華短吻鱷（*Alligator sinensis*），也就是俗稱的揚子鱷（圖 14.2）。與中華韓愈鱷的外形不同，中華短吻鱷身軀短小，體長多界於一點五至二點一公尺，性溫馴，喜棲息於氣候溫和植被茂盛的水澤湖沼環境。由於中華短吻鱷喉部具有特殊構造，能夠發出聲響，彼此溝通，並發出低吼。中華短吻鱷通常會在深秋至初春期間躲入自己挖掘的複雜泥洞系統中休眠避寒。化石證據表明遠古時期的中華短吻鱷分布相當廣，華北、華中及華南皆有發現，最遠甚至可達新疆呼圖壁縣及海南儋州，但以中國中、東部分布最密集。整體來說，過去數千年來受氣候環境變遷、棲地破壞和人類捕殺影響，中華短吻鱷的分布趨勢呈現由西向東、由南向北收縮的態勢，分布北界則由黃河流域下游南移至長江下游，目前僅殘存於長江南岸與安徽黃山山系以北的皖南丘陵地帶、沿江平原及江蘇、浙江、安徽省交界的谷地，是中國國家瀕危的一級保護動物。

參考東漢許慎《說文解字》、明代李時珍《本草綱目》和清末徐珂《清稗類鈔》對「鼉」的解釋與外形、習性描述（注五），可知「鼉」為中華短吻鱷的古稱。中國許多文獻中可見鼉、鱷（或鰐、蛟）連稱的情況，如西漢司馬相如的〈子虛賦〉、晉代張華的《博物志》、韓愈的〈石鼓歌〉（注六）。北魏地理學家酈道元《水經注·卷三十七·浪水》所述東漢末建安年間孫權派遣

圖 14.2：中華短吻鱷。

步騭到交州（今廣東、廣西和越南北部）任刺史，步騭在南海看到了：「海怪魚鼈，黿鼉鮮鱷，珍怪異物，千種萬類，不可勝記」，均說明古人其實很早就能分辨中華短吻鱷和中華韓愈鱷。

古代中國以鱷魚為造型設計的文物相當少，最著名的一件是一九五九年出土於山西石樓縣桃花者村商代晚期墓葬的青銅質「龍形觥」，長四十四、寬十三點四、高十九公分。觥是一種帶蓋的盛酒器，前端流口用於傾注，有些觥成組配有一柄酌酒用的斗枓。龍形觥蓋面飾有龍紋與渦旋紋，與前端龍首銜接，器腹兩側主要飾有頭向相反的鼉紋和夔龍紋，並以渦紋和雲紋襯托（圖 14.3）。從具短吻的特徵推斷，當時的工匠可能是根據揚子鱷的外形製造這件觥。

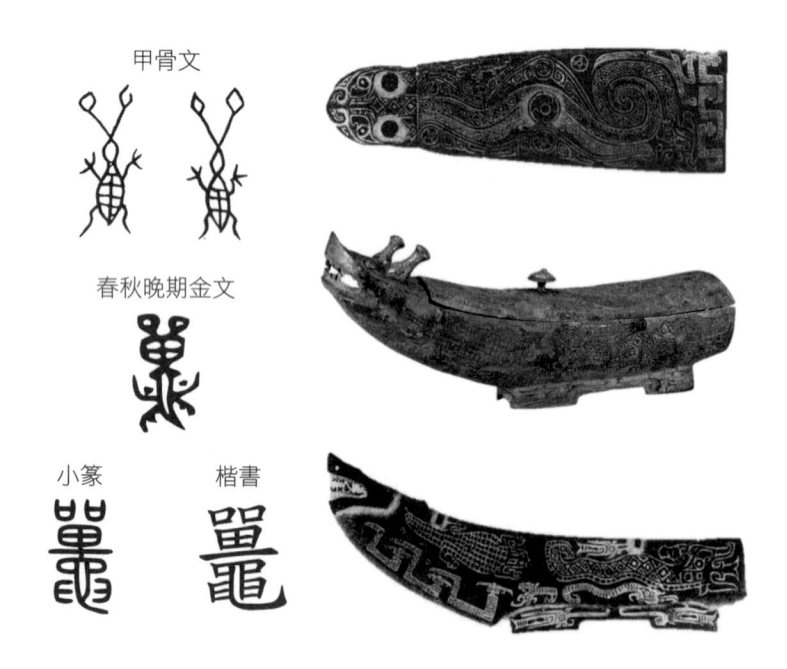

圖 14.3：「鼉」字的字形演變與龍形觥。

## 甲骨文的「鼉」字

從小篆的「鼉」字回推更早期的字形，有學者認為甲骨文中一個身軀有鱗甲、四足、頭前似有鬚般、頂部帶圈狀結構的象形字應釋為「鼉」，春秋時期金文裡一個類化為「黽」形、頭前有兩個小圓圈的字形（注七），應是承繼上述甲骨文字訛變而來的字，仍釋為「鼉」（圖14.3）。卜辭所見三例「鼉」字均來自同版甲骨，且「鼉」字所處皆為缺損嚴重的占詞部分，故無法明確得知「鼉」字的本義，疑用作動詞，「不鼉」表不用鼉這種動物；或是用作地名，指鼉地，如《合集》38306：「癸丑卜，在鼉，貞王旬無𡆥。」

## 鼉在古代中國的利用

鱷魚皮相當堅韌，應是製作皮甲相當好的材料，《韓詩外傳‧卷四》中所載：「昔楚人蛟革犀兕以為甲，堅如金石，宛如鉅蛇，慘若蜂蠆，輕利剛疾，卒如飄風」，「蛟革」所指可能便是鱷魚皮甲。可惜的是，由於鱷魚皮為有機材質保存不易，故商周考古目前均沒有發現。迄今在考古發掘中獲得年代最早的皮甲，是河南安陽侯家莊M1004號墓南墓道發現的殘跡，僅剩下皮革腐爛後遺留在土上的紋理，有黑、紅、白、黃四色的圖案花紋，材質不詳。根據《考工記》和《左傳》（注八），周代的皮甲以牛、犀牛、聖水牛（*Bubalus mephistopheles*）皮髹漆製作，並沒有材質為鱷魚的記載。不過，《詩經‧大雅‧靈台》裡有「鼉鼓逢逢、矇瞍奏公」的記載，清同治初年山西省榮河縣后土祠旁河岸出土的春秋晚期「邵鐘」銘文也有「鼉鼓」一詞，表明兩周時期鱷魚皮有鼓面蒙皮的用途。考古證據顯示，以揚子鱷作為蒙皮的「鼉鼓」年代最早可追溯至新石器時代晚期的山西襄

汾陶寺遺址，商代晚期安陽殷墟侯家莊 M1217 號墓、山東滕州前掌大遺址商代晚期至西周早期 BM4、M203、M210 號墓也有類似發現，其起源甚至或可上推至新石器時代中期大汶口文化，出土於山東鄒縣野店遺址、江蘇下邳縣劉林墓地的陶製「漏器」（可能為鼓）。根據近年所作黃河流域出土龍山時期揚子鱷骨板的多種同位素分析與文獻資料、出土文物推測，這些用於鼉鼓蒙皮的揚子鱷，可能都是本地生長的。

## 注釋

注一：《新唐書·韓愈傳》：「祝之夕，暴風震電起溪中，數日水盡涸，西徙六十里。自是潮無鱷魚患」；《舊唐書·韓愈傳》：「祝之夕，有暴風雷起於湫中。數日，湫水盡涸，徙於舊湫西六十里。自是潮人無鱷患。」

注二：有短吻鱷科（Alligatoridae）、鱷科（Crocodylidae）和長吻鱷科（Gavialidae）。

注三：清初巡臺御史黃叔敬《台海使槎錄》卷四：「康熙癸亥四月，彭島忽見鱷魚，長丈許，有四足，身上鱗甲火炎，從海登陸；百姓見而異之，以冥鈔金鼓送之下水。越三日，仍乘夜登山，死於民間廚下」；清末廣東水師提督李准《巡海記》：「一日雨後，余正在船面高處坐而納涼，忽見一黑色之物自海面向余船而來，昂首水面，嘴銳而長。余問曰：『此何物也？』國祥曰：『此鱷魚也，韓文公在潮作文驅之者，即此是也』，語時鱷魚已及船邊，攀梯而上，余命梯口衛兵擊之以槍，而衛兵反退後數武，不敢擊。余速下奪槍擊之，鱷血下墜，白腹朝天，距船已四五丈矣。即令水手放舢板往撈，水手以撓挑之，長約丈餘，重不可起，恐其未死，不敢下手。再擊二槍，反沉水底而不見踪跡矣。」

注四：中、日聯合團隊在檢視來自廣東新會博物館和佛山順德博物館的商、

周時期中華韓愈鱷標本時，觀察到頭骨和脊椎處有不少方向不規則的砍痕，傷口既大又深且筆直，可能為青銅斧鉞類的武器所傷，說明當地在青銅時代便已有人鱷衝突。

注五：《說文解字》：「鼉，水蟲，似蜥易，長大。从黽，單聲」；《本草綱目》：「鼉性嗜睡，恆閉目。力至猛，能攻江岸。人於穴中掘之，百人掘，須百人牽之；一人掘，亦一人牽之。不然，終不可出」、「鼉穴極深，漁人以箴纜系餌探之，候其吞鉤，徐徐引出。性能橫飛，不能上騰。其聲如鼓，夜鳴應更」；《清稗類鈔・動物・鼉》：「鼉，與鱷魚為近屬，俗稱鼉龍，又曰豬婆龍。長二丈餘，四足，背尾鱗甲，俱似鱷魚，惟後足僅具半蹼。生於江湖，我國之特產也。」

注六：〈子虛賦〉：「其中則有神龜蛟鼉瑇瑁鱉黿」；《博物志》：「異魚南海有鱷魚，狀似鼉，斬其頭而乾之，去齒而更生。如此者三，乃止」；〈石鼓歌〉：「年深豈免有缺畫，快劍斫斷生蛟鼉。」

注七：甲骨文字形前端鬚般、頂部帶圈狀的結構一說為揚子鱷外凸的眼睛，但也可能是揚子鱷泅水時吻前端露於水面上的鼻孔。

注八：《考工記》：「函人為甲，犀甲七屬，兕甲六屬，合甲五屬。犀甲壽百年，兕甲壽二百年，合甲壽三百年」；《左傳・宣公二年》：「……謂之曰，牛則有皮，犀兕尚多，棄甲則那。役人曰，從其有皮，丹漆若何？」

# 參考資料

Fauvel, Albert-Auguste
　2012　〈尋龍記〉，《人與生物圈》第五期，頁 35-36。

Iijima, Masaya *et al.*
　2022　An intermediate crocodylian linking two extant gharials from the Bronze Age of China and its human-induced extinction, *Proceedings of the Royal Society* B, vol. 289, iss. 1970, pp. 1-9.

文榕生
 2012 〈揚子鱷簡史〉,《人與生物圈》第五期,頁 26-29。
 2012 〈"鼉"之考〉,《人與生物圈》第五期,頁 33。

文榕生(整理)
 2019 附錄 A〈現存鱷類與揚子鱷盛衰〉,輯於文榕生選編,《中國歷史時期植物與動物變遷研究》,頁 287-293。重慶:重慶出版社。

文煥然
 2019 〈揚子鱷的古今分布變遷〉,文煥然等著,《中國歷史時期植物與動物變遷研究》,頁 184-194。重慶:重慶出版社。

王先艷等
 2010 〈"鼉鼓逢逢" - 淺談揚子鱷的聲信號和聲通訊〉,《大自然》第一期,頁 31-33。

王將克、宋方義
 1981 〈關於珠江三角洲出土的鱷魚及其有關問題〉,《熱帶地理》第四期,頁 36-40,20。

何光岳
 1986 〈揚子鱷的分布與鄂國的遷移〉,《江漢考古》第三期,頁 24-30。

吳陸生、吳孝兵、江紅星、王朝林
 2005 〈野生揚子鱷生境特徵分析〉,《生物多樣性》第十三期,第二卷,頁 156-161。

洪石
 2014 〈鼉鼓逢逢:滕州前掌大墓地出土"嵌蚌漆牌飾"辨析〉,《考古》第十期,頁 85-94。

馬承源
 1982 《中國古代青銅器》。上海:上海人民出版社。

陳國慶
 1991 〈鼉鼓源流考〉,《中原文物》第二期,頁 47-50。

張興香等

2021 〈黃河流域出土龍山時期揚子鱷骨板的多種同位素分析〉,《人類學學報》第四十卷,第一期,頁 75-86。

單育辰
2020 〈說"鼉"〉,輯於單育辰著,《甲骨文所見動物研究》,頁 266-267。《甲骨文所見動物研究》。上海：上海古籍出版社。

單希瑛
2019 〈揚子鱷〉,《科博通訊》,卷 381,頁 5。

楊泓
1980 〈中國古代的甲冑〉,輯於楊泓著,《中國古兵器論叢》,頁 1-78。北京：文物出版社。

趙肯堂、宗愉、馬積藩
1986 〈廣東古鱷考〉,《兩棲爬行動物學報》第五期,第三卷,頁 161-165。

謝青山、楊紹舜
1960 〈山西呂梁縣石樓鎮又發現銅器〉,《文物》第七期,頁 50-51。

# 15 月亮裡的兔子原來不是小白兔！

## 甲骨文的「兔」字

甲骨文的「兔」字是一個象形字，由於異體字繁多，早期曾被誤釋。其實甲骨文的各種「兔」字都有著兔的許多基本特徵，如圓短似無頸般的身軀、後翹的短尾、短腿、大大或訛變為尖角形的耳朵、張口時可見齜齒（但也有不張口的字形），其中尤以前兩項最具識別性。這些字形均為商代晚期金文「兔」字刀筆化的呈現（圖 15.1）。「兔」字在卜辭中一般都作動物名使用，為祭祀供品或獵物，如《花東》395：「癸酉卜，子其擒。子占曰，其禽。用。四麋、六兔」、《合》154：「辛卯卜，品，貞乎多羌逐兔，獲」。「兔」字也作人名、國族名或地名使用，如《合》4616：「甲申卜，爭，貞兔亡囚」、《合》4618：「甲申卜，爭，貞兔其出囚，貞兔亡囚。」

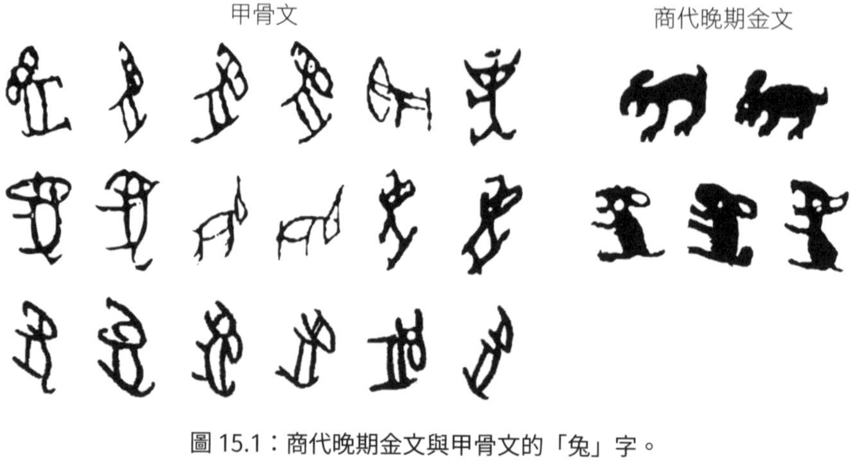

圖 15.1：商代晚期金文與甲骨文的「兔」字。

## 以「兔」為構件的甲骨文字

甲骨文中以「兔」為構件的字很多，但今已不用，如「兔」下加「口」、「兔」下加「丂」、「兔」下加「泉」，和「兔」下依序加「五」、「酉」。另有「兔」下加「止」，表追逐腳步，或可釋為「逸」，本義是逐兔，與甲骨文中作逃逸之義的「逸」不同（注一）（圖15.2）。「兔」下加「止」的「逸」字為春秋、戰國時期金文所承繼，並在一旁增加了行道的符號，表明是在道上追逐（圖15.2）。還有一個「兔」在「网」下的字形，顯然也是個會意字，有學者參考《說文解字》：「冤，屈也。从兔从冖。兔在冖下，不得走，益屈折也」釋為「冤」，但未獲得共識（圖15.3）。

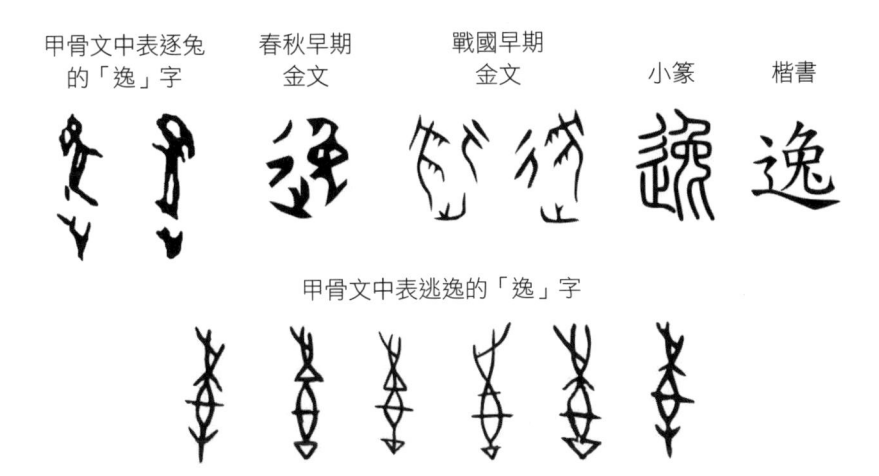

圖15.2：甲骨文中表逐兔的「逸」字和「逸」字字形演化，以及甲骨文中表逃逸的「逸」字。

圖15.3：甲骨文中「兔」在「网」下的字形。

## 神話中的月兔

　　中國歷史文化裡最著名的一隻兔子應該是神話中的月兔,但月中有兔的想像不僅存在於中國,也見於印度、北美、中南美洲等地(注二)。中國月中有兔的想像或可追溯至戰國中晚期楚辭〈天問〉中屈原對月亮盈虧變化的疑惑,提到:「夜光何德,死則又育?厥利為何,而顧菟在腹?」意思是月光有何本領,竟然能夠死而復生?月亮肚腹裡有著顧菟,對它有何好處?這裡的「顧菟」究竟指什麼?自最早給屈原作品作注的東漢王逸以來,歷代文人多認為是兔子(注三),但民國早期聞一多在〈天問釋天〉中引證語言學、訓詁學材料,考證出顧菟為蟾蜍,亦獲得支持。一九七三年湖南長沙馬王堆一號、三號墓非衣帛畫左上角一兔、一蟾共存於彎月之上的發現(圖15.4),則又開啟了新的考辨。月中有兔、蟾的情況亦普遍見於漢代畫像磚(圖15.5),在漢代文獻《淮南子》、《五經通義》中也可見到記載(注四)。若根據漢代緯書(注五),如《春秋緯元命苞》、《詩緯推度災》以及東漢張衡《靈憲》,月中兔、蟾實為陰陽之說的反映和月影的天文觀察。由於馬王堆一、三號墓年代均為西漢初年,可推知或許在早於漢初約數百年的戰國,或更早的時代,兔、蟾已與月亮產生了聯繫,其淵源脈絡恐怕已不易考證。

　　就現有考古證據,可知漢代月中兔、蟾的藝術表現有以下幾個特點:(一)月中有兔、蟾圖多與日中有金烏圖相對;(二)兔極少單獨出現,幾乎都與蟾搭配;(三)兔、蟾搭配多見於江蘇、山東地區;(四)月中僅有蟾的案例最多,但年代也都集中在東漢晚期的四川地區;(五)月中僅有兔的案例極少;(六)東漢中期以前的月兔大部分都呈現奔跑狀,還沒有搗藥,也沒有進入月宮與嫦娥相伴!

　　兔以搗藥之姿出現大約是在西漢末(或新莽時期)至東漢初,

圖15.4：湖南長沙馬王堆一（左）、三（右）號漢墓出土非衣帛畫上的蟾、兔與彎月共存圖像。

圖15.5：河南南陽蒲山店阮堂漢代畫像磚（左）和南陽漢畫館藏嫦娥奔月畫像磚（右）。

圖15.6：河南洛陽偃師辛村漢墓壁畫（左）和河南鄭州新通橋畫像磚圖像（右）。

目前以河南洛陽偃師辛村漢墓壁畫和河南鄭州新通橋畫像磚所見最早（圖15.6）。據藝術史學家的研究觀察，這些搗藥兔與前述奔跑的月兔其實原屬不同功能、意義的圖像系統，搗藥兔幾乎都與漢代神仙信仰裡的重要神祇「西王母」（注六）並列配置，其藝術表現到了東漢中期以後大量出現於中國各地，似乎成了一種定式（注七）。搗藥兔與西王母並列的原因可能與西王母作為信仰裡掌長生不死藥的女神有關（注八），而此不死藥的製作，根據漢樂府〈董逃行〉中「白兔長跪搗藥蝦蟆丸」歌詞，可知是由白兔搗之而來。至於為什麼特別選白兔來搗藥呢？若根據後世東晉葛洪《抱朴子‧對俗》中「虎及鹿兔，皆壽千歲，壽滿五百歲者，其毛色白」之記載，白兔應為長壽之象徵。另值得一提的是，〈董逃行〉中「白兔長跪搗藥蝦蟆丸」的「蝦蟆」若同樣參考《抱朴子‧對俗》中「蟾蜍壽三千歲」之載，則其除為仙藥的一種之外，本身也是種長壽象徵。

從漢代畫像磚觀察可知，月中奔兔與神仙世界裡的搗藥兔大約至遲在東漢晚期已開始有以後者取代前者於月中的跡象，尤以黃河下游的山東、江蘇北部最為普遍，可能即「玉兔搗藥」之濫觴，但月中「玉兔搗藥」真正普遍出現於中國，大約要到唐代。月中奔兔與搗藥兔逐漸混淆的原因，大抵不脫嫦娥盜西王母長生不死藥奔月的古老神話（注九）。

中國古代為什麼會是由兔子這種動物與月亮產生最多關聯呢？若參考晉代張華《博物志》卷四「兔舐毫望月而孕，口中吐子」、宋代陸佃所編辭典《埤雅》「兔，吐也，舊說兔者明月之精，視月而孕」看法，可能與兔子強盛的繁衍能力有關。另有學者進一步認為兔與月的關聯應與其妊娠期同月亮盈虧週期接近有關。不過，此說忽略了一個根本問題，那就是與月亮盈虧週期接近的，其實是家兔的妊娠期，但根據《寧化縣志》詳細記載，中國在明崇禎年間自南洋引進中國白

兔（Chinese White）之前並沒有家兔（注十），十七世紀三〇年代以前所有的兔子實際上可能都是無法馴化的曠兔屬（*Lepus*）曠兔，而曠兔的妊娠期為一個半至兩個月（注十一）。這也就同時表明，漢代的月兔與搗藥兔應都是曠兔。曠兔善奔跑，後腿長且粗壯的特點，正與漢代月中奔兔、搗藥兔伸直長腿站立的形象（圖15.7）相符！

圖15.7：山東嘉祥出土西王母畫像磚，左側可見兔與蟾蜍伸直長腿站立於臼兩側搗藥。

# 注釋

注一：甲骨文表逃逸的「逸」字象一隻腳從幸（刑具）逃離之形。

注二：古印度月中有兔的傳說見於《大唐西域記》卷七，謂佛於過去世修菩薩行時為兔，與狐、猿同住於森林中，當時帝釋天欲考驗兔之菩薩行，遂幻化為飢乏老者求食於三獸。狐、猿各以鮮鯉、異華果供帝釋天食用，唯兔空手而返，無以饋贈，遂自投火中以身供養。帝釋天為感念其心，乃收其遺骸，寄之月輪。北美克里族（Cree）原住民則有兔子拉著白鶴腳飛天，想要騎月亮的傳說故事，白鶴之腳因兔子拉扯而變長。當兔與白鶴抵達月亮，兔子以其血掌印碰觸白鶴的頭頂相贈，以為回報，從此鶴頂留有紅色肉冠；北美易洛魁族（Iroquois）則認為兔子就是月亮。中美洲瓜地馬拉南部高地的 Q'eqchi' 馬雅部族也有月神和兔的傳說，見於創世神話 Popol

Vuh。南美洲阿茲提克文化（Aztec）神話裡，太陽與月亮原都為神祇所化，但最初太陽與月亮一樣明亮，眾神覺得不妥，其中一位神祇便抓起了一隻兔子扔到化身為月亮的神祇臉上，使得月亮失去了部分光芒，而同時留下了兔形的疤痕。

注三：王逸將菟釋為兔，宋代洪興祖在《楚辭補注》也有相同看法。朱熹在《楚辭辯證》中則認為顧菟是一種兔的專稱；清代毛奇齡在《天問補注》也認為顧菟指月中兔名；林雲銘在《楚辭燈》中亦認為菟即兔，而顧為眷戀之義；清末民初的游國恩在《天問纂義》則認同林雲銘之說。

注四：《淮南子・精神訓》：「日中有踆烏，而月中有蟾蜍」、劉向《五經通義》：「月中有兔與蟾蜍何？月，陰也；蟾蜍，陽也，而與兔並，明陰係陽也。」

注五：漢代以神話迷信附會儒家經義衍生出來的一類書稱之為「緯」，也稱緯書。緯書中保存了不少古代傳說，也記錄了有關於古代天文、曆法、地理等方面的知識。

注六：西王母是漢代最重要的神祇之一，其形象是一位美麗的婦人，能夠救災、賜福、掌管長生不死升仙之藥。在漢代畫像石、磚、壁畫、漆器、搖錢樹、銅鏡等器物上都可見到祂的身影，身旁還常出現服侍祂的九尾狐、三足烏、蟾蜍、玉兔和羽人等。然而根據《山海經》記載，西王母最初的形象為人形、頭髮蓬亂、頭上戴勝（玉質首飾）、豹尾、虎齒且善嘯，有著人頭、虎身的形象，是掌管天災、疫病及五類刑罰的凶神，平時居於洞穴，有青鳥為祂取食。根據《莊子・大宗師》、《穆天子傳》卷三記載，西王母形象發展至戰國時期已逐漸人格化，成為得宇宙天地之道，無生無死之人，並曾以帝女的身分與周穆王宴飲於瑤池。

注七：又可細分為「白兔專職搗藥」與「白兔、蟾蜍配對搗藥」兩大類。前者又可再細分為「一兔搗藥」與「兩兔相對搗藥」兩類；後者則可分為「一兔、一蟾相對搗藥」與「二兔相對搗藥一蟾扶臼」兩類。

注八：此說見於漢代文獻《淮南子・覽冥訓》：「羿請不死之藥於西王母，姮娥竊以奔月，悵然有喪，無以續之。何則？不知不死之藥所由生也。是故乞火不若取燧，寄汲不若鑿井。」

注九：嫦娥盜不死藥奔月的傳說最早見於一九九三年出土的湖北江陵王家台秦簡《歸藏・歸妹》，可推知嫦娥神話的起源時間應早於戰國時代。

注十：根據李世熊《寧化縣志》所載，中國直到一六三六年才從南洋引進白兔於漳、泉一帶，並立刻北傳。此類舶來兔妊娠期僅一個月，每胎可生六到七隻仔兔，產後即可立刻再行交配。由於中國之前並無白兔，剛引入時因稀有而價高，但短期大量繁殖後價格迅速崩跌。從以上生殖特徵及此種白兔喜挖土造窟穴居、出生後半月才開眼的特點，可知為穴兔馴化而來的家兔。

注十一：全世界的兔科（Leporidae）動物共有十一個屬，其中只有穴兔屬（*Oryctolagus*）下唯一的穴兔種（*Oryctolagus cuniculus*）才能被馴化成為家兔。中國的野兔共有八個種，但都是曠兔屬（*Lepus*）的曠兔。安陽殷墟出土兔骨的鑒定結果為曠兔屬未定種。穴兔與曠兔有明顯的區別，穴兔喜歡群居於自己所挖的洞穴，曠兔則偏好獨居於曠野。穴兔的後腿比曠兔的後腿短，奔跑也較慢。剛出生的穴兔體表無毛，眼耳皆閉，沒有視覺聽覺，不能站立，一到二週後才有改變，而剛出生的曠兔體表已長毛，眼耳皆開，可視可聽，很快便跑跳食草。穴兔的繁殖力約是曠兔的數倍，通常每胎產仔六到十隻，多的可超過十五隻；曠兔每胎產仔一到四隻。中國迄今沒有發現本土的穴兔，也未發現過穴兔化石，也因此現在所有出現在中國境內的家兔，可能都是非本土源（有歐源和亞源說）的外來種。

# 參考資料

Long, J.-R *et al.*
 2013 Origin of rabbit (*Oryctolagus cuniculus*) in China: evidence from mitochondrial DNA control region sequence analysis, *Animal Genetics*, vol. 34, pp. 82-87.

王子揚
 2011 〈說甲骨文的"逸"字〉,《故宮博物院院刊》第一期,頁 41-49。

王東輝
 2020 〈論月兔意象的起源與發展〉,《天水師範學院學報》第 40 卷,第三期,頁 66-69。

王娟
 2023 〈家兔起源考證〉,《中國農史》第一期,頁 3-22。

孔祥星、劉一曼(編)
 1992 《中國銅鏡圖典》。北京:文物出版社。

尹榮方
 1988 〈月中兔探源〉,《民間文學論壇》第三期,頁 28-30。

周到、呂品、湯文興
 1986 《河南漢代畫像磚》。台北:丹青圖書。

俞偉超(主編)
 2000 《中國畫像石全集·第 6 卷·河南漢畫像石》。鄭州:河南美術出版社。

高玉琪、任戰軍、建子龍
 2014 〈中國古代養兔發展史〉,《經濟動物學報》第十八卷,第三期,頁 172-177。

高梓梅
 2012 〈漢畫玉兔敘事論考〉,《南陽師範學院學報》(社會科學版)第十一卷,第十一期,頁 92-97。

高莉芬
2010 〈搗藥兔－漢代畫像石中的西王母及其配屬動物圖像考察之一〉，《興大中文學報》第二十七卷（增刊），頁 207-240。

馬尚禮
1990 〈我國家兔起源初探〉，《經濟動物學報》第四期，頁 35-40。

張之傑
2011 〈辛卯談兔－中國兔雜談〉，《科學月刊》第二期，頁 102-106。

張恪
2015 〈論〈嫦娥〉神話：月亮神話的不死性〉，輯於《神話與文學論文選輯 2014-2015》，頁 4-35。香港：嶺南大學。

莊裕周、陳朗榮
2009 〈論西王母形象之轉變〉，輯於《神話與文學論文選輯 2008-2009》，頁 103-121。香港：嶺南大學。

黃功俊、杜玉川
1994 〈關於我國家兔起源之爭〉，《甘肅畜牧獸醫》第一期，頁 29-30。

黃明蘭、郭引強（編）
1996 《洛陽漢墓壁畫》。北京：文物出版社。

單育辰
2020 〈說"兔"〉，輯於單育辰著，《甲骨文所見動物研究》，頁 47-62。《甲骨文所見動物研究》。上海：上海古籍出版社。

湖南省博物館、中國科學院考古研究所
1973 《長沙馬王堆一號漢墓》。北京：文物出版社。

湖南省博物館、湖南省文物考古研究所
2004 《長沙馬王堆二、三號漢墓》。北京：文物出版社。

葉舒憲
2001 〈月兔，還是月蟾－比較文化視野中的文學尋根〉，《尋根》第三期，頁 12-18。

劉惠萍
　　2008　〈漢畫像中的"玉兔搗藥"-兼論神話傳說的借用與複合現象〉，《中國俗文化研究》第五輯，頁 237-253。

蘇成愛
　　2020　〈國際視野下的"中國本兔"名實考——兼論中國家兔起源問題〉，《中國農史》第四期，頁 26-33。

# 16 爭天下為何叫「逐『鹿』中原」？

## 商代晚期的「鹿」字和兩件與鹿有關的商代文物

　　甲骨文的「鹿」字是一個象形字，由於字形非常具象地描繪一頭側視的鹿，所以在甲骨文發現之初便已由羅振玉考釋而出。「鹿」字在卜辭中極為常見，異體字也多，但基本可見雙犄角或側視下的單角，頭部則偶以大眼替代表示。壯碩的身軀除了以雙線分別描繪背、腹，也常見簡單的連頸單線勾勒，並連結至尾部，呈現出短尾的特徵，僅少數字形特別刻畫尾部細節。至於鹿腳除了以單線刻畫之外，也可見到使用末端開岔或近九十度轉折的手法表現出蹄足（圖16.1）。商代

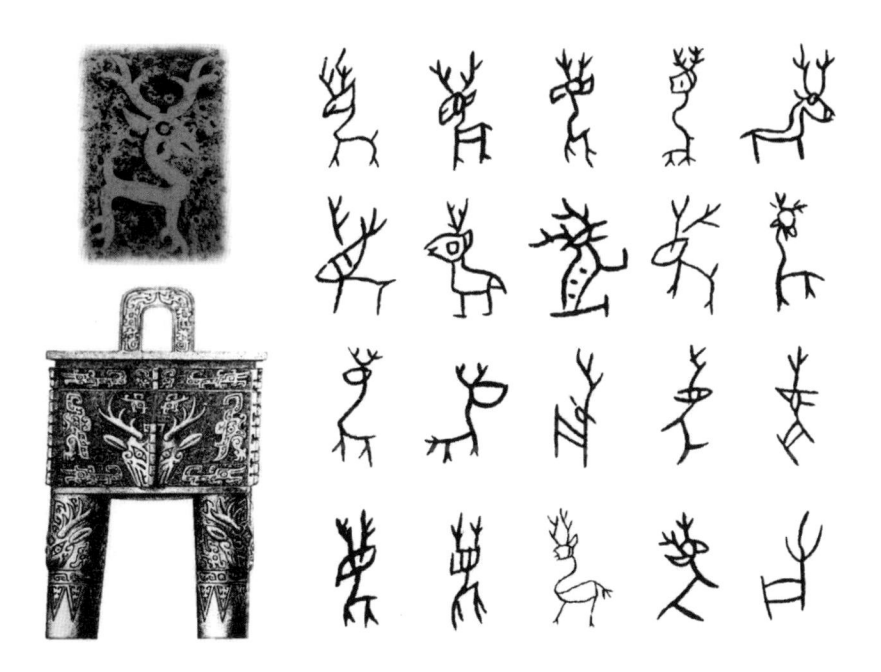

圖16.1：鹿方鼎及銘文與甲骨文的「鹿」字。

## 二、甲骨文動物園

晚期金文的「鹿」字同樣表現一頭側視的鹿，但較甲骨文更加寫實。一九三五年河南安陽殷墟武官村北地1004號商王大墓南墓道曾出土一件立耳大型方鼎，除了器身正中央，四足外側也可見到鮮明的鹿首紋飾，於器底更鑄有一「鹿」字銘文（圖16.1），因此這件器物又名鹿方鼎，是目前考古所見唯一以鹿為主要紋飾和銘文的商代青銅禮器，也是中華民國根據《文物資產保存法》所界定公告的國寶，現典藏於中央研究院歷史文物陳列館。

歷史文物陳列館典藏的法定重要古物還有一件一九二九年出土於殷墟小屯村北灰坑H6的商晚期帶刻辭鹿頭骨《甲》3941，從殘存的兩行十二字記事刻辭：「已亥，王田於羌……在九月，佳王十〔祀〕……」（圖16.2）（注一），可大略推知九月己亥這天商王於羌地進行田獵活動，後續還進行了祭祀（注二），而這塊鹿頭骨可能便是取自當日獵物。今日中央研究院院徽底層使用土黃色呈現，用以象徵人文科學領域的圖案便是選自這塊帶刻辭鹿頭骨，只是將字數縮減為七，右側為「已亥王」，左側「九月佳王」，選用邏輯僅是為了圖案使用，而不在乎是否能夠通讀。其實院徽上的甲骨文字還有個小問題，在通行不久後便有學者注意，那就是原件上的幾個破損痕都被誤當成刻劃文字的一部份，在右側的「王」與左側的「九」字尤為明顯（圖16.2），鬧了個烏龍。

圖16.2：帶刻辭鹿頭骨《甲》3941和中央研究院院徽。

## 以「鹿」為構件的甲骨文字

甲骨文中以「鹿」為構件的字很多，如「鹿」下加一個「士」，或釋為「牡」（注三），表公鹿；「鹿」上特別將犄角放大，以強調其美麗的「麗」字；「鹿」下加一個「文」，釋為「麔」；該字另有「文」旁再添一「水」的字形，可能只是前者的異體；此外還有「鹿」下加一個「癸」的未釋字，以及以「鹿」為聲符，居於兩木成「林」之中的字，或釋為「麓」（注四）。至於有著兩頭「鹿」前後排列的字，有學者認為即小篆「麤」之初文。中國古文字裡若重複出現三個相同的符號，通常代表著多數，也因此「麤」就是表多鹿。若根據《說文解字》：「麤，行超遠也。從三鹿」、段玉裁《說文解字注》：「三鹿齊跳，行超遠之意」，「麤」字本義是行超遠，但「麤」在古籍中多假借為「粗」，也許與群鹿奔跑跳躍看似胡亂衝撞有關（圖16.3）。

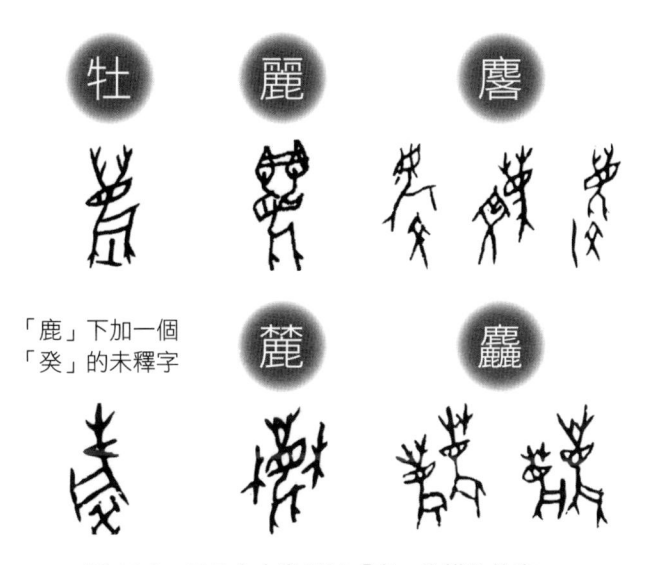

圖 16.3：甲骨文中幾個以「鹿」為構件的字。

## 從卜辭來看「鹿」

「鹿」字在卜辭中皆用作動物本義,是田獵活動裡頻繁出現的獵捕對象,如《合》28339:「王涉滴,□□射㞢鹿,禽」,意思是貞問商王涉滴水進行田獵,是否會獵獲鹿?類似的貞問也見於《合》10320:「貞其射鹿,獲。」《合》10976:「壬戌卜,㱿,貞呼多犬网鹿於薿。八月」則表示八月壬戌日這天貞人㱿從事了這次的占卜,所詢問之事為倘若呼喚負責偵查野獸出沒的犬官來薿地網捕鹿,是否會有收穫。一些以「鹿」為構件的甲骨文字顯然也與獵鹿有關,如「鹿」下加一個「凵」,或釋為「陷」,表鹿掉入陷阱裡;「鹿」旁加一個「射」,或釋為「麝」,表射鹿;「鹿」旁加一個「見」,表示見到鹿而欲捕之;「鹿」下加一個「止」(或「鹿」四周再加上一個「行」,表道路)表追逐腳步,或釋為「逐」,表(於道路上)逐鹿。另有一字以鹿首、「止」和「攴」為構件的字,整體象人持武器追逐鹿,有學者認為該字是「㪚」(散)的繁體,與此類似的還有鹿首下三「口」,右邊以「攴」為構件的字(圖 16.4)。

表鹿掉入陷阱的字　　表射鹿的字　　表見到鹿的字

表逐鹿的字　　表持武器逐鹿的字

圖 16.4:幾個以「鹿」為構件,且與獵鹿有關的甲骨文字。

## 甲骨文的「鹿」字可能指梅花鹿

現今中國境內的鹿科動物共有二十一種,從考古遺留可知某些種群曾相當龐大,特別集中分布於黃河和長江中下游,其中麋鹿(*Elaphurus davidianus*)、梅花鹿(*Cervus nippon*)和麞(*Hydropotes inermis*)更是新石器時代先民肉食資源的大宗,而安陽殷墟出土鹿科動物遺骸的鑑定與數量統計也以麋鹿居冠,估計總數超過一千,梅花鹿和麞則大致相仿,分居二、三名,估計總數也超過一百。關於甲骨文的「鹿」字所指為何,過去有學者認為即鹿科動物的鬆散性總稱,而「麎」則專指梅花鹿。不過這個看法其實有問題,因為「麎」字並不出現在田獵卜辭,反而似乎是作人名使用,而且目前卜辭裡所見的「麎」字其實相當稀少,無法合理反映梅花鹿是殷墟出土鹿科動物的大宗。如果「麎」代表的是梅花鹿,那麼梅花鹿不見於田獵卜辭也是個相當奇怪的事情。《逸周書・世俘》篇裡有一則周武王伐商取得勝利後的田獵記載,提到:「武王狩,禽虎二十有二,貓二,麋五千二百三十五,犀十有二,氂七百二十有一,熊百五十有一,羆百一十有八,豕三百五十有二,貉十有八,麈十有六,麝五十,麇三十,鹿三千五百有八」,可推測在西周開國之際鹿與麋於中原地區的種群數量似乎相當龐大。

鹿的棲地大部分與人類重疊,故自古以來便是中國先民所熟悉的動物,也與生活日常息息相關,在許多藝術創作上也經常能夠見到維妙維肖的鹿形象。有趣的是古代的天文四象觀念中,以龜蛇合體所代表的北宮玄武形象其實原本是一頭鹿,目前所知文物實證最早見於西周晚期至春秋早期上村嶺虢國墓地 1612 號墓出土的銅鏡,湖北隨縣曾侯乙墓出土漆衣箱 E66 側面的雙鹿星宿圖則是戰國早期的另一例證(圖 16.5)。

226　二、甲骨文動物園

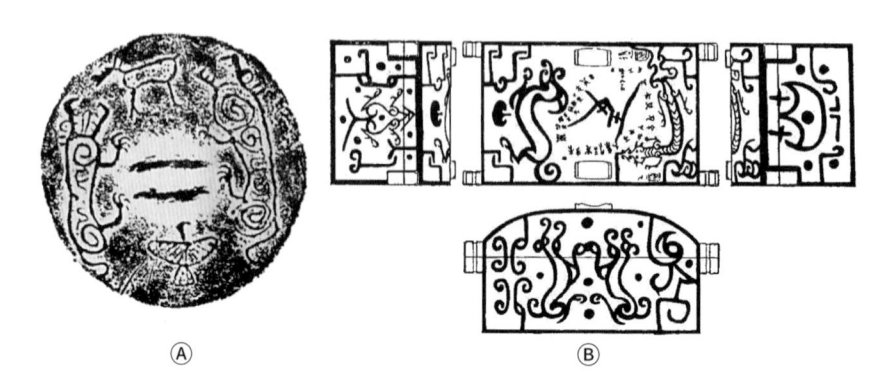

圖 16.5：Ⓐ上村嶺虢國墓地 1612 號墓出土銅鏡，Ⓑ隨縣曾侯乙墓出土衣箱 E66。

# 逐鹿考源

　　「逐鹿中原」是眾所周知的一句成語，其中「逐鹿」一詞過去多認為出自司馬遷《史記·淮陰侯列傳》裡記載蒯通對劉邦所言：「秦失其鹿，天下共逐之，於是高材疾足者先得焉」，但其實一九七二年山東臨沂銀雀山一號漢墓所出土《六韜》簡本在〈武韜·發啟〉篇便可見到：「天下，非一人之天下，天下之天下。天下如逐野鹿」的記載，與今本之：「天下者、非一人之天下，乃天下之天下也。取天下者，若逐野獸，而天下皆有分肉之心」雷同，今本《六韜》改「逐鹿」為「逐野獸」應是後世傳抄之誤，所以「逐鹿」一詞之源應上溯至年代更早一些的《六韜》簡本，以逐鹿喻爭逐天下至遲在西漢早期便已有之（注五）。

　　至於為什麼選擇鹿而不是其他動物來喻天下，有學者認為應與商代晚期卜辭所見「逐鹿」一詞有所淵源，不過卜辭中的「逐鹿」僅止於田獵獵鹿的本義，如《合》10950：「乙丑卜，王，其逐鹿，獲，不往」、「乙丑卜，王，不其獲鹿，不往」的對貞，但「爭逐天下」

卻是個引申義，其發展過程目前依然不明。曾有學者從鹿形象的史前遺留和兩周至秦代間與鹿有關的文獻材料進行爬梳，認為「逐鹿」引申義的出現主要有兩個脈絡，其一可追溯至遠古時期中國北方的鹿崇拜，認為鹿在先民心中很早便出現多元的宗教意涵，包含通天的神性，因此在商周時期先民眼裡鹿其實相當神聖；其二是商周時期王與貴族階層所進行的田獵逐鹿、獵後祭祀及後續演化出的射禮射鹿，使得鹿成為權力的象徵。隨著時間推衍，鹿的神聖性與權力象徵相互結合。也由於至遲在西周時期周王與各諸侯國開始有以苑囿圈養鹿群之習，也是種權力象徵，因此到了漢初開始有以苑囿荒廢、群鹿奔逸為喻來形容神聖王權的旁落，這是一說。另也有學者認為爭逐天下的引申義僅僅是秦末群雄爭相先一步攻入關中咸陽為王的簡單借喻（注六），體現的是戰國時期諸侯縱橫捭闔試圖爭奪天下的精神，並沒有高深的文化淵源，選擇逐「鹿」純粹是因為獵鹿是時人熟悉的日常場景罷了！

## 甲骨文的「麋」字

甲骨文中還有個與「鹿」相似，但在頭部與「鹿」明顯有別的動物字，今釋為「麋」（圖16.6），字形特別強調大眼上的眉毛，大眼上有眉毛即甲骨文的「眉」字。「麋」字的首釋者唐蘭認為「眉」、「麋」古音近，所以後來于省吾認為「麋」字算是個部分表音的獨體象形字，李孝定則認為「麋」字從「眉」其實也有象形的成分，因為麋（*Elaphurus davidianus*）這種鹿科動物的眶下腺相對於小眼顯得特別顯著，如第二雙眼睛。《淮南子·說山訓》有云：「孕婦見兔而子缺唇，見麋而子四目」，而李時珍《本草綱目·獸之二》裡也記載：「麋似鹿而色青黑，大如小牛，肉蹄，目下有二竅為夜目」，正說明著麋的眼部特色。

圖 16.6：甲骨文的「麋」字。

## 田獵卜辭裡的「麋」

「麋」字在卜辭中指麋鹿，頻繁見於田獵卜辭，如《合》26899：「貞其令馬亞射麋」，意思是貞問叫名為馬的武官射麋好嗎？又如《合》28371：「王其田斿，其射麋，亡戈，禽」，貞問的是王如果進行田獵射麋是否無災禍？會不會擒獲麋？再如《合》37461：「王田于□蒉，往〔來亡災〕。茲孚。獲麋六，鹿□」，貞問的是王前往某地山麓田獵是否會有災禍？從驗詞可知最後共獵獲了六頭麋鹿和數量不明的鹿。歷史文物陳列館典藏有另一件為法定國寶的帶刻辭鹿頭骨《甲》3940便是取自於麋鹿。該文物一九三一年出土於小屯村北洹河西南岸 E 區之 E10 坑，距離《甲》3941 出土地點僅約一百公尺，殘存的記事刻辭從右至左共三行十二字：「戊戌王蒿田……文武丁祊……王來征……」，記載了某位商王在征討某方國後，回程於蒿地田獵，獲得了獵物並祭祀先王文武丁的情事（圖 16.7）。這塊帶角

的麋鹿頭骨推測也是取自此次田獵所獲。文武丁又稱文丁，是商朝倒數第三位商王，其後繼為王的是帝乙與亡國之君帝辛，也就是紂王，舉行此次田獵的商王便是其中一位。

## 以「麋」為構件的甲骨文字

以「麋」為構件的甲骨文字與幾個以「鹿」為構件的字造字初義相似，如「麋」下加一個「凵」或「井」，表示麋掉入陷阱裡，為一字之異型；另有「麋」於「井」上的字形可見「麋」旁从「水」，有學者認為該字亦為異體字，或特別為了表在水邊設陷阱以獵麋。至於「麋」下加「水」的甲骨文字有學者認為僅是「麋」的異體（圖16.7）。

## 麋鹿在中國的消失與回歸

麋鹿是一種偶蹄目鹿科麋鹿屬動物，由於臉似馬、蹄似牛、尾似驢、角似鹿，因此又被戲稱四不像鹿。麋鹿為群居草食性，尾甚長，約五十公分，性格溫馴，喜好沼澤和溼地環境、擅游泳，於冬季脫角。麋鹿是中國的原生動物，中更新世地層便發現有最早的麋鹿化石，全新世地層、新石器時代考古遺址中也有非常豐富的麋鹿骨骼發現，直至商末周初，中國黃、淮和長江中下游流域野生麋鹿族群都十分興旺，是先民主要的肉食與工具材料來源之一，更是先民隨葬、祭祀的重要祭品。麋鹿在西周之後受到氣候環境變遷等自然因素和包括狩獵、農業活動在內等各種人為因素影響，種群數量開始急遽減少，至清末已瀕臨滅絕，僅有北京南海子皇家獵苑還圈養有一批，但一八九四年河

二、甲骨文動物園

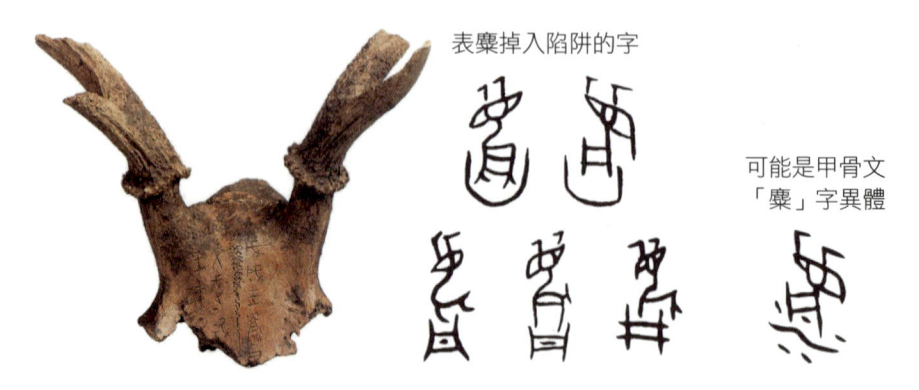

圖 16.7：帶刻辭鹿頭骨《甲》3940 和幾個以「麋」為構件的甲骨文字。

北永定河氾濫沖毀獵苑圍牆，使得部分麋鹿四散，旋即遭獵捕宰殺。八國聯軍入侵北京後，最後殘存的麋鹿也遭掠往歐洲，致使麋鹿徹底在中國消失。

麋鹿最終得以有幸回歸中國，與法國神父 Armand Davidy 於公元一八六五年在北京南海子意外見到麋鹿，並輾轉讓歐洲人知曉此新「發現」物種有關。十九世紀末至二十世紀初開始有少量的麋鹿被引入歐洲，無心插柳使麋鹿逃過了滅絕的命運，後來英國十一世博福特公爵（Duke of Beaufort）Herbrand Russell 輾轉從各地動物園蒐集了十八頭麋鹿，於二十世紀初集中放養於沃本修道院（Woburn Abbey）鹿園，讓種群得以延續繁衍。一九五六年沃本修道院首先贈送給北京動物園四頭，一九八五至一九八七年博福特公爵曾孫，時為塔維斯托克侯爵（Marquess of Tavistock）的沃本修道院鹿園主人 Robin Russell 再度無償贈送數十頭麋鹿給中國，於北京大興南海子等地放養。儘管仍是瀕危物種，經歷數十年來的保育，中國的麋鹿數量已穩定回升中。

## 甲骨文的「麋」字

　　甲骨文中另有一個與「鹿」相似但無鹿角的字，其下或從「禾」（圖 16.8），唐蘭曾指出過去羅振玉所釋的「麗」字並不正確，應皆釋為「麋」（注七）。其下不從「禾」的「麋」字亦常見於田獵卜辭，如《合》37408：「乙巳王卜，貞田喜，往來亡災。王（占）曰，吉，茲孚。獲鹿四，麋一」，意思是乙巳日這天商王進行了占卜，貞問若去田獵的話，過程中是否會有災禍發生？王看了占卜結果後判斷為吉。後來果然應驗了吉兆，獵獲四頭鹿，一頭麋。類似的卜辭也見於《合》37426：「戊申王卜，貞田喜，往來〔亡災〕。王（占）曰，吉。才在九月。茲孚。獲鹿一，麋三」、《合》37411：「辛未卜，貞王田于□，往來亡災。茲獲狼十又一，鹿四，麋五。」

圖 16.8：甲骨文的「麋」字。

## 麋指的是獐子

　　麋是哪種鹿科動物呢？若根據《說文解字》：「麋，麠也」，麠同獐，也就是獐子（*Hydropotes inermis*）。單育辰也認為，若從安陽殷墟考古發掘所發現的鹿科動物遺骨中以麋鹿數量最多、鹿和獐約等量次之的現象推斷，這個字應該指的是獐，如若將此字釋為「麠」，大量的獐不見於田獵卜辭記載便是個奇怪現象。獐是一種經常為獨居的小型鹿科動物，體長約一公尺，重約十五公斤，食草，外觀特色為具有突出口外的獠牙、短尾、雌雄皆無角，性喜棲息於平原、沼澤、近水岸邊、海岸及低丘林緣。受到棲地破壞與大量獵捕影響導致種群數量遽降，獐目前已是中國國家重點保護野生動物名錄裡的二級保護動物。

## 以「麋」為構件的甲骨文字

　　以「麋」為構件的甲骨文目前只見一個從「凵」和另一個從「攴」的字形，前者的造字初義表麋落入陷阱裡，後者則是持武器驅趕麋，顯然兩字都與獵麋有關（圖16.9）。持武器驅趕麋的甲骨文字也見於商晚期金文，從字形可見麋的嘴部有長長的獠牙，可資證明麋即是獐。這個持武器驅趕麋的字在西周早期金文也可見到類似但添加了「匚」和「品」（也就是聲符「區」）為構件的複雜字形，西周晚期金文的「敺」字可能便是由該字簡化而來（圖16.9）。根據《說文解字》：「驅，馬馳也。從馬，區聲。敺，古文驅從攴」，可知「敺」是「驅」的初文。

# 16 爭天下為何叫「逐『鹿』中原」？

甲骨文中表麋落入陷阱的字　　　可能由甲骨文表驅趕麋的字
　　　　　　　　　　　　　　　發展而來的西周早期金文

甲骨文中表驅趕麋的字　　　　　西周晚期金文的「𢾓」字

商代晚期金文中表驅趕麋的字

圖 16.9：幾個以「麋」為構件的甲骨文字、商代晚期和西周早期金文，以及西周晚期金文的「𢾓」字。

## 注釋

注一：其中「祀」字並不見於鹿頭骨，而是根據卜辭文例推得，「十祀」表某位商王（據研究可能為帝乙或末代商王帝辛）在位第十年所進行的祭祀。

注二：田獵是歷代商王經常性的活動之一，通常與祭祀、戰爭有關，而非單純的狩獵。

注三：甲骨文動物字如牛、羊、鹿、馬、豕、虎、犬旁常見添「士」表雄性，添「匕」表雌性。「士」象徵雄性動物的生殖器官，於後世訛為「土」。至於「匕」在甲骨文中則通讀作「妣」，表示先祖的配偶。

注四：甲骨文中二木「林」中從「鹿」的字並不表山麓，而是以二木「林」中以「彔」為聲符的字表之。

注五：銀雀山一號漢墓的年代約在漢武帝時期，不晚於公元前一一八年（元狩五年），而《六韜》簡本從所使用的書體為早期漢隸，應在文、景之間。

注六：《史記・秦楚之際月表》：「懷王封沛公為武安侯，將碭郡兵西，約先至咸陽王之」、《史記・高祖本紀》：「（楚懷王）與諸將約，先入定關中者王之。」

注七：羅振玉將這個底下從「禾」，其上為與「鹿」相似但無鹿角的字釋為「麇」，學界均無異議，但唐蘭指出，羅振玉誤將與「鹿」相似但無鹿角的字與另一個以「鹿」、「見」為構件所組成的字併釋為「麇」是錯誤的，因為羅振玉誤將後者的「見」誤釋為「兒」，而以角之有無區別雌獸和幼獸純屬臆測。單育辰也對此進行補充，指出目前所見甲骨文的動物字並沒有以字形來區別成獸或幼獸的慣例，且鹿科動物除了馴鹿之外，雌性都是無角的，但殷墟並沒有發現馴鹿。

# 參考資料

Wilson, J. Keith
  2000  The stylus and the brush: Stylistic change in late Anyang and early western Zhou bronze inscriptions, *Orientations*, vol. 31, no. 6, pp. 52-63.

王利華
  2002  〈中古華北的鹿類動物與生態環境〉，《中國社會科學》第三期，頁 188-200。

王雙慶、楊鑫
  2014  〈甲骨文與商代文字〉，《大眾考古》第四期，頁 73-78。

中國科學院考古研究所（編著）
  1959  《上村嶺虢國墓地》。北京：科學出版社。

中國社會科學院考古研究所
　　1989　《曾侯乙墓》。北京：文物出版社。

朱彥民
　　2005　〈關於商代中原地區野生動物諸問題的考察〉，《殷都學刊》第三期，頁1-9。

李文艷
　　2018　〈考古遺址中出土麋鹿骨骼遺存研究〉，《文物春秋》第一期，頁10-16。

李佳、陳慶元
　　2012　〈從狩獵物到王權象徵－《詩經中鹿意象的象徵性闡釋》〉，《寧夏大學學報》（人文社會科學版）第三十四卷，第一期，頁46-50。

李佳
　　2015　〈中華文化早期的鹿崇拜與"逐鹿""指鹿"考源〉，《中華文化論壇》第十期，頁19-25。

李瑞振
　　2020　〈甲骨全形：殷商鹿頭骨刻辭綜考〉，輯於西泠印社主編，《第六屆西泠印社國際印學峰會論文集》，頁761-778。杭州：西泠印社。

呂勁松、楊琦
　　2013　〈秦鹿小考〉，《文博》第六期，頁63-68。

何琳儀
　　2006　〈說麗〉，《殷都學刊》第一期，頁82-84。

周躍雲、何業恒
　　2002　〈試論野生水牛、四不像鹿和中國鼉在黃河中下游的絕跡〉，《第四紀研究》第二十二卷，第二期，頁182-187。

侯旭東
　　2015　〈逐鹿或天命：漢人眼中的秦亡漢興〉，《中國社會科學》第四期，頁177-203。

袁靖
　　1999　〈論中國新石器時代居民獲取肉食資源的方式〉,《考古學報》第一期,頁 1-22。
郭孔秀
　　2000　〈中國古代鹿文化初探〉,《農業考古》第一期,頁 162-168,185。
陶玲
　　2011　〈《辭源》"逐鹿"條考辨〉,《古漢語研究》第一期,頁 89-91。
陳久金
　　1999　〈從北方神鹿到北方龜蛇觀念的演變——關於圖騰崇拜與四象觀念形成的補充研究〉,《自然科學史研究》第十八卷,第二期,頁 115-120。
陳煒湛
　　1987　〈逐鹿考源〉,《語文建設》第三期,頁 54-55。
張鵬卜
　　2022　〈中國鹿科動物與人類社會關係演變研究綜述〉,《古今農業》第三期,頁 127-136。
單育辰
　　2020　〈說"鹿"〉,輯於單育辰著,《甲骨文所見動物研究》,頁 149-160。《甲骨文所見動物研究》。上海：上海古籍出版社。
　　2020　〈說"麇"〉,輯於單育辰著,《甲骨文所見動物研究》,頁 161-168。《甲骨文所見動物研究》。上海：上海古籍出版社。
　　2020　〈說"麋"〉,輯於單育辰著,《甲骨文所見動物研究》,頁 169-175。《甲骨文所見動物研究》。上海：上海古籍出版社。
馮時
　　2017　《中國天文考古學》。北京：中國社會科學出版社。

游修齡
2009 〈"麋鹿"字義和古代文化〉,《語言研究集刊》第一期,頁 326-331。

黃瑩
2017 〈楚文化中鹿形象的文化考釋〉,《殷都學刊》第四期,頁 20-32。

楊楊
2016 〈故宮博物院藏田獵刻辭初探〉,《故宮博物院院刊》第三期,頁 18-26。

楊鍾建、劉東生
1949 〈安陽殷墟之哺乳動物群補遺〉,《中國考古學報》第四冊,頁 145-153。

劉敦愿
1986 〈古俗說鹿〉,《民俗研究》第二期,頁 24-32。
1987 〈中國古代的鹿類資源及其利用〉,《中國農史》第四期,頁 78-90。

# 17　獨角神獸究竟是什麼動物？

## 甲骨文的「莧」字

甲骨文裡有個動物字,特色為頭頂上彎折的雙角、略短的脖子、粗壯的身軀,以及下垂的短尾,朱芳圃首將此字釋為「莧」,為學界普遍認可。甲骨文裡另有個與「莧」頂部相似,底部為側立人形的字,若參考西周金文「寬」的釋字(注一),推測應是「莧」的異體(圖17.1)。

甲骨文的「莧」字　　　　羊己觚銘文的「莧」字

甲骨文「莧」的異體字　　　西周金文的「寬」字

圖17.1:甲骨文的「莧」字及異體、西周金文的「寬」字和羊己觚銘文的「莧」字。

## 「莧」字所象為何種動物？

莧在商代晚期究竟指什麼動物?若循著諸多後世文獻所載注解來輾轉推敲,例如東漢許慎《說文解字》:「莧,山羊細角者。從兔足,苜聲」、南唐徐楷《說文解字繫傳》:「按《本草》注,『莧羊似羚羊,

角有文」，俗作羱」、《爾雅·釋獸》：「羱如羊」、晉郭樸《爾雅注》：「羱羊，似吳羊而大角，角橢，出西方」、清郝懿行《爾雅義疏》：「按今羱羊出甘肅，有二種：大者重百斤，角大，盤環，郭注所說是也；小者角細長，《說文》所說是也」，莧可能指頭上有著粗大彎曲雙角的羱羊（*Capra ibex*）。由於雄性羱羊向後彎曲的雙角可長至一公尺餘，而雌性的雙角纖小，僅約三十公分，所以其實許慎所釋莧為「山羊細角者」也非謬誤。若再參考羊己觚上生動的動物形銘文（圖 17.1）（注二），在物種迄今仍未滅絕的假設下，可進一步推測「莧」指的是岩羊（*Pseudois nayaur*），一種目前見於中國西部的牛科岩羊屬食草哺乳動物。「莧」在卜辭中除了作地名、人名使用外，的確作為動物名使用，也見與羊並舉用於祭祀的辭例；另也由於莧並不見於為數龐大的田獵卜辭，表明這種動物的棲地不在中原。

## 以「莧」為構件的兩周金文

兩周金文以「莧」為構件的文字字義迄今大多不明，西周晚期史頌鼎、史頌簋上便見有一個於「莧」外環繞一不規則形外框，並在其旁再加一「水」的字；衛姒豆上也見有一個以「莧」、「皀」和「心」三個構件組成的字（圖 17.2）。春秋時期齊侯盤、齊侯匜另有個「莧」外環繞一個不規則形外框的字，而夢子匜所見字形類似齊侯盤、匜上之所見，惟缺了外框，可能即春秋金文的「莧」（圖 17.2）。

圖 17.2：兩周金文所見以「莧」為構件的字。

## 商代晚期金文與甲骨文的「廌」字

　　商代晚期金文與甲骨文中還有個象形動物字，特色為頭頂上不甚長且微向內曲的雙角、僅以單線勾勒的修長身軀，以及於末端開岔的下垂長尾（圖17.3），葉玉森認為該字與西周中期師虎簋銘文的「瀍」字（圖17.3）偏旁極為相似，故將其釋為「廌」，為大部分學者所接受。

商代晚期金文　　　　甲骨文　　　　師虎簋銘文所見「瀍」字

圖17.3：商代晚期金文、甲骨文的「廌」字與師虎簋銘文所見「瀍」字。

## 「廌」字所象為何種動物？

　　廌在商代晚期究竟指什麼動物？若根據《說文解字》：「廌，解廌，獸也。似山牛，一角。古者決訟，令觸不直。象形，从豸省。凡廌之屬皆从廌。」廌是傳說中的獨角獸「解廌」，並不存在於真實世界，但這樣的看法其實與卜辭內容相悖。商代晚期卜辭可見以廌作為祭祀先祖、先妣、四方神祭品的貞問，如《花東》34：「辛卯卜，子尊宜，叀幽廌用」、《花東》132：「庚戌卜，辛亥歲妣庚廌、牝一，妣庚侃，用」、《花東》139：「己卜，叀廌、牛妣庚」、《花東》149：「甲戌，歲祖甲牢、幽廌，祖甲侃子，用」、《花東》237：「乙亥，歲祖甲牢、幽廌、白豜，又二邕」，及《合》5658：「燎東黃廌」，可確知廌在商代晚期絕對是真實存在的動物。另從一個整體象以線繩綁縛一頭廌

於如橫木般物體之上,或釋為「羈」的甲骨文來看(圖17.4),其常見辭例為「一羈」、「二羈」、「三羈」、「五羈」的數量貞問(注三),用法與可能釋為「牽」的甲骨文(圖17.4)雷同(注四),皆為祭祀貞問卜辭中數字後的量詞,故推測麃應該是一種野生動物作為祭祀犧牲。甲骨文中的確有個雙手捧著麃(以麃首替代全麃)置於「丙」形祭祀几案上的字可資佐證。于省吾認為該字可讀為「薦」,亦即西周、春秋時期金文「薦」字之初文(圖17.4)。

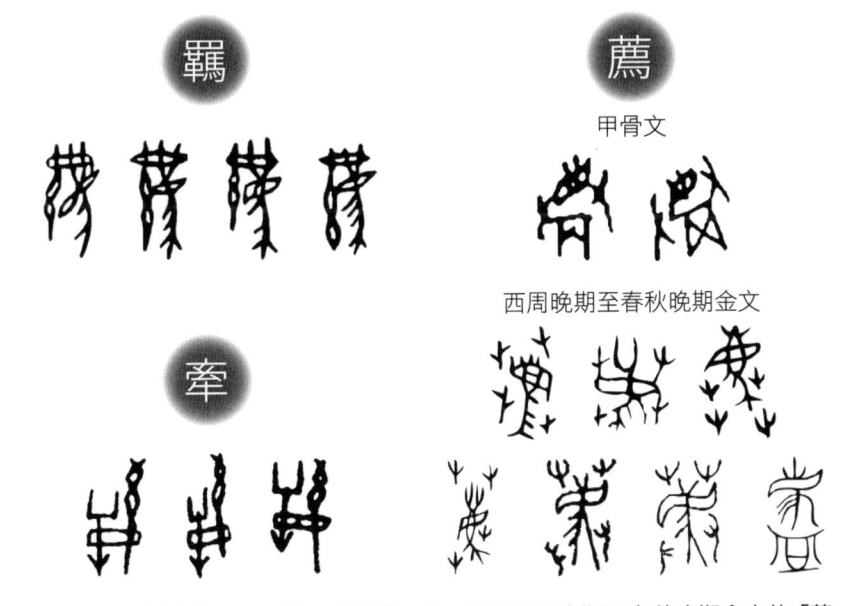

圖17.4:甲骨文的「羈」、「牽」與「薦」字,以及西周晚期至春秋晚期金文的「薦」。

另從甲骨文的「慶」字由「麃」和身體上倒置的「心」形組成來看(圖17.5),應是強調麃的身形巨大、雄壯(注五)。有學者提到,由於目前麃從未見於田獵卜辭,可推測麃並不是商王的獵物,其棲地可能也不在商王的田獵範圍,但有趣的是目前卜辭中亦不見如「雀以象」、「雀以猱」這類由某方國進貢麃的貞問,所以此說實有待商榷。

## 二、甲骨文動物園

甲骨文中其實有個麠身貫穿一矢的字（圖 17.5），見於《合補》2330甲，清楚說明麠的確是獵捕的對象。甲骨文中還有一個由「茻」和「麠」組成的字（圖 17.5），由於「茻」象帶垂葉的草形，可能即牧草，與「麠」共組可能表麠在遭捕獲後以人工方式餵養。

甲骨文的「慶」字　　　西周和春秋金文的「慶」字

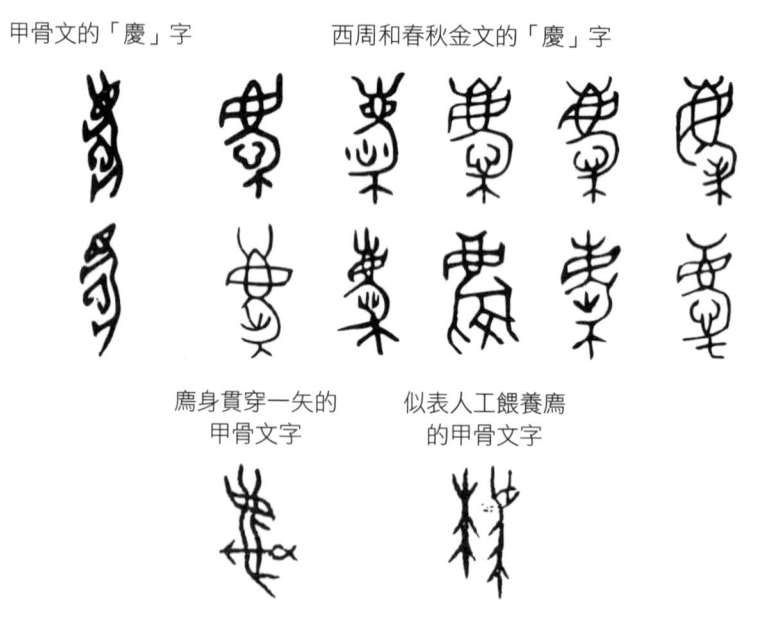

麠身貫穿一矢的　　　似表人工餵養麠
甲骨文字　　　　　　的甲骨文字

圖 17.5：甲骨文、西周和春秋金文的「慶」字，以及麠身貫穿一矢、似表人工餵養麠的甲骨文字。

有學者依循「麠」字有彎角、卜辭中「黃麠」的毛色形容，以及《說文解字》中所提供的「牛身」訊息切入，推測麠可能是蒙古原羚（*Procapra gutturosa*）、鵝喉羚（*Gazella subgutturosa*）、藏原羚（*Procapra picticaudata*）、藏羚羊（*Pantholops hodgsonii*）或羚牛（*Budorcas taxicolor*）其中一種。蒙古原羚今日的棲地主要為華北外緣的荒漠草原，鵝喉羚主要分布於內蒙古及中國西北高原，藏原羚分布於青藏高原和新疆阿爾金山一帶，藏羚羊主要棲息於青藏高原海拔

四千至五千公尺的高寒草甸、高寒草甸草原、高寒荒漠草原及高寒荒漠，羚牛則分布於喜馬拉雅山東麓海拔兩千至四千五百公尺的森林。這些看法都沒有強烈的證據。

　　另有學者認為廌由商周時期為人所知而到東漢時期已轉為神獸的角色，可能與原來生存於華北的廌因氣候環境變遷逐漸向南遷徙而不再常見有關，進而推測廌可能是今日分布於越南廣南省和越、寮邊境山區森林，於上世紀末才被發現的中南大羚（*Pseudoryx nghetinhensis*）。這種動物有著一對長約五、六十公分的直角，末端尖銳，從側面看去便似極一角，因此又稱亞洲獨角獸。不過中南大羚的角微向後彎，與甲骨文「廌」字的雙角微曲向內不甚相同。

　　其實許多學者都忽略了卜辭中其實也有「幽廌」一詞，「幽」在商代指的並不是黑色而是青色（注六），考量到廌既有黃也有青，表明古人對廌的認識可能相當鬆散，並不特定指一個物種，那麼探討廌究竟為何種動物便是個虛的命題；又或者廌的毛色可能是駁雜而青中帶黃，那麼牠有沒有可能是一種身形與脖上鬃毛似馬、大耳朵似驢、雙角似山羊、四蹄似牛的中華鬣羚（*Capricornis milneedwardsii*）呢？

這種動物毛色青灰，於四肢略呈黃褐而整體看來有些駁雜，以獨居為主要習性而少見於人群，目前主要分布於中國南部和中南半島山區的針闊混交林或多岩石的雜灌林中。國立故宮博物院藏清代蔣廷錫所繪《山羊圖》的主角其實就是一頭中華鬣羚。（圖17.6）。

圖17.6：清代蔣廷錫所繪《山羊圖》（局部）。

## 以「鷹」為造字構件的西周金文「灋」字

西周金文裡還有一個由「鷹」、「水」、「去」(「大」和「口」)(注七)三構件合組的「灋」字(圖17.7)，見於大盂鼎、大克鼎、師酉簋、師虎簋、親簋、師克盨等著名青銅器，在銘文中的用法以「勿灋朕令」一語較為常見，僅大盂鼎另見「灋保先王」。學者多認為「勿灋朕令」的「灋」被借為「廢」，「勿灋朕令」即「勿廢朕令」，就語意而言「廢」有違背、廢棄、不履行之義，詞性為動詞，全句意即不要違背我(周王)的命令。類似的用法也見於《詩經・大雅・韓奕》：「無廢朕命。」至於西周早期大盂鼎所見「灋保先王」一詞裡的「灋」，有學者也認為通「廢」，參考《爾雅・釋詁》：「廢，大也」的解釋，句意即大大地輔保先王。不過，也有學者認為這裡的「灋」其實表效法，句意是效法周文王、周武王時的大臣而輔保先王。但此看法並不正確，因為「灋」表效法的用法其實出現甚晚，最早僅見於戰國早期滕國青銅器司馬楙鎛銘文：「亦帥刑灋則先公正聽」，其中灋與帥、刑、則三字意思相近，都是動詞效法、遵循的意思。類似的例子也見於戰國中晚期的中山國青銅器中山王方壺銘文：「可灋可尚，以鄉上帝，以祀先王。」

西周早期　　　　　　西周中期

西周早期

圖17.7：西周金文的「灋」字。

「灋」被假借為「廢」的辭例其實最早見於商末的作冊般青銅黿銘文上所見「亡灋矢」一語，從上承的「王射，叙射三」，可知整體表明商王先向黿射了一箭，之後又射了三箭，「亡廢矢」意即沒有一矢未命中，青銅黿上所見四支箭矢便是證明（圖17.8）。與作冊般黿「率亡灋矢」類似的用法也見於西周早期的柞伯簋，上頭記載著周康王舉行射禮的銘文中有「柞伯十稱弓，無廢矢」，意即柞伯十次舉弓，沒有一矢未命中。

由於早期的「灋」字均假借為「廢」，其造字由「廌」、「水」、「去」三構件所共組便讓人費解。若根據《說文解字》的解釋：「灋，刑也。平之如水，从水、廌，所以觸不直者去之，从去。法，今文省。佱，古文」，並同時參考上揭許慎對「廌」的「解廌」神獸解，「灋」即後世「法」的古體。既是如此，那麼依循對「法」的理解來詮釋「灋」的造字初義，許慎認為「水」是藉水面的平直引申出法具有公平性，「廌」的出現是因為這種神獸具有決訟、辨別是非曲直的能力；而廌的獨角所碰觸到的犯法之人需要「去」除之。但這樣的看法其實並不正確，因為根據現有考古出土文物研判，「灋」表名詞的法度、準則，也就是現代漢語中的「法」出現於日常行文中，最早可能只在戰國早中期，而無法上溯至西周甚至商末。

儘管如此，由於《說文解字》向來具有權威性，許慎對「灋」字的釋義自古以來便援引者眾，少有人質疑。許多學者多以廌能夠「觸不直者」為據，將中國先秦時期曾有所謂的神判法（Trial by ordeal）視為定說（注八），不過從上揭甲骨文「廌」字的相關探討，可知「廌」在商代晚期其實是某種真實存在的動物，也與確實屬於神祇、神怪一類的「龍」、「虹」（注九）有著顯著區別，那麼許慎視「廌」為獨角神獸的詮釋便不攻自破。可按許慎對「去」在「灋」裡的詮釋也只是順應了廌「觸不直者」而有「去之」的推想罷了！

246　二、甲骨文動物園

圖17.8：作冊般青銅黿俯視圖及銘文拓片。

　　有學者認為解廌（或稱獬豸）的神獸神判觀念形成可能與天人感應論在西漢中期以後的逐步成熟發展、西漢末到東漢初讖緯之學的興盛，以及西漢中期後西域、印度神異文化的傳入有關（注十）。這些影響最初主要反映在西漢中後期與東漢墓葬中，如畫像石中獨角獸的圖案（圖17.9）以及頭往下低、獨角向前、身體似向前衝刺的鎮墓獸（圖17.10）之上，而許慎《說文解字》、楊孚《異物志》在東漢早期對「廌」作出獨角獸神判相關的解釋，其實也都是同時代氛圍下的產物，西漢中期以前從未見有任何獨角獸形象的文物遺留便是證明。

Ⓐ　　　　　　　Ⓑ

圖17.9：Ⓐ河南省南陽出土畫像石上的獨角獸，Ⓑ河南省鄧縣長冢店畫像石墓楣石。

圖17.10：Ⓐ～Ⓒ甘肅省武威市磨咀子漢墓出土木獨角獸、Ⓓ甘肅省酒泉市下河清18號東漢墓出土青銅獨角獸，Ⓔ山東省諸城涼台東漢墓出土青銅獸。

另外值得一提的是，若仔細地檢視作冊般青銅黿及台灣收藏家所藏另一件姊妹作銘文裡的「瀘」字（圖17.11），其實「去」這個構件若有似無，很可能是直到西周早期才新添進去的，而一個構件的新添就會意字而言，除了用於加強既有的造字初義表述之外，便是無意義的飾筆。無論何者為是，「去」最早也都不會有「去之」的意義。由於這兩件青銅黿上的「瀘」字都因鏽蝕而不甚清晰，所以早期「瀘」字的諸多造字初義問題只能期待未來有更多商代晚期帶「瀘」字的文物出土，才有機會進一步釐清。

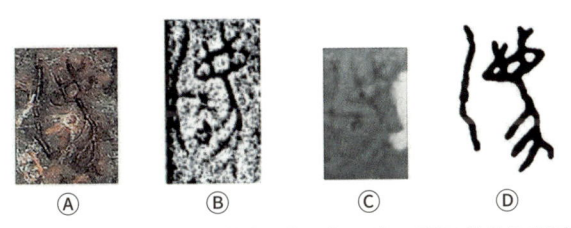

圖17.11：Ⓐ作冊般青銅黿銘文所見「瀘」字，ⒷX光下顯示的作冊般青銅黿銘文「瀘」字，ⒸX光下台灣收藏家所藏青銅黿的「瀘」字，Ⓓ筆者根據X光片字形所推測的台灣藏青銅黿「瀘」字。

## 注釋

注一：《說文解字》在解釋「莧」字時寫道：「讀若丸，寬字从此」，在解釋「寬」字時也寫道：「屋寬大也。从宀，莧聲」，可知「寬」字是一個从「莧」的形聲字。

注二：正確名稱應是羱己觚，因甲骨文的「羊」字為山羊的正面形象，凸顯羊的雙角、雙眼與鼻樑。

注三：「羈」過去被認為是假借來表距離的商代驛站單位，如《合》28152：「……卜，在五羈」、《合》28156：「貞，羈……五羈、牢，王受有佑」、《合》28157：「弜至三羈」、「至于二羈，于之若，王受有佑」、「弜至三羈，吉」，但從《合》28159：「二羈眔，王受有佑」、《屯南》2499：「丙寅卜，五羈，卯叀羊，王受佑」來看，應是表祭祀時的一種動物犧牲。

注四：甲骨文「牽」字的辭例如《合》34675：「戊子卜，品其九十牽」、「□丑卜，品其五十牽」、《合》34674：「戊子卜，品其九十牽」、「……品其百又五十牽。」「牽」字可能同「羈」，作為祭祀犧牲。

注五：甲骨文「慶」字所見「鷹」身體上有倒置的「心」形，而西周金文的「慶」字則多見正置的「心」形（圖 17.5），與此類似的造字初義也見於甲骨文、金文的「文」字。作為日名與謚號使用的「文」實與「大」相通，可訓為偉大，「文」字的造字初義其實即正立之人，「文」字正中央增飾心形其實是強調並誇張人形體之偉岸、雄壯，相同的用法也見於甲骨、金文所見「慶」字。

注六：幽過去多從郭沫若主張的「幽通黝，黑也」，但卜辭中已有黑色，何須再以幽表黑？此外，「幽」為古字，而「黝」字直到漢代才有，出現在早期文獻的幽字不可能假借為尚未出現的黝字，故郭氏之說顯然不正確。祭祀卜辭中常見幽與黃相對，用於表祭祀用牲之毛色，如黃牛與幽牛，而商代純色已見黑、白、赤、黃，獨不見東亞傳統中五種正色裡的青，故推測當時幽即為青色。

注七：由於「大」和「口」於各時期金文「瀘」字的所在位置儘管時有不

同，但從未有分開的案例，可知是一個穩定的組合符號「去」。
注八：或簡稱「神判」，即藉由某特定手段來判斷事情的真偽、是非曲直，而這樣的手段被認為是神的旨意。其實綜觀甲骨、金文、簡牘所載之法制史料，西漢以前的審判觀念具有質樸性、世俗性的特徵，法律活動中很難找到神異元素，也不存在神判。有學者也指出，過去被認為能證明先秦時期存在神判法的唯一案例《墨子・明鬼下》「王里國中里徼」案，雖有「羊起而觸之，折其腳」這般看似以羊作為神判的記載，但其最終結局是「祧神之而槁之，殪之盟所」，也就是齊國神社裡所供奉的神靈突然出現殺死了中里徼，所以這個案例其實是個神鬼故事，而非神判案例。學者也指出《墨子・明鬼下》所記載的五個故事有相似性，都與神鬼有關，是墨家學者鬼神觀念的歷史化產物，不足以代表先秦時期司法裁判觀念的全貌。
注九：從卜辭內容來看，甲骨文的「龍」是一種會帶來災禍與降雨的神祇，而「虹」是一種有著弓身、雙頭的怪物，會吸食河水、影響農作收成。
注十：古印度的可能影響，見載於《大智度論》卷十七裡的似鹿獨角仙人故事、《造像量度經》續補中能夠勸架的山羊形「仁獸」故事，以及《大唐西域記》卷七婆羅尼斯國「鹿王斷事」神話。這些記載均與中國能夠辨曲直的解廌有些許相似之處。

# 參考資料

于省吾
 2017 《甲骨文字釋林》。北京：商務印書館。
王沛（主編）
 2022 《甲骨、金文、簡牘法制史料提要》。上海：上海古籍出版社。
王冠英
 2005 〈作冊般銅黿三考〉，《中國歷史文物》第一期，頁 11-13。

甘肅省文物管理委員會
　1959　〈酒泉下河清第1號墓和第18號墓發掘簡報〉,《文物》第十期,頁71-76。

甘肅省博物館
　1960　〈甘肅省武威磨咀子漢墓發掘〉,《考古》第九期,頁15-28。

吉村苣子
　2007　〈中國墓葬中獨角類鎮墓獸的譜系〉,《考古與文物》第二期,頁99-112。

朱芳圃
　1972　《殷周文字釋叢》。台北：台灣學生書局。

朱鳳瀚
　2005　〈作冊般黿探析〉,《中國歷史文物》第一期,頁6-10。

李如意
　2012　〈甲骨文顏色形容詞匯釋〉,《現代語文》第七期,頁148-149。

李學勤
　2005　〈作冊般銅黿考釋〉,《中國歷史文物》第一期,頁4-5。
　2005　《青銅器與古代史》。台北：聯經出版社。

林宏佳
　2014　〈談"莧"及其相關字形〉,輯於國立政治大學中文系主編,《出土文獻研究視野與方法》（第五輯）,頁37-71。台北：國立政治大學。

南陽市畫像石編委會
　1982　〈鄧縣長冢店漢畫像石墓〉,《中原文物》第一期,頁17-23。

袁俊杰
　2011　〈作冊般銅黿銘文新釋補論〉,《中原文物》第一期,頁43-52。

郭靜云
　2010　〈幽玄之謎：商周時期表達青色的字彙及其意義〉,《歷史研究》

第二期，頁 4-24。

陳靈海
2013 〈中國古代獬豸神判的觀念構造（上）〉，《學術月刊》第四十五卷，四月號，頁 148-161。
2013 〈中國古代獬豸神判的觀念構造（下）〉，《學術月刊》第四十五卷，五月號，頁 148-157。

單育辰
2020 〈說"廌"〉，輯於單育辰著，《甲骨文所見動物研究》，頁 176-185。《甲骨文所見動物研究》。上海：上海古籍出版社。

齊文心
1990 〈釋羈——對商朝驛站的探討〉，《中原文物》第三期，頁 106-108。

劉書芬
2010 〈甲骨文中的顏色形容詞〉，《殷都學刊》第三期，頁 19-23。

劉源
2016 〈從文邑到文神——甲骨、金文中"文"字內涵再探〉，輯於陳光宇、宋鎮豪主編，《甲骨文與殷商史》（新六輯），頁 183-193。上海：上海古籍出版社。

蘇榮譽
2022 〈晚商作冊般青銅黿的工藝及相關問題〉，《江漢考古》第一期，頁 106-112。

# 18 龍是真實存在的嗎？談「龍」的起源

　　龍作為古老的文化現象，至今仍常被認為是華人社會裡共同的歷史認同象徵。今日人們談起龍，腦海裡所浮現的往往是銅鈴大眼、長吻帶鬚、蛇軀帶鱗、鬣毛、頭上長角的張牙舞爪獸形，但根據藝術史研究，這般的龍形象其實是直到宋、元時期才逐漸定型（注一），而在此之前龍的形象其實是不斷在變動的。根據許慎《說文解字》：「龍，鱗蟲之長，能幽能明，能細能巨，能短能長，春分而登天，秋分而潛淵」，在漢代人們心中的龍是一種能夠幻化、升天、入淵的神物。不過綜觀古今，龍其實有著相當多元、多重的形象和地位，不僅為古人所信仰、敬畏，也曾與政治結合，成為王權的象徵。龍的形象頻繁出現在歷代各種藝術創作上，但龍的本質為何？原始形象從何而來？又如何演變成今日的形象？這些問題迄今仍得不到普遍認可的解釋，但中國考古學作為一門兼具時間深度與科學檢驗的人文學科，在結合其他學科的研究成果之下，其實能為這些棘手問題帶來一定程度的理性解釋。

## 中國最早的龍形象見於商代晚期象形文字

　　嚴謹而言，目前中國最早確切為龍的形象見於商代晚期象形的甲骨文與金文（圖 18.1），距今約三千三百至三千一百年。甲骨文的「龍」字可粗分為三型，差異主要在龍的冠角上，但從卜辭辭例可知它們都是同一字的異體。「龍」字的共同特徵包含：（一）軀體細長

而蜿蜒，尾部後捲上翹；（二）口部大張，上頜長且外翻、下頜短，口內上下均有內勾的利牙；（三）張大的龍口與尾部朝不同方向；（四）頭頂上的冠角可細分為 I 型的平頂瓶狀、II 型的「辛」形或由「辛」形簡化而來的三角形，以及從 II 型進一步簡省，由兩短橫畫與一豎筆結合而來的 III 型。商代晚期金文的「龍」字較甲骨文更加寫實，留有更多形象細節。至於兩周金文的「龍」字則是在商代晚期文字基礎上的抽象化、筆畫化發展（圖 18.2）。

圖 18.1：甲骨文和商代晚期金文的「龍」字。

圖 18.2：西周早期和春秋時期金文的「龍」字。

另從商代晚期金文、甲骨文和兩周金文「龏」字（圖 18.3、18.4）所從之構件「龍」來觀察，其形態變化也與上揭「龍」字類似，甚至更能清晰看出「龍」字在商周時期的演變。西周早期金文的「龍」字還保留著整體的形式，但隨著時間遞嬗，龍嘴逐漸演變為「月

（肉）」形，致使許慎誤以為「龍」字「从肉」；而小篆的「龍」字龍身已從頭部分離，也導致許慎誤以為「龍」字右半為「肉飛之形」；至於《說文解字》所述「龍」字「童省聲」，其實僅是龍冠角的訛變。

甲骨文

商代晚期金文

圖 18.3：甲骨文和商代晚期金文的「龏」字，造字初義為雙手奉祀著一條龍。

西周早期金文　　西周中期金文　　　　西周晚期金文

春秋早期金文　　春秋晚期金文

圖 18.4：西周至春秋時期金文的「龏」字。

## 曾被誤以為是「龍」的甲骨文字

另有一個或釋為「肙」（蜎）、「昫」、「虯」（無角龍）、「蟠」、「羸」字省筆的甲骨文未釋字（圖 18.5）也曾在早年被誤以為是「龍」字，但自一九三九年唐蘭主張應屬不同字之後已獲得釐清。唐蘭指出：「龍⋯⋯虯曲而尾嚮外，此蟠結而尾嚮內，其形迥異」，說明兩字確實不同，這個未釋字應是某種條形或渦形動物的象形。

圖 18.5：過去曾與甲骨文「龍」字混淆的未釋字。

## 「龍」字的造字初義來源

商代金文和甲骨文的「龍」無足，如懸空般看似飛翔，曾有學者從天文的角度主張該字即二十八星宿中角、亢、氐、房、心、尾、箕七宿彼此相連而成之東宮蒼龍，但此看法在星體的相連上不僅略帶些許任意專斷，也在無明確證據支持下預設了商代已有二十八星宿與四象概念的存在（注二）。

若根據甲骨文動物字的常例，「龍」字其實都應該要轉九十度來看，也因此「龍」字所實際描繪的主體應是一條爬蟲動物。若再從古音來探討，「龍」與「蟒」其實非常接近，龍屬來紐東部，蟒屬明紐

陽部，從聲紐來說，來、明二紐關係近。《左傳・昭公二十九年》注：「龍讀為尨母」，尨聲紐為明紐，從韻部說則為東、陽旁轉。《初學記》卷三十引漢代緯書《春秋元命苞》中記載：「龍之言，萌也」，以萌作為龍的音訓，萌正是明紐陽部。尨音近於萌，所以龍字古音讀若萌。

從商代晚期金文的「龍」、「龏」二字可觀察到龍的身軀偶見帶爪，且不甚明顯，而蟒身軀在肛門兩側其實的確可見到所剩不多的爪狀退化後肢，因此有學者直觀地推測商代晚期的「龍」字其實很可能便源自於蟒，至於龍首上的冠角，則可能是巨蟒頭部的肉瘤。從具象的龍鼎銘文「龍」字來看，龍首下七個似相互銜接的幾何形紋便像極了蟒鱗（圖 18.1）。

## 商代器物所見龍形象

商代考古發現有數量龐大的動物形或帶動物紋各式材質器物，在排除那些可輕易識別出的現實世界動物形象後，仍有許多外形顯得奇特，明顯出自人們的想像，那麼它們哪些又能夠明確地被稱作龍呢？張光直曾打趣地表示：「凡是與現實世界中的動物對不上而又不宜稱為饕餮、肥遺、或夔的動物便是龍了。」不幸的是，其實我們對於文獻所載之饕餮、肥遺和夔具體形象為何，從過於精省籠統的文字敘述其實也難以掌握。基於此，若要有效識別商代器物中的龍，理性而言應回到同時代象形文字的比對。循此思路，可歸之於龍形或帶龍紋的商代器物其實相當多，著名如殷墟婦好墓出土的玉龍、龍形玉璜、司母辛四足觥蓋側龍紋、三聯甗案面上的盤卷狀龍紋（圖 18.6）、青銅盤底蟠龍紋、國立故宮博物院藏蟠龍紋盤、小屯村北 M18 出土青銅盤底蟠龍紋（圖 18.7）、捷克布拉格國立美術館藏商代早期青銅器享簋及其底部龍紋（圖 18.8）等。它們的外形多保有「龍」字的共同特徵，

惟龍的身形、姿態各異，但如此差異所反映的，僅是工匠根據器物外形、結構所作的藝術化調整，而非龍實際形態的多元。

## 商代「龍」的角色與意義

商代的龍究竟扮演著什麼樣的角色呢？有學者結合文獻記載與民族學觀察，推測當時龍被認可為一種能夠通天的神物，其形象之所以施於器物上，意義在表達龍為巫覡溝通天地的助手。也有學者從粗略的統計數字發現龍紋多施於水器，且常伴隨有魚紋，因此認為龍與水有關。學者也發現龍紋多見於王室成員或中、高階貴族墓隨葬品上，而在低階貴族或平民墓隨葬品中幾乎付之闕如，此現象似乎表明龍在當時可能也是社會階級的標識。那麼在商代晚期甲骨文中我們是否也能夠找到相近的文化意涵呢？

在卜辭裡「龍」字主要有以下幾種意思：

能夠帶來災禍與降雨的神祇。從《合》32439：「己巳，貞其尋奉龍」可知龍是受到商代先民祭祀的神祇；商代先民人也會懷疑龍是導致生病、眼疾、肘傷的原由，如《合》13625：「貞，有疾目，不其龍」、《合》13677：「貞，疾肘，龍」、《合》376：「乙巳卜，殼，貞有疾身，不其龍」；商代先民也認為龍作為神祇能夠影響降雨，如《合》13002：「乙未卜，龍亡其雨」；另從《合》29990：「叀庚烄，又雨」、「其作龍于凡田，又雨」和「……雨。吉」的連續貞問可知「作龍」這種不明行為的目的是為了求雨。

先祖妣之稱謂，如《合》659：「御婦于龍甲」、《合》3007：「貞，御子央于龍甲」和《合》21805：「庚子子卜，惟小宰御龍母」，龍甲、龍母是被以御祭祭祀的龍方先祖妣。

地名，如《合》36825：「己巳王卜，才龍，貞今日步于伎，亡災。

258　二、甲骨文動物園

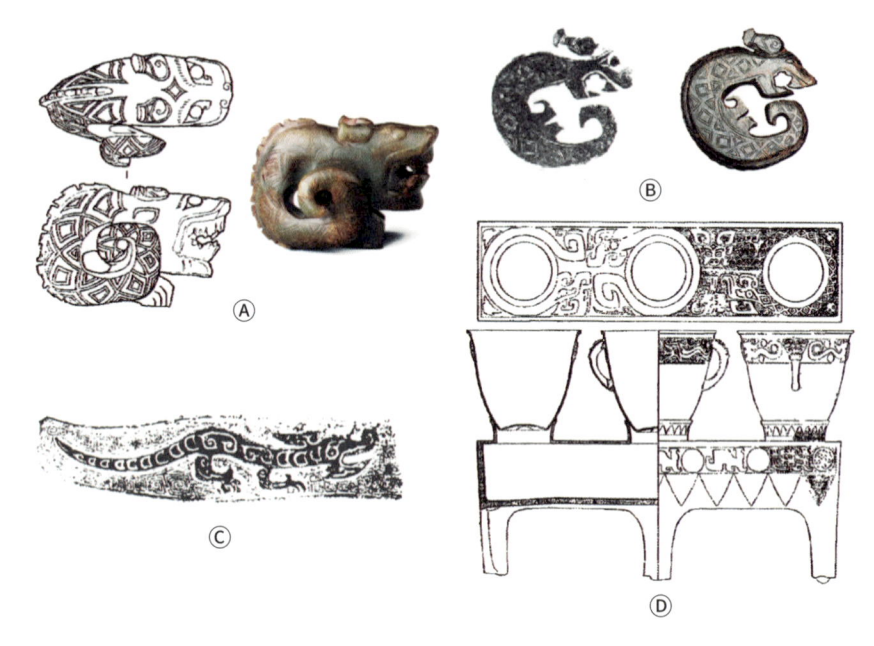

圖18.6：Ⓐ玉龍，Ⓑ龍形玉璜，Ⓒ司母辛四足觥蓋側龍紋，Ⓓ三聯甗案面盤卷狀龍紋。

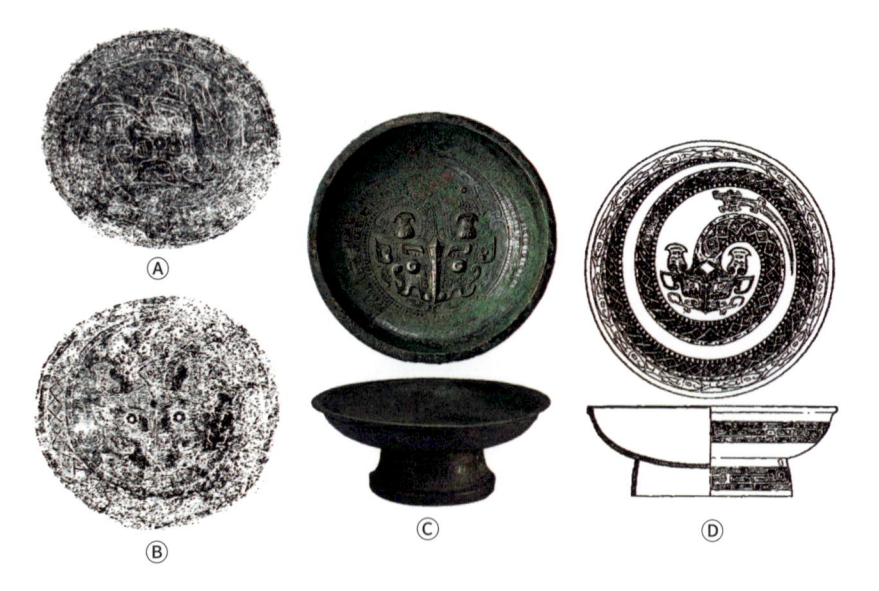

圖 18.7：Ⓐ婦好墓青銅盤底蟠龍紋，Ⓑ婦好墓青銅盤底蟠龍紋，Ⓒ國立故宮博物院藏蟠龍紋盤，Ⓓ小屯村北 M18 出土青銅盤底蟠龍紋。

圖 18.8：捷克布拉格國立美術館藏商代早期青銅器享簋及其底部龍紋。

才十月又二」，意思是十月二日己巳日這天商王在龍地占卜，貞問今日若巡視伎地，會不會有災禍發生？又如《合補》10412：「戊戌，貞，令眾涉龍淵北，亡囚」，意思是貞問命令社會地位低下的「眾」人渡過龍淵不會發生災禍吧？

方國名，這是卜辭中「龍」字最普遍的用法，專指地望同羌方、彭、耳接近，位於商西北的龍方。龍方早期曾與商為敵對關係，在武丁掌政中期偏早階段商王曾調兵遣將攻打龍方，《合》6476：「貞，王叀龍方伐」、「王弜隹龍方伐」的正反對貞卜問的正是商王是否要討伐龍方？類似的貞問也見於《合》6585：「貞，弜乎帚妌伐龍方」，貞問是否不要讓婦妌帶領軍隊征討龍方？龍方在被征服後臣服於商，成了商的屬國，為商從事農業種植、田獵並納貢，《合》272：「貞，乎龍以羌」、「弜乎龍以羌」為正反貞問是否要求龍方納貢羌人。商與龍方也有通婚關係，《合》17544：「婦龍示三十」內容似記載龍方女子嫁給商王。商王也曾關心龍方，如《合》4656：「貞，龍其出囚」即是商王貞問龍方未來是否會發生災禍；《合》10187：「丁未卜……龍方降艱」則是關心龍方是否發生旱災？

## 從豢龍氏、御龍氏的記載來推測龍之所源

　　有些學者認為商代的龍方可能與典出《左傳·昭公二十九年》（公元前五一三年）神話時代的豢龍氏、御龍氏有關。該文記載龍於秋季現於晉國絳都（今日的山西侯馬）郊野，貴族魏獻子便前往請教史官蔡墨。他問道：「傳說龍是一種極聰明的動物，所以很難活捉，是不是如此呢？」蔡墨回答：「那是因為現代人太無能，而不是龍太聰明。古時不僅能活捉龍，而且還有豢龍氏、御龍氏。」魏獻子回道：「這兩個氏族我也有聽說，但不知其原委，請你詳細談談。」蔡墨便說：「古時曾有位名叫飂叔安的人，其子董父能夠以龍喜歡的方式飼養龍，因此為帝舜馴養龍，並獲賜豢龍的名號，被冊封於鬷川，鬷夷氏便是他的後人……。之後一個叫劉累的人向豢龍氏學習飼養龍的技術，而後替夏王孔甲畜養兩條龍，孔甲賜給他御龍的名號。後來雌龍死了，劉累將牠做成料理給夏王吃，夏王吃了以後要求還要再吃，劉累因此感到畏懼，就遷居到了魯縣。」魏獻子聽罷問道：「為什麼今日已見不著龍了？」蔡墨回答：「那是因為後來大地上的水澤少了，龍因此無法生存，但在《易經》中仍存了許多與龍有關的占辭。」蔡墨最後反問：「如果那時龍不是經常能見到，又有誰能把牠描述地如此細緻呢？」

　　《左傳》這則記載所提供的重要訊息在於蔡墨明確道出龍作為一種上古時期華北一帶確實存在的動物之可能，龍是同時能夠棲息於陸地和水中的，而到了春秋時代山西還可以見到龍的蹤跡，只是機會已少。根據這些特點並考量到龍的古音與蟒接近，我們或許可從蟒的古今分布思考龍源自於蟒的可能。

　　現生中國的蟒（*Python molurus*）全長可達七公尺，重達五十至六十公斤，僅分布於亞熱帶和熱帶的廣東、廣西、海南、福建、雲南和貴州，地處溫帶的華北並沒有蟒蹤。儘管如此，華北在商代晚期以

前可能是有蟒棲息的。商代、青銅時代早期，甚至更早的龍山時代晚期，中國正處全新世氣候最適宜期（Holocene climatic optimum）的末段，華北的平均氣溫較現今高攝氏三度以上，黃河中下游流域環境則與今日長江流域類似，甲骨卜辭裡許多記載也說明著商代晚期華北仍是河湖遍野的暖濕環境，應相當適合蟒這樣的大型動物生存。龍在春秋時代已罕見的原因應與商代末期至西周初年全新世氣候最適宜期結束，熱帶幅合帶（Intertropical Convergence Zone）的南退有關，當時氣溫快速下降，而東亞季風可深入陸域範圍由西北向東南的退卻也導致華北氣候由濕轉乾，寒冷乾燥的環境已不利於蟒的生存，進而導致華北蟒的族群數量銳減，龍就此因罕見而逐漸成為人們代代相傳而想像的神物。春秋時代山西又零星見到龍蹤跡的主因，可能也與春秋時代華北的氣候環境又逐步回到商代晚期的水準有關。不過從兩周之際開始黃河中下游水土流失加劇，至戰國、漢初自然環境已失去了復原彈性，棲地遭受徹底破壞便是龍在華北消失的主因。

　　《左傳》裡記載劉累將死後之龍做成料理給夏王吃，那麼如果龍即是蟒，現實世界裡蟒是否可食？答案是肯定的。其實蟒的經濟價值極高，肉和卵都可以食用，蟒肉味道甚至鮮美似雞，營養豐富，其膽作為藥材亦可清熱，脂肪則可治療凍瘡和燙傷。蟒皮也可用於製作樂器蒙皮和各式皮件，可說用途相當多元。

## 龍的起源可上溯至何時？

　　商代的龍形象無論於器物或文字上都顯得相當具象、成熟，那麼它的起源究竟為何？除了那些早已過時並多少帶有些穿鑿附會的動物、氣象現象、圖騰、物候形象、域外傳入諸說之外（注三），部分考古學者認為可追溯至新石器時代早期至青銅時代集中於黃河、長江和

262　二、甲骨文動物園

遼河流域所發現，稱作「原龍紋」或「類龍紋」的動物形象，如遼河流域的蛇形、豬形，關中、隴東的魚形、鯢形，河南地區和長江中下游的鱷形，具代表性的考古發現最早如距今約八千餘年遼寧阜新查海遺址發現的石擺塑（圖 18.9）、遼西興隆窪遺址 H35 灰坑坑底由豬頭骨為首，陶片、石塊為身所堆成的 C 形與 S 形擺塑；仰韶時代如遼西

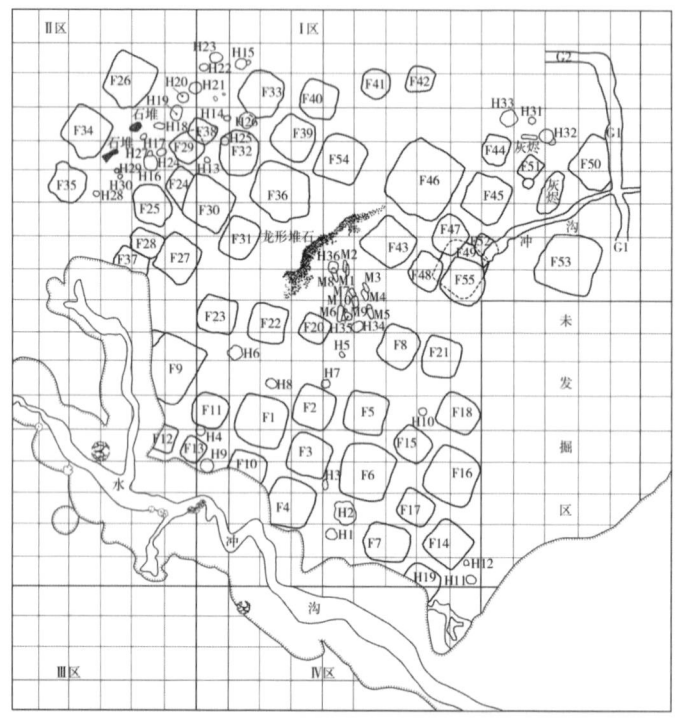

圖 18.9：遼寧阜新查海遺址石擺塑。

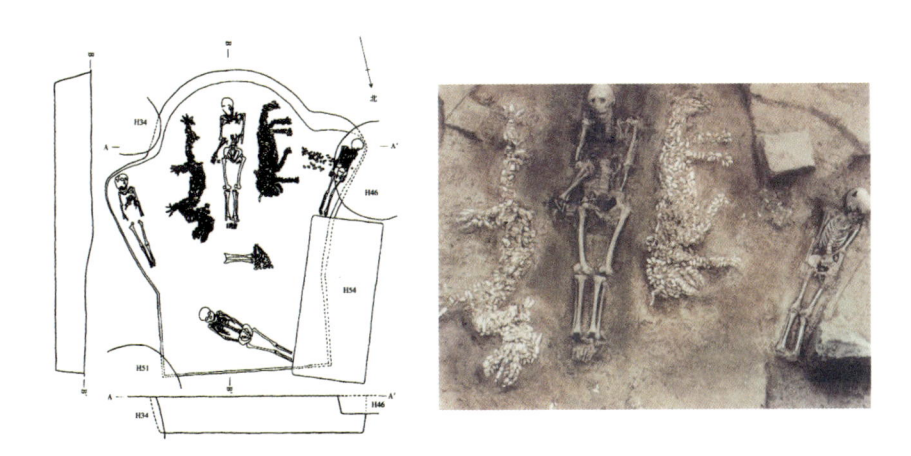

圖 18.10：ⒶⒷ紅山文化獸首環形玉飾，Ⓒ凌家灘出土獸首環形玉飾，Ⓓ肖家屋脊出土獸首環形玉飾。

圖 18.11：濮陽西水坡仰韶文化蚌擺塑。

圖 18.12：湖北黃梅焦墩發現鵝卵石擺塑。

紅山文化獸首環形玉飾（圖18.10）、安徽凌家灘遺址獸首環形玉飾（圖18.10）、河南濮陽西水坡遺址仰韶文化蚌擺塑（圖18.11）、湖北黃梅焦墩遺址大溪文化鵝卵石擺塑（圖18.12）、陝西寶雞北首嶺仰韶文化半坡類型遺址魚鳥紋蒜頭壺（圖18.13）、龍山時代湖北天門肖家屋脊遺址石家河文化獸首環形玉飾（圖18.10）、山西襄汾陶寺遺址龍山文化彩繪盤（圖18.13）、陝西石峁遺址皇城台大台基石雕等（圖18.14）。

　　在這段自新石器時代早期開始的龍演化歷程終點上，學者們有默契地定錨於商代。他們主張商代的龍不僅是中國各地人群數千年來交流互動的產物，也是商朝先民刻意運用藝術手段所創造，具有原始巫術功能的集大成形象，其創造目的是為了政治上的海納百川，試圖以祭祀的手段將各地不同族群的宗教精神象徵納入商的部族政治體系之下，以便於王朝治理。

　　這樣的看法雖然顯得宏觀，但在細節上卻無法說清楚商代的龍是否與各地所發現的原龍紋皆有文化上的聯繫，且所有的原龍紋真的都是龍嗎？（注四）在考古發現如此零星的情況下，具決定性的演化脈絡證據又在何處？如若不是，我們又如何界定哪一區域或哪些區域的原龍紋是相關的？此外，商代的龍究竟是商代先民有意的選擇，抑或是長期演化下的結果？這兩種概念其實是相互矛盾的。

　　其實這種建立於中國文明多元起源論下的觀點已預設了商王朝是中國各地區域互動交流基礎下的文化、政治匯流，也預設了各地的原龍紋皆代表著不同族群的宗教精神象徵，但這並非是有絕對證據而毫無爭議的，今日考古學界仍對商文明的起源先商文化感到不確定（注五），也正說明著上述有關龍之起源的理論瑕疵。

　　上揭看法其實也預設中國各地區隨時間推移出現的考古學文化都具有文化延續性，但實際上這種情況也非總是存在。以遼西為例，儘

管新石器時代早期的興隆窪文化和中期的紅山文化有著連續的文化傳承，當地並在農業長足發展的基礎下演化出具有階級分工、生產專業化、遠距離貿易、宗教崇拜的高度複雜社會，但到了距今約五千年的紅山文化晚期，考古發現所顯示的卻是區域性的社會崩壞，反映在人口大量減少、生業模式由農業轉往游牧，許多原本相當發達的宗教祭祀設施遭到遺棄、公共建築建造和禮儀性玉器生產停止等現象。新出現的小河沿文化似與前階段的紅山文化從物質文化來看並沒有承繼關係，那麼紅山文化的人群、文化又去往了何處？若我們根本不清楚紅山文化是否具有延續性，又何以能主張紅山文化的獸首環形玉飾是商代龍的根源之一？與遼西類似的案例在中國各地新石器時代遺址多有發現，著名如長江下游新石器時代晚期的良渚、廣富林和馬橋文化便是其一。總體來說，中國自新石器時代早期以來的區域互動實際上是一個動態的過程，包含了無數次的人群遷徙與互動融合，我們實不應以靜態且線性的思維來看待文化的發展與變遷。

那麼商代晚期的龍究竟可上溯至何時呢？根據現有考古證據保守推算，可能也就一、兩百年前的中商時期罷了（注六），畢竟現階段在早商二里崗文化遺址中都沒有發現與龍有關的考古遺留。有趣的是若我們跳過早商的缺環，逕行檢視疊壓於商代文化層下的二里頭遺址二里頭文化層，卻也能見到零星似帶原龍紋或原龍形的器物，如二里頭M3墓葬所發現的綠松石龍形器、綠松石銅牌飾（圖18.15）和帶原龍紋陶片（圖18.16），它們都被認為與銜接新石器時代晚期和二里頭文化之間的河南新密新砦遺址新砦期陶器蓋上所見帶原龍紋（圖18.16）有發展脈絡關係。如果存在文化脈絡關係，二里頭時代的原龍紋如何演化為中商、晚商時代的龍，仍是個待解的謎。

266　二、甲骨文動物園

圖 18.13：Ⓐ陝西寶雞北首嶺魚鳥紋蒜頭壺，Ⓑ山西襄汾陶寺彩繪盤。

圖 18.14：Ⓐ陝西石峁皇城台大台基八號石雕，Ⓑ陝西石峁皇城台大台基二十四號石雕。

87 VI M57:4　　　　81VM4:5　　　　84 VI M11:7

圖 18.15：Ⓐ綠松石龍形器，Ⓑ綠松石銅牌飾。

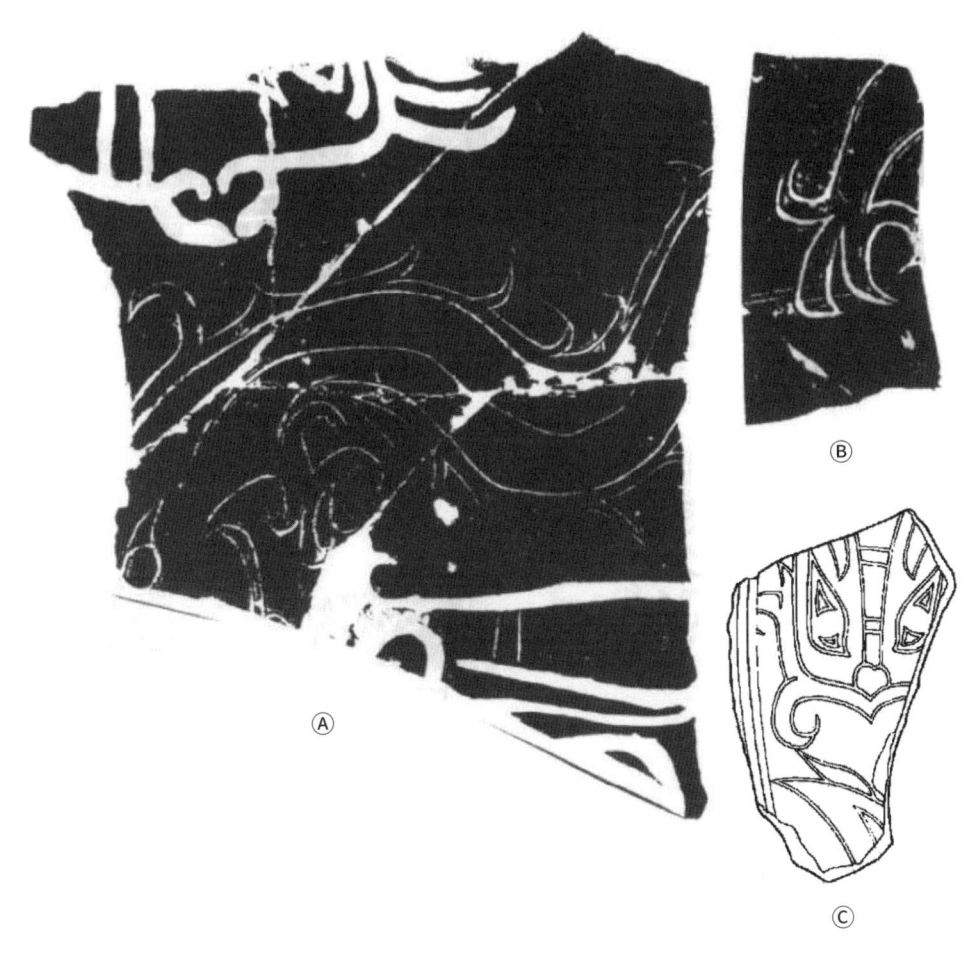

圖 18.16：Ⓐ、Ⓑ二里頭遺址出土帶原龍紋陶片，Ⓒ河南新密新寨遺址出土帶原龍紋陶器蓋殘片。

## 注釋

注一：宋代郭若虛在《圖畫見聞志・敘畫各異》中提出：「畫龍者，折出三停，分成九似。窮游泳蜿蜒之妙，得回蟠升降之宜，仍要鬃鬣肘

毛，筆畫壯快，直自肉中生出為佳也。」其自注云：「三停」是：「自首至膊，膊至腰，腰至尾也」；「九似」為：「角似鹿，頭似駝，眼似鬼，項似蛇，腹似蜃，鱗似魚，爪似鷹，掌似虎，耳似牛也。」又說：「凡畫龍，開口者易為巧，合口者難為功。畫家稱開口貓兒合口龍，言其兩難也。」宋代的畫龍理論將龍的形象作了規定性闡述，使歷代具有不同程度隨意性的龍形象走上規範化，此後龍的形象基本上皆以此為據。

注二：學界對於二十八星宿究竟起源於何時，除了來自曾侯乙墓二十八星宿漆箱星圖的確切證據可知戰國初年已有，並沒有定論，而另有西周初年說、商代晚期說、新石器時代說等。商代是否已認識東宮七宿在卜辭中也無法看到任何證據。

注三：動物說包含蛇、蜥、鱷、馬、鹿、牛、羊、豬、犬、鯉、河馬、熊、恐龍等，氣象現象說則包含雲、虹、雷電、龍捲風等，另有（松）樹神說、農神說等較為抽象，許多看法多從漢、唐以迄宋、元才定型的龍形象來探討龍的起源，但從商末以迄宋、元這長達兩千餘年的時間長河，龍的形象其實歷經了西周中期後的紋飾簡化與抽象化、東周時期陰陽學說、漢代神仙祥瑞思想、魏晉南北朝民族融合、佛、道教藝術、隋唐時期圖案化、魚龍變等諸多因素影響，新添了非常多與起源無關的要素。

注四：有學者提出部分原龍紋其實並不是龍形，而是熊、虎、鱷形，顯見原龍紋的界定具有強烈的主觀意識。

注五：一種意見傾向應從豫東、魯豫皖交界帶的岳石文化上溯先商時期，另一種意見則認為應由豫北、冀南地區的下七垣文化上溯。目前以後者較受支持。

注六：在白家莊類型遺存的青銅構件上始見龍紋。

## 參考資料

Changxing, Shi *et al.*
  2002　Changes in sediment yield of the Yellow River basin of China during the Holocene, *Geomorphology*, vol. 46, pp. 267-283.

Jianxiong, Ge and Yunsheng, Hu
  2021　*A Historical Survey of the Yellow River and the River Civilizations*. Singapore: Yellow River Conservancy Press and Springer Nature Singapore Pte Ltd.

Jiongxin, Xu
  2003　Sedimentation rates in the lower Yellow River over the past 2300 years as influenced by human activities and climate change, *Hydrological Processes*, vol. 17, pp. 3359-3371.

Mei-e, Ren
  2015　Sediment discharge of the Yellow River, China: past, present and future - A synthesis, *Acta Oceanologica Sinica*, vol. 34, no. 2, pp. 1-8.

Mei-e, Ren *et al.*
  1994　Anthropogenic influences on changes in the sediment load of the Yellow River, China, during the Holocene. The Holocene, vol. 4, pp. 314-320.

Xiubin He *et al.*
  2006　Soil erosion response to climatic change and human activity during the Quaternary on the Loess Plateau, China, Regional Environmental Change, vol. 6, pp. 62-70.

井中偉、王立新
  2020　《夏商周考古學》（第二版）。北京：科學出版社。

王林
  2022　〈"子龍"、"子龔"器物族屬考－兼論甲骨文"龍方"與豕韋

氏的關係〉，《博物院》第二期，頁 17-23。

王建軍、楊銘洋
  2022　〈殷商時期的龍方及其相關問題〉，《中原文物》第六期，頁 128-137。

王暉、黃春長
  2002　〈商末黃河中游氣候環境的變化與社會變遷〉，《史學月刊》第一期，頁 13-18。

王蘋、劉國祥
  2014　〈從考古發現看遼西地區龍的起源〉，《四川文物》第六期，頁 29-31，72。

中國社會科學院考古研究所（編著）
  1980　《殷墟婦好墓》。北京：文物出版社。
  1983　《寶雞北首嶺》。北京：文物出版社。
  1999　《偃師二里頭－1959 年～1978 年考古發掘報告》。北京：中國大百科全書出版社。
  2003　《中國考古學・夏商卷》。北京：中國社會科學出版社。

中國社會科學院考古研究所內蒙古第一工作隊
  2004　〈內蒙古赤峰市興隆溝聚落遺址 2002～2003 年的發掘〉，《考古》第七期，頁 3-8。

中國社會科學院考古研究所等
  2015　《襄汾陶寺：1978-1985 年考古發掘報告》。北京：文物出版社。

中國社會科學院考古研究所安陽工作隊
  1981　〈安陽小屯村北的兩座殷代墓〉，《考古學報》第四期，頁 491-518。

北京大學震旦古代文明研究中心、鄭州市文物考古研究院
  2008　《新密新砦－1999~2000 年田野考古發掘報告》。北京：文物出版社。

朱乃誠
  2006　〈二里頭文化"龍"遺存研究〉，《中原文物》第四期，頁 15-

　　　　　21，38。
2010　〈龍形器與龍的崇拜〉，《尋根》第三期，頁22-30。
2021　〈二里頭綠松石龍的源流——兼論石峁遺址皇城台大台基石護牆的年代〉，《中原文物》第二期，頁103-110。

安徽省文物考古研究所
2006　《凌家灘——田野考古發掘報告之一》。北京：文物出版社。

吉成名
2002　《中國崇龍習俗》。天津：天津古籍出版社。

朱鳳瀚
2000　〈說殷墟甲骨文中的"龍"字及相關諸字〉，《故宮博物院院刊》第六期，頁12-17。

李修松
1993　〈豢龍、御龍考〉，《東南文化》第五期，頁20-24。

李國棟
2002　〈試論龍與鯉、馬、牛、羊、鹿、犬的關係〉，輯於安田喜憲主編，《神話、祭祀與長江文明》，頁52-64。北京：文物出版社。

李錦山
1999　〈史前龍形堆塑反映的遠古雩祭及原始天文〉，《農業考古》第一期，頁128-140。

何新
1989　《談龍》。香港：中華書局。

南海森（主編）
2012　《濮陽西水坡》。鄭州：中州古籍出版社。

孫亞冰、林歡
2010　《商代地理與方國》。北京：中國社會科學出版社。

陝西省考古研究院等
2020　〈石峁遺址皇城台地點2016~2019年度考古新發現〉，《考古與文物》第四期，3-11。
2020　〈陝西神木市石峁遺址皇城台大台基遺跡〉，《考古》第七期，

頁 34-46。

袁廣闊
    2022  〈龍圖騰：考古學視野下中華龍的起源、認同與傳承〉，輯於全國哲學社會科學工作辦公室編，《從考古看中國》，頁 133-144。北京：中華書局。
    2022  〈論二里頭文化龍崇拜及其對夏商文化分界的意義〉，《鄭州大學學報》（哲學社會科學版）第六期，頁 88-92。

張光直
    1981  〈商周青銅器上的動物紋樣〉，《考古與文物》第二期，頁 53-68。

高西省
    2022  〈二里頭青銅樂器、舞具組合助祭初探〉，《文物》第九期，頁 36-45。

湖北省荊州博物館等
    1999  《肖家屋脊——天門石家河考古發掘報告之一》。北京：文物出版社。

彭邦炯
    1996  〈卜辭所見龍人及相關國族研究〉，《殷都學刊》第四期，頁 4-12。

單育辰
    2020  〈說"龍"〉，輯於單育辰著，《甲骨文所見動物研究》，頁 247-256。《甲骨文所見動物研究》。上海：上海古籍出版社。

馮時
    2011  〈龍的來源——一個古老文化現象的考古學觀察〉，《濮陽職業技術學院學報》第五期，頁 1-4、21。
    2011  《百年來甲骨文天文曆法研究》。北京：中國社會科學出版社。
    2017  《中國天文考古學》。北京：中國社會科學出版社。

楚戈（袁德星）
    2009  《龍史》。台北：楚戈。

劉一曼
 2004 〈略論甲骨文與殷墟文物中的龍〉，輯於中國社會科學院考古研究所夏商周考古研究室編，《三代考古》（一），頁371-382。北京：科學出版社。

劉志雄、楊靜榮
 2001 《龍的身世》。台北：臺灣商務印書館。

蔡哲茂
 1999 〈釋冎〉，輯於周鳳五、林素清編，《古文字學論文集》，頁15-36。台北：國立編譯館。

遼寧省文物考古研究所
 2012 《查海－新石器時代聚落遺址發掘報告》。北京：文物出版社。

魏繼印
 2007 〈殷商時期中原地區氣候變遷探索〉，《考古與文物》第六期，頁44-50。

# 19 鳳凰為何是祥瑞的象徵？

　　鳳是古代中國傳說中的神鳥與百鳥之王，也是祥瑞、高貴的象徵，其傳統形象往往是有著五色翎羽並帶著萬丈光芒，而作為一種今日地位與龍相近的歷史文化認同，鳳的起源為何？又能夠追溯至何時？

## 鳳的起源可追溯至新石器時代？

　　有學者從考古發現的角度探討，主張中國各地新石器時代遺址出土的諸多鳥形紋飾、文物便是鳳的起源，也因此認為鳳的文化發展史長達五、六千年之久，許多來自仰韶、河姆渡、紅山、良渚、山東龍山、石家河等考古學文化的文物便是最好的證明（圖 19.1）。他們認為鳳文化意象的出現與龍類似，不僅是古代中國各地交流互動下的產物，也是各種文化要素累積的結果，有著漫長的形成過程。不過這樣的觀點其實已預設了遠古時期中國各地皆存在文化上的交流影響，並無法完全透過考古證據證明，而更實際的問題則在於這些古老的鳥形紋飾、文物並沒有辦法被證實是鳳，它們也很有可能僅是古人日常生活裡對鳥禽的形象描繪。

圖 19.1：Ⓐ河姆渡文化帶鳥紋象牙蝶形器，Ⓑ仰韶文化彩陶鳥紋彩繪，Ⓒ紅山文化玉鳥，Ⓓ石家河文化玉鳥，Ⓔ良渚文化玉鳥。

**19** 鳳凰為何是祥瑞的象徵？ 275

　　循著這樣的思維謹慎而論，目前最古老的鳳只宜上溯至商代晚期甲骨文的「鳳」字。這個在甲骨文發現之初便由羅振玉考釋出，有著繁複筆畫的禽鳥象形字，在冠部、軀體和尾部的細節表現上顯得多變（圖 19.2），也由於許多同字異體常出現在同版卜辭，表示同時代的「鳳」字便有多種寫法，某幾類寫法可能也具有跨時代性，凸顯了「鳳」字的書寫當時存在一定的隨意。

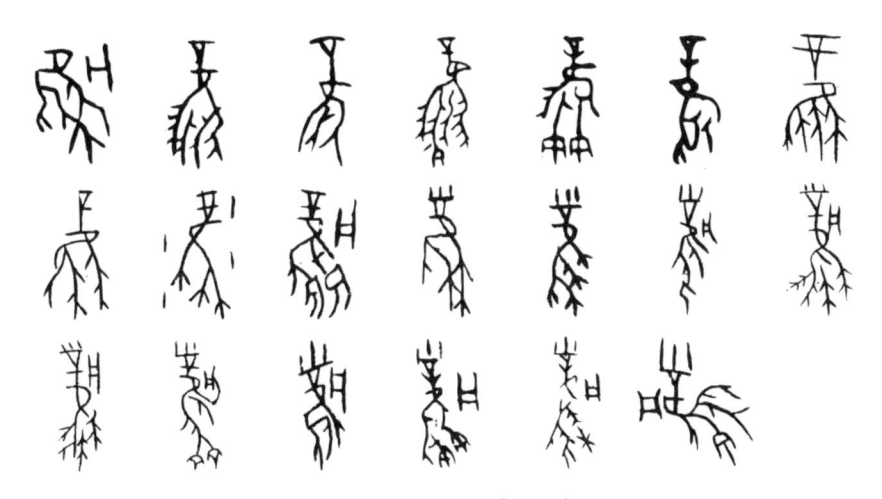

圖 19.2：甲骨文的「鳳」字。

## 有著多種寫法的甲骨文「鳳」字

　　甲骨文「鳳」字的冠部可粗略分為四型：無冠羽、倒三角形冠羽、於倒三角形冠上再添一短橫畫的「辛」形冠羽（注一），以及倒三角形或「辛」形上另帶三短豎形冠羽（圖 19.2）。無冠羽的「鳳」字目前發現極少，後三型中則以「辛」形冠羽最多，倒三角形冠羽、帶三短豎型冠羽數量相近。就發展趨勢而言，「鳳」字的冠羽有著由倒三角

形發展至三短豎的字形繁化演變，而倒三角形與「辛」形冠羽可能只是書寫習慣上的差異，沒有時間早晚的承繼關係。

「鳳」字的軀體與甲骨文的「隹」字有些相似，同樣都以單線勾勒禽鳥微拱的身形與末端的爪，並在其上分岔出二至四條曲筆以表現羽翼，但「鳳」字顯著的區別在於羽翼上多了斜出的短筆，凸顯其多羽特點。斜出的羽毛往往呈對稱倒 V 形，但也見偏向一側的寫法，少部分字形則可見在軀體四周施加小點，且通常為四點平均分配在軀體兩側上下。這樣的寫法與其他「鳳」字沒有用法上的區別，應只是一種書寫習慣（注二）。至於「鳳」字修長的羽尾末端字形則可分為錐形帶尖角或半圓形帶三條短線兩類（圖 19.2），所欲表現的應是「鳳」的尾上覆羽特徵，不過這部分並不是「鳳」字的必要結構，字形的時代早晚也與尾上覆羽特徵的有無無關；尾上覆羽在形狀、數量上的不同應該也只是書寫習慣的差異。

甲骨文的「鳳」字還可見到加了聲符「凡」的字形，為文字聲化的表現，在商末的出現年代較晚。「凡」為青銅盤逆時鐘轉九十度的象形，由象盤底圈足及盤底的兩微彎豎筆和連接兩豎筆的短橫畫組成（圖 19.3）。

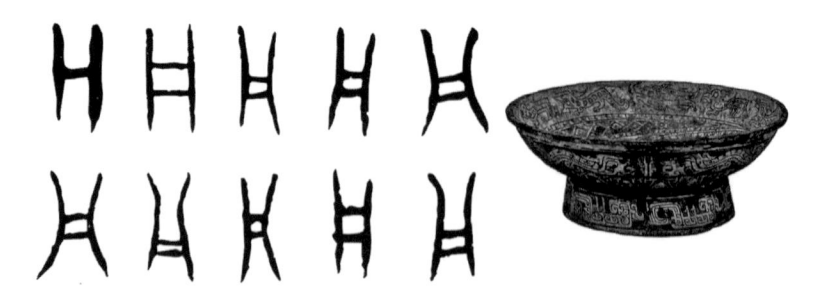

圖 19.3：甲骨文的「凡」字與河南安陽武官村北地出土魚紋盤。

## 卜辭裡的「鳳」多被假借為「風」

在卜辭中「鳳」字多被假借為「風」，如《合》34034：「□未卜，若鳳」，意思是在某個未日貞問風是否和順？又如《合》34137：「甲戌，貞其寧鳳，三羊、三犬、三豕」，意思是在甲戌日這天貞問是否該以各三頭羊、犬、豬來進行寧風的祭祀。「鳳」假借為「風」最著名的案例見於《合》14294「四方風」大骨和《合》14295「四方風」大龜板（圖19.4），前者為記事刻辭，後者則為卜辭，其上均可見商代東、南、西、北四方神名與四方風之名，亦可同《尚書‧堯典》、《山海經‧大荒經》中的四方風記載呼應。在商代先民的思維裡，風是至上神「帝」的臣使，從《合》672：「貞翌癸卯帝其令風」、「翌癸卯帝不令風。夕陰」的對貞可知風是受帝驅使的。

## 「鳳」字向「風」字的演變

今日從「虫」，「凡」聲的「風」初見於戰國楚系與秦系簡帛文字（圖19.5），其字源可追溯至西周金文的「鳳」。金文的「鳳」與商代晚期字形有些許不同，尾上覆羽脫離了軀體改置於聲符「凡」下，數量亦可由三簡省為一個。「鳳」字向「風」字的演變推測是省去了形符，只保留聲符「凡」與尾上覆羽，雖然這個可能發生在西周至春秋間的演變目前找不到字例，但保留於東漢孟孝琚碑、夏承碑漢隸中，於「凡」下有著尾上覆羽的「風」字可能便是這個中介字的活化石（圖19.5）。另從《說文解字》收錄的古文與楚系「風」字觀察，可知古文「風」保留了西周金文「鳳」尾上覆羽上半部的圓，而楚系文字保留下半部的三短畫，但書寫方式已似「它」形。秦系文字則將尾上覆羽下半訛為「虫」，成為小篆字形的直系來源。

278　二、甲骨文動物園

圖 19.4：「四方風」大骨和「四方風」大龜板。

鳳　　　　　　　風

西周早期金文　　楚帛書　　睡虎地秦簡

古文　小篆　東漢夏承碑　東漢孟孝琚碑

圖 19.5：西周金文「鳳」和戰國楚系、秦系簡帛、古文、小篆與碑刻漢隸「風」字。

## 卜辭裡的「鳳」除了「風」之外的用法

「鳳」字在卜辭中除了假借為「風」之外，也作族名使用，可能地望在今日山西省西南。《合》9245甲橋刻辭「鳳入百」便是鳳族進貢一百片龜板的記錄，類似的案例也見於《合》9244、《合》9246。「鳳」字在卜辭中作某種實際存在動物的情形幾乎不見，就算有也有所爭議，如《合》5659：「□酉卜，王鼎（貞）：□卜，巫□三……鳳一……」，推測鳳是真實存在的動物且作為祭品，但這條卜辭殘損嚴重，無法完全通讀；又如《甲》3112：「甲寅卜，乎鳴羅，獲鳳。丙辰，獲五」，全辭意思為商王在甲寅日這天進行占卜，貞問命令鳴這個人用網捕鳥，是否會捕獲鳳。兩天後的丙辰日果然獵獲五隻鳳。不過也有學者猜測這裡的「鳳」字可能是「雉」的誤刻。

## 「鳳」字所象為何種鳥禽？

「鳳」字之義作某種鳥禽初見於西周早期金文（注三），但對於鳳所象為何，學界過去曾有雉雞、雞、鵪鶉、孔雀、鴕鳥、燕雀、鶴等真實存在鳥禽的猜想，也有融合了各種飛禽、走獸、游魚、神物以及火、風、日、月、雷電等自然現象而來的抽象之說，不過若從甲骨文「鳳」字所具備的冠羽與尾上覆羽特徵來判斷，其原型應是中國原生的雞形目雉科動物——綠孔雀（*Pavo muticus*）。綠孔雀羽色鮮艷，頸部有鱗狀羽毛，翅膀短圓，不善飛行，性喜棲息於熱帶、亞熱帶河谷的常綠闊葉林、混交林和稀樹草地，目前在中國境內僅分布於雲南省，估計種群數量不到五百隻，是一級保護動物。根據歷史地理學研究，綠孔雀在歷史時期曾廣泛分布在華中、華南和西南大部分地區，而從考古發現可知史前時期至歷史時代早期華北亦有綠孔雀的蹤跡

（注四），可能與當時氣候環境仍較暖濕有關。整體而言，綠孔雀在中國古代的分布範圍是由黃河流域逐漸退往長江流域，再縮小到西南與嶺南，進而又從兩廣退縮至雲南。研究顯示綠孔雀種群在中國境內的大範圍大量消失與棲地遭受人類活動加劇破壞有關，而古人對綠孔雀在食用、裝飾和藥用方面的需求更是導致牠們消失的主因。

## 鳳的祥瑞神鳥意涵從何而來？

從「鳳」字在卜辭中的意義來檢視，商代晚期的鳳看似的確不具任何的神鳥意涵，但此現象是否說明商代的鳳與後世有著祥瑞意義的鳳並無發展脈絡關係？答案可能是否定的，部分原因在於甲骨卜辭其實是特殊活動下的產物，而占卜的事類其實有相當程度的選擇性，正如商代的青銅冶鑄幾乎不見於卜辭，但這絕不代表商代晚期沒有青銅冶鑄業。事實正好相反，商代的青銅冶鑄不僅蓬勃發展趨於成熟，也是王朝手工業專業化最佳的例證之一。

## 青銅器紋飾與玉器造型所見的鳳

以甲骨文「鳳」字的主要特徵作為判斷依據，商代晚期青銅器紋飾裡其實也可見到鳳（圖19.6），由於僅有非常零星的發現，且在器物上也幾乎不作主紋，而是在整體呈帶狀的紋飾中居於主紋兩側，故有部分學者認為當時的鳳紋僅作為裝飾而無文化意義，不過也有學者推測鳳紋可能代表著商代四方風神的形象，或是協助巫師溝通天地的神獸，與青銅器紋飾上的龍、虎、鹿相似。

圖 19.6：商代晚期青銅器所見鳳紋。

其實商代晚期青銅器鳳紋的文化意義為何是個無法證真也無從證偽的問題，無論何者為是，它肯定是西周時期青銅器鳳紋（圖 19.7）之濫觴。鳳紋之所以作為主紋盛行於西周早、中期，可能與《國語・周語》所載：「周之興也，鸑鷟鳴于岐山」有一定關係，其用意在宣揚周人受命於天，取代商人建立新王朝有其合法性，是強烈政治目的下的產物（注五）。

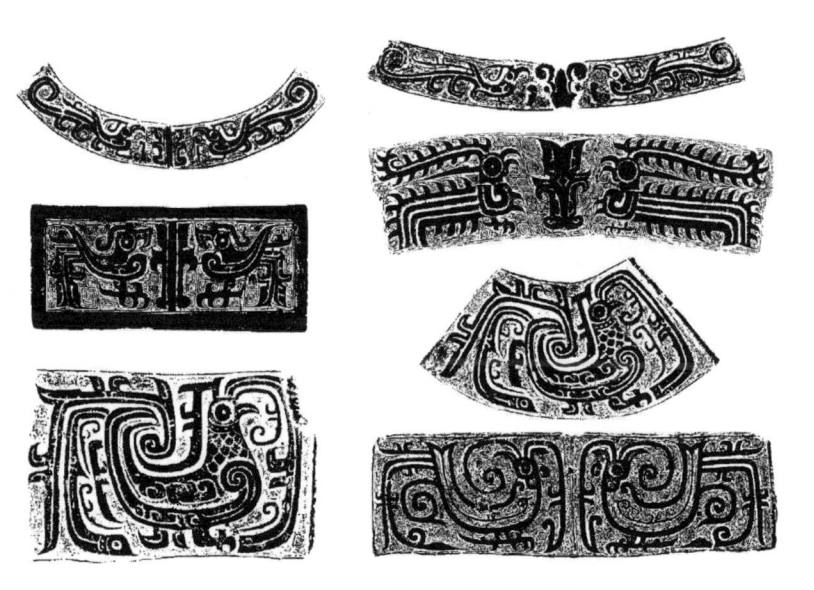

圖 19.7：西周早、中期青銅器所見鳳紋。

商代晚期玉器上也常可見到鳳的蹤影，具寫實風格者如著名的殷墟婦好墓玉鳳，表現出鳳的靈動，而具抽象風格者則普遍帶有高冠、多羽和長尾特徵，惟其造型受限於載體形狀、大小，而常看似鸚鵡（圖19.8）。儘管這些帶鳳紋或鳳形玉器的文化意義同樣不明，但值得注意的是從商代晚期玉飾中由龍、鳳形合組的一類，似可看出當時的鳳應不止於是實際存在禽鳥的表現。這類玉飾的龍形多似冠，位處主體的鳳之上，一如國立故宮博物院所藏之龍鳳玉飾所見（圖19.8）。由於商代晚期龍的神性從卜辭內容來看相當清楚，龍也如鳳一般，常出現於青銅器紋飾與玉器造型，那麼如若認為龍鳳玉飾上的鳳不具現實生物外的被崇拜意義，便是難以理解的了。

圖19.8：Ⓐ殷墟婦好墓出土玉鳳，Ⓑ中國社科院考古所藏高冠玉鳳，Ⓒ、Ⓓ故宮博物院藏玉鳳，Ⓔ故宮博物院藏玉鳳，Ⓕ國立故宮博物院藏龍鳳玉飾。

## 19 鳳凰為何是祥瑞的象徵？

從器形紋飾來探討鳳的文化意義其實有相當的侷限性，也往往無可避免流於因運用材料不同而起之詮釋爭議。那麼若從早期文獻記載來看，鳳又是什麼性質的存在呢？

## 早期文獻裡的鳳與「鳳皇來儀」之真義

目前關於鳳最早的記載一般認為是《尚書・益稷》裡一段有關樂舞的文字，記有「夔曰：『戛擊鳴球、搏拊、琴、瑟、以詠。』祖考來格，虞賓在位，群后德讓。下管鼗鼓，合止柷敔，笙鏞以閒。鳥獸蹌蹌；《簫韶》九成，鳳皇來儀。夔曰：『於！予擊石拊石，百獸率舞，庶尹允諧。』」由於《尚書》用語的詰屈聱牙，使得「鳳皇來儀」一詞之義帶有爭議，傳統上被認為意指因韶樂優美，致使鳳凰來舞而有容儀，

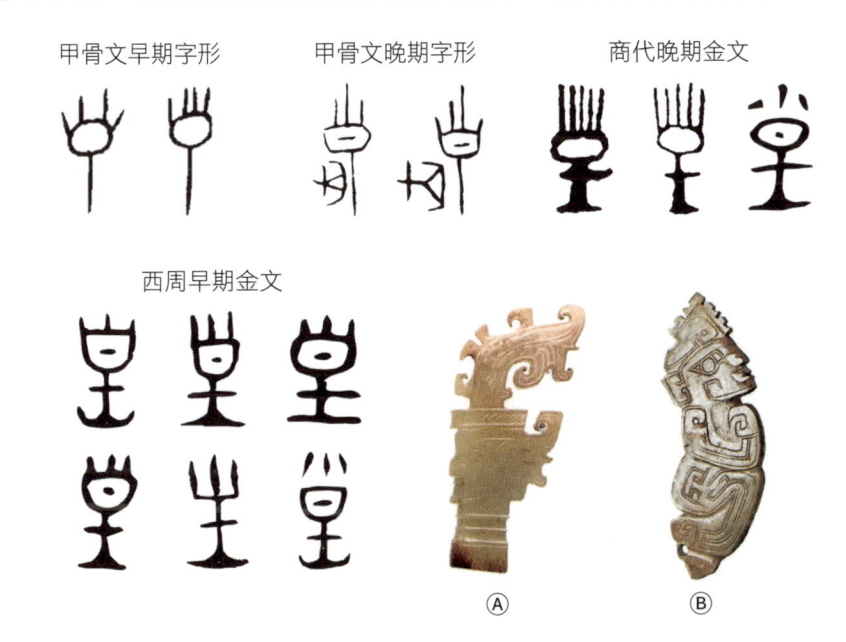

圖 19.9：甲骨文、商代晚期金文和西周早期金文的「皇」字，以及Ⓐ殷墟小屯 331 號墓出土羽冠玉人頭飾、Ⓑ婦好墓出土羽冠玉人玉飾。

為古代以為祥瑞之預兆，但反對者認為此處「鳳」字後所接為「皇」非「凰」，且「鳳」在商代晚期和西周時期皆為單獨使用，沒有連用的慣例，也因此「鳳皇」應不等同於後世之「鳳凰」。若是，欲理解「鳳皇來儀」之真義必須從早期「皇」字之造字初義與語境著手。

甲骨文的「皇」字是一個象形字，古文字學界多普遍認為其早期字形象圓形冠上插有羽飾，冠下豎筆則表冠架。晚期甲骨文的「皇」字則是在早期字形的基礎上於左下側添加斧鉞形的聲符「王」（圖19.9）。商代晚期金文的「皇」字則是在甲骨文早期字形的基礎上直接將聲符「王」逆時鐘轉九十度移至圓冠下，並與冠架結合成「王」形，後為西周金文所承繼。商代考古目前發現有一定數量的玉人或玉人頭，頭上所見羽冠可能即「皇」之原形（圖19.9）。

結合「鳳皇來儀」源自於與樂舞有關之記載，和「皇」字原形為插有羽飾的冠這兩條訊息來思考，鳳皇來儀之「皇」可能指的是《周禮・春官宗伯》、《周禮・地官司徒・舞師》和《禮記・王制》所載，一種在西周時代以前已發展很久的祈雨祭祀性質舞蹈——皇舞（注六），若根據東漢時期的文獻注解，可推知皇舞舞者須頭戴羽帽、身著羽衣，或手持五彩羽（注七）。

至於「來儀」之義為何的問題，則可從「鳳皇來儀」一詞在《尚書》中某某來某的句式來探討，如「四夷來王」、「祖考來格」，可知型態是作為主語的名詞加「來」再加動詞，「來」與後面的動詞為謂語，「來」後動詞主要作用在補充說明「來」這一動作發生之目的，所以鳳皇來儀之「儀」是動詞，其義是對皇舞之目的進行補充說明；也由於「儀」、「獻」古音相通，推測「來儀」即「來獻」（注八），「鳳皇來儀」全義因此推測是舞者頭戴羽帽、身著羽衣，裝扮如多羽的鳳一般進行獻舞。「鳳」在此只是作為皇舞舞者衣著之譬喻，與後世的神鳥鳳凰無關。

在《尚書・益稷》之外，《詩經・大雅・卷阿》也可見到鳳，其句式是以「鳳凰于飛、翽翽其羽」、「鳳凰鳴矣、于彼高岡」的現實意象起興，進而帶出下文，而《詩經》中同樣也可見到「黃鳥于飛」、「燕燕于飛」、「雄雉于飛」、「倉庚于飛」、「鴻雁于飛」之後帶出下文的句式，推測「鳳凰于飛」之鳳凰顯然描述的是某種實際存在的禽鳥，而不是具神性的鳳凰。

記載先秦時期地理、歷史、神話、天文、動植物等諸多神異內容的《山海經》中也有關於鳳的描述。從《南山經》可知，鳳有著雞一般的外形，是一種帶五彩的鳥禽，而其能自歌自舞的特點也與《海外西經》、《大荒南經》、《大荒西經》、《海內經》所載之「鸞鳥自歌，鳳鳥自舞」相呼應（注九）。若從這些訊息來理解，《山海經》裡的鳳應也是指一種真實存在的鳥禽，不過《南山經》中所提到「鳳皇五采而文」的補充說明：「首文曰德，翼文曰義，背文曰禮，膺文曰仁，腹文曰信⋯⋯見則天下安寧」，則讓鳳與安寧、祥瑞產生了聯繫。但值得注意的是，這一段補充說明在句式上較像是後人的注釋被誤纂入正文，且考量到《山海經》可能是直到戰國時期至漢代間始編纂成書，這段補充說明可能是後世觀點的混入。

## 春秋、戰國迄漢代文獻裡的鳳與祥瑞神鳥象徵

將鳳鳥賦予祥瑞象徵的記載其實最早見於成書於春秋、戰國之交的《論語・子罕》：「子曰：『鳳鳥不至，河不出圖，吾已矣夫！』」不過以身處禮崩樂壞的春秋時代而一心嚮往西周禮樂社會的心境來揣度，孔子以「鳳鳥不至」來比喻亂世的傾頹，很可能是將《尚書・益稷》之「有鳳來儀」誤解為因韶樂優美致使鳳凰來舞所致。

以鳳凰降臨世間表示祥瑞徵兆始見於戰國時期文獻《竹書紀年》，在《黃帝軒轅氏》可見：「五十年秋七月庚申，鳳鳥至，帝祭于洛水」，於《文丁》可見：「十二年，有鳳集於岐山」，而於《成王》可見：「十八年春正月，王如洛邑定鼎。鳳凰見，遂有事于河。」類似的記載也見於《禮記・禮器》：「是故因天事天，因地事地，因名山升中于天，因吉土以饗帝于郊。升中于天，而鳳凰降、龜龍假；饗帝於郊，而風雨節、寒暑時。是故聖人南面而立，而天下大治。」而在《禮記・禮運》裡，鳳與麟、龜、龍合為四靈，是鳳正式成為祥瑞象徵的開端。

而從《楚辭・謬諫》：「眾鳥皆有行列兮，鳳獨翔翔而無所薄」和《楚辭・九辯》：「眾鳥皆有所登棲兮，鳳獨遑遑而無所集」來看，自戰國中後期開始，鳳在中國南方被楚人賦予了遺世獨立而高潔的特質。另從〈怨思〉、〈惜誓〉、〈大招〉、〈九辯〉、〈離騷經〉與〈遠遊〉可知（注十），楚人心中的鳳不再只是由天而降的祥瑞，開始高飛、翱翔，有了通天地的本事，成為一種神鳥。

同樣出自南方，相傳為戰國時期楚國隱士鶡冠子所作之《鶡冠子》（注十一）於〈度萬〉篇提到：「鳳凰者，鶉火之禽，陽之精也，騏麟者，元枵之獸，陰之精也，萬民者，德之精也，德能致之，其精畢至」，在這裡鳳顯然是受了戰國時期盛行的陰陽學說影響，開始被賦予陽精的稱號，並與火產生連結，此正為金、木、水、火、土五德觀念盛行下漢代文獻裡鳳凰祥瑞頻現的重要思想源流。

鳳的文化內涵在漢代獲得了極大的整合與擴充。從劉向所編纂的雜事小說集《說苑・辨物》篇中一段黃帝即位未見鳳凰，進而詢問天老：「鳳儀如何」的文字裡，我們可知這正是上揭《竹書紀年・黃帝軒轅氏》與《尚書・益稷》內容的結合，而鳳在此的形象描述：「鴻前麟後，蛇頸魚尾，鸛顙鴛思，龍文龜身，燕頷雞喙，駢翼而中注，首戴德，頂揭義，背負仁，心信志，食則有質，飲

則有儀，往則有文，來則有嘉」則是對《山海經》內容的想像擴充。至於「夫惟鳳為能究萬物，通天祉，象百狀，達于道。去則有災，見則有福」則源自於《楚辭》所載鳳的通天地本事，以及《禮記》所載之祥瑞象徵。《說苑・辨物》甚至直接引述了《詩經・卷阿》，為新增之：「於是鳳乃遂集東囿，食帝竹實，棲帝梧樹，終身不去」提供佐證。

綜上所述，鳳作為中國著名的祥瑞神鳥，其起源雖可追溯至商代晚期的甲骨文，但在春秋、戰國時代之交以前其實都意指實際存在的禽鳥。鳳的內涵逐漸變得豐富、多元，是發生在戰國中晚期之後，與當時盛行的各種哲學思想密切相關，並在漢代獲得整合、擴充，成為具有祥瑞、道德內涵的神鳥。鳳的從天而降成為帝國興盛的象徵，進而受到統治者的重視。

## 注釋

注一：甲骨文的「辛」字象鑿形工具，並常見於與刑罰有關的文字，作帶有刑罪含意的表意符號，也因此另有一說「辛」字象施黥刑的尖銳刑具。「辛」字與部分「鳳」字的「辛」形相似，但兩者的字形發展脈絡並不相同。鳳的「辛」形皆與鳥首相連，為鳳之所象生物的生理結構一部分，而非獨立於鳳的構件。相同的案例也見於甲骨文的「龍」字，而從商代晚期金文「龍」字可確知「辛」形冠實為冠角。綜上可推知「鳳」字的「辛」形非表刑罪義的「辛」，而是鳳的冠羽。

注二：有學者認為「鳳」字外圍的小點可能表風吹揚塵、四射的光芒、水或是雨滴。

注三：西周早期金文的「鳳」字見於中方鼎，從銘文可推知為周王賜給臣下的動物賞賜。

注四：河南南陽市淅川下王崗遺址仰韶文化一期（距今約六千至七千年）地層、商晚期安陽殷墟和陝西長安神禾原戰國晚期秦陵園大墓（夏太后墓）珍禽異獸從葬坑K12都發現有綠孔雀遺骸。

注五：《說文解字》：「鸑，鸑鷟，鳳屬，神鳥也。从鳥，獄聲。《春秋國語》曰：周之興也，鸑鷟鳴於岐山。江中有鸑鷟，似鳬而大，赤目」、「鷟，鸑鷟也。从鳥，族聲。」全文意指周之先祖古公亶父率領族人定居於岐山之事。

注六：《周禮‧春官宗伯》：「凡舞，有帗舞，有羽舞，有皇舞，有旄舞，有干舞，有人舞」、《周禮‧地官司徒‧舞師》：「……教皇舞，帥而舞旱暵之事」、《禮記‧王制》：「有虞氏皇而祭。」

注七：根據《說文解字》：「翌，樂舞。以羽翿自翳其首，以祀星辰也。从羽，王聲。讀若皇」，可知皇舞是一種頭戴羽飾身穿羽衣的舞蹈。另據鄭司農〔注〕云：「皇舞者，以羽冒覆頭上，衣飾翡翠之羽」，鄭玄〔注〕云：「皇，雜五采羽如鳳皇色，持以舞」，鄭眾認為皇舞舞者冠、衣皆飾以羽毛，而鄭玄則認為皇舞舞者僅手持五彩羽。

注八：根據宋代韻書《集韻》：「犧，儀也，周禮犧酌。鄭司農讀犧，度牲體骨曰犧，通作儀。」

注九：《南山經》：「東五百里，曰丹穴之山……有鳥焉，其狀如雞，五采而文，名曰鳳皇。」

注十：〈怨思〉：「鳳皇飛而高翔」；〈惜誓〉：「獨不見夫鸞鳳之高翔兮，乃集大皇之野」；〈大招〉：「魂乎歸來，鳳皇翔只」；〈九辯〉：「鳳皇高飛而不下」；〈離騷經〉：「鳳皇翼其承旂兮，高翱翔之翼翼」；〈遠遊〉：「駕鸞鳳以上遊兮，從玄鶴與鷦明。」

注十一：《鶡冠子》一書不見於《史記》，而《漢書‧藝文志》中則記有「鶡冠子一篇」，過去曾被認為是偽書，唐柳宗元曾寫〈辯鶡冠子〉一文。一九七三至一九七四年馬王堆三號漢墓發掘所見大量帛書中，抄寫年代約在漢文帝初期的《黃帝四經》內容見有與《鶡冠子》相合之內容，可證《鶡冠子》非偽。

## 參考資料

Childs-Johnson, Elizabeth
  1989    The Bird in Shang Ritual Art: Intermediary to the Supernatural, *Orientations*, Nov, pp.53-60.

Feng, Dong *et al.*
  2021    Population genomic, climatic and anthropogenic evidence suggest the role of human forces in endangerment of green peafowl (*Pavo muticus*), *Proceedings of the Royal Society* B, vol. 288, iss. 1948: 20210073.

Kwang-chih, Chang
  1980    *Shang Civilization*. New Haven: Yale University Press.

Paper, Jordan
  1986    The Feng in Protohistoric Chinese Religion, *History of Religion*, vol. 25, no. 3, pp. 213-235.

于省吾
  2017    《甲骨文字釋林》。北京：商務印書館。

上海博物館青銅器研究組（編著）
  1984    《商周青銅器文飾》。北京：文物出版社。

尤仁德
  1997    〈玉鳳原型考實〉，《故宮文物月刊》第十五卷，第九期，頁78-95。

文物出版社、光復書局企業股份有限公司（編）
  1994    《殷墟地下瑰寶：河南安陽婦好墓》。台北：光復出版社。

王怡敏、劉波
  2023    〈綠孔雀在中國的現狀及保護策略〉，《林業調查規劃》第四十八卷，第二期，頁89-92。

文煥然、何業恒
  1980    〈中國古代的孔雀〉，《化石》第三期，頁8-9。

2019　〈中國歷史時期孔雀的地理分布及其變遷〉，輯於文榕生選編整理，《中國歷史時期植物與動物變遷研究》，頁 186-194。重慶：重慶出版社。

杜金鵬
2023　〈殷商之"皇"〉，《中原文化研究》第六期，頁 24-31。

李雪平
2015　《商周時期玉鳥鳳紋的演化及文化意義研究》。北京：中國地質大學碩士學位論文。

李朝遠等
2004　《中國青銅器》。北京：五洲傳播出版社。

李韶華
2021　〈《周禮》小舞考述〉，《舞蹈學研究》第三期，頁 146-151。

金祥恆
2001　〈釋鳳〉，輯於宋鎮豪、段志洪主編，《甲骨文獻集成》（第十二冊），頁 82-86。成都：四川大學出版社。

金璋（Lionel C. Hopkins）（郅曉娜譯）
2010　〈風、鳳、朋考〉，《殷都學刊》第二期，頁 30-33。

屈玉璽
2020　《甲骨卜辭中鳳字的形體研究》。開封：河南大學碩士論文。

胡松梅、楊瞳、楊苗苗、丁岩、張天恩、蔡大偉
2023　〈陝西長安神禾原戰國秦陵園大墓從葬坑 K12 出土動物骨骼研究〉，《考古學報》第一期，頁 123-148。

姚草鮮
2014　〈從彩陶紋飾看中國史前晚期的太陽崇拜〉，《洛陽考古》第四期，頁 27-33。

容庚
1941　《商周彝器通考》。哈佛燕京學社。

唐蘭
1975　〈馬王堆出土《老子》乙本卷前古佚書的研究——兼論其與漢初

儒法鬥爭的關係〉,《考古學報》第一期,頁 7-38。

孫亞冰、林歡
　　2010　《商代地理與方國》。北京：中國社會科學出版社。

袁進
　　1991　〈亞□皇卣銘文考釋〉,《江西文物》第一期,頁 121-122。

常玉芝
　　2010　《商代宗教祭祀》。北京：中國社會科學出版社。

陳柏全
　　2004　《甲骨文氣象卜辭研究》。台北：國立政治大學碩士論文。

張清美
　　2021　《祥瑞鳳凰考》。濟南：山東大學碩士論文。

彭適凡
　　2020　〈新干出土商代側身玉"羽人"的再解讀〉,《文物天地》第十期,頁 60-68。

曾憲通
　　1996　〈楚文字釋叢（五則）〉,《中山大學學報》（社會科學版）第三期,頁 58-65。

單育辰
　　2020　〈說"鳳"〉,輯於單育辰著,《甲骨文所見動物研究》,頁 315-318。上海：上海古籍出版社。

單鵬飛、董鋒、王潔、吳飛、孔德軍、楊曉君
　　2021　〈中國綠孔雀及其保護現狀〉,《西部林業科學》第五十卷,第五期,頁 101-107。

賈蘭坡、張振標
　　1989　〈河南淅川下王崗遺址中的動物群〉,輯於河南省文物研究所、長江流域規劃辦公室考古隊河南分隊編著,《淅川下王崗》,頁 429-439。北京：文物出版社。

劉祥、高深
　　2015　〈中國崇鳳文化研究綜述〉,《湖南廣播電視大學學報》第一期,

　　　　頁 24-29。
劉曉晗
　2021　〈甲骨四方風研究的新進展與反思〉，《中國史研究動態》第四
　　　　期，頁 24-39。
鄭振偉
　2000　〈隋以前文中的「鳳」〉，《嶺南學報》新第二期，頁 71-96。
龐進
　2006　《鳳圖騰：中國鳳凰文化的權威解讀》。北京：中國和平出版社。
顧伯建、王放
　2021　〈野生綠孔雀生態學及保護生物學研究進展〉，《生物多樣性》
　　　　第二十九卷，第十一期，頁 1554-1564。

# 20 商代的怪物：甲骨文裡的「虹」

## 甲骨文的「虹」字是雙頭怪物的象形

　　成書年代不詳的《山海經・海外東經》裡有一段關於彩虹的有趣記載：「蚩蚩在其北，各有兩首。」「蚩」即「虹」，音「虹」，若將此敘述巧妙地與甲骨文裡一個有著穹身、雙頭的怪物字形對照，並參照東漢許慎《說文解字》中對「虹」之解釋（注一），可推知此象形字即「虹」（圖 20.1）。目前商代甲骨卜辭中見有「虹」字的辭例僅七條，共八字，寫法都相當固定，其中數版內容雖有殘損，但殘文仍足以推知所刻寫的「虹」字意義都類似，均表商代先民眼中一種會吸水的怪物，或是會影響農作收成的禍患。

圖 20.1：著名的《合》10405 甲骨以及甲骨文的「虹」字。

## 卜辭與後世文獻所記載的「虹」

著名的甲骨卜辭《合》10405記載有：「王占曰，出祟。八日庚戌，出各云自東，冒母，昃亦，出出虹自北，飲于河」（圖20.1），意思是商王占卜後預知將有壞事發生，果然在八日後的庚戌日，有烏黑的雲團自東方來到，還沒等到太陽偏西虹便出現，它從北方開始吸食河水。類似的記錄也見於《合》13442：「……允出螱，明……出各云自……昃亦出螱，出虹自北……于河，在十一月。」「虹」為吸水怪物的說法在後世文獻如《漢書·武五子傳》、東漢辭典《釋名》和宋代《太平廣記》中仍保留著（注二），至於「虹」為禍患之說，則見於《合》13443的對貞「庚寅卜，古，貞虹不唯年」、「庚寅卜，古，貞虹唯年」，貞問虹是否會影響農作收成。

對於商代的「虹」究竟為何物之象形，學者有過許多猜想，像是蜺、雙首龍、交尾的雙龍（伏羲、女媧交配之象）、雙首蛇（雌雄「肥遺」拱軀合體之形）、古玉璜和橋梁（杠梁），然上述看法多為望文生義、穿鑿附會之說，也無法通過考古證據驗證（注三），因此可信度不高。

在《詩經·鄘風·蝃蝀》裡，周代的虹進化為不能以手指之的怪物（注四），特別是女子，指了虹未來便會跟人私奔，遠離父母兄弟。戰國時代虹則被納入天地陰陽系統的想像之中（注五）。後世視虹為災異、不祥之物的記載史不絕書，最常見的是始於《史記·魯仲連鄒陽列傳》，後轉於暗指欺君之象的「白虹貫日」。從畫像石藝術可知，虹在漢代也被納入其特殊的神仙體系中，常可見到虹以拱身雙頭怪物的形象出現（圖20.2），或列入主導降雨的眾神仙隊伍中。在南朝宋劉敬叔所撰的志怪小說集《異苑》裡，虹則帶有擬人色彩，不僅會偷喝水、酒後吐金，還會偷吃稀飯；甚者，有虹是由餓死的夫妻幻化而

成的淒美故事,也有虹幻化為無面老婦的驚悚傳奇(注六)。

圖 20.2:雷公出行圖(山東嘉祥武氏祠左石室屋頂前坡西段畫像摹本局部)。

# 古代中國人對於虹成因的自然科學認識變化

其實虹只是氣象裡的光學色散現象,是日光從不同角度射入空氣中的水滴後,經兩次折射和一次反射後所形成的七彩光譜。完整的虹為正圓形,但觀察者在地面上受到地形與角度影響,所看到的虹會是弧形。那麼古代的中國人對於虹形成的自然科學認識在歷代又是如何發展的呢?

從有限的文獻材料推知,在漢代以前,古人對虹的科學性認識僅止於形狀、顏色的描述,並略知其出現與天氣、季節有關。虹的生成條件主要為日光和水滴,而盛行陰陽學說的東周時期認為日屬陽、水屬陰,時人倒也能誤打誤撞地對虹的形成自圓其說。漢到魏晉南北朝之間,古人對虹的認識則有了些許進展,已能察知虹生成於與太陽相對的水氣之中(注七)。

古人對虹的成因有正確認識應始於隋、唐時期,孔穎達在《禮記注述》中提到:「雲薄漏日,日照雨滴則虹」,此說在中唐之後逐漸為眾人所接受,並廣見於題詠。自唐代開始,古人業已知曉以背對太陽噴水的實驗製造虹霓現象,並懂得需要偏移角度來觀察(注八)。類

似的實驗記述也見宋代蔡卞的《毛詩名物解》卷二（注九），而沈括在《夢溪筆談》中著名的黑水境永安山下田野調查則不僅破除了虹能入溪澗飲水的迷信，也再次證實了宋代精通天文曆算之學的前人孫彥先：「虹，雨中日影也，日照雨即有之」的看法（注十）。宋儒朱熹亦曾表示：「虹非能止雨也，而雨氣至是已薄，亦是日色射散雨氣了。」但有趣的是朱熹看似已將虹抽離了神祕，卻又在與門人對答的《朱子語類大全》中進一步解釋：「雷雖只是氣，但有氣便有形。如蝃蝀本只是薄雨為日所照成影，然亦有形，能吸水，吸酒」、「既能啜水，亦必有腸肚。只纔散，便無了。」可見儘管當時科學認知已然開展，宋人仍半信半疑虹是有形體、能喝水的神怪。一六一四年出版的《芝峰類說》記錄韓使臣出訪明代中國的見聞，其中收錄張太嶽的部分文章提到：「虹、蝃蝀字皆從虫，殆有物為之。儒者以為陰陽邪淫之氣，臆說也。……余謂虹能飲澗，非虹能飲，疑水中有物噓氣成形，如蜃樓海市之類耳」，說明在明代虹為神怪的刻板印象仍未完全消除。

其實從南北朝時期開始，古人便已曉得日光通過透明晶體會產生色散現象，到了宋代則進一步認知到日光其實透過一顆水珠也能夠產生色散（注十一），明代陳文燭在〈遊峨眉山記〉也寫道：「一僧攜放光石如水晶，大者徑三四分，就日照之，成五色如虹霓。」這一階段古人對色散的敘述為五色，而不是七色，但此「五色」並非實指五個顏色，而是基於中國傳統五行觀，以五色統括所有顏色，亦即整段光譜。當人們觀察到放光石也能夠製造出如彩虹般的「五色」彩光，也就更可能以單純的光學現象解釋彩虹。明末清初方以智在《物理小識》卷八則總結了前代認知，寫下：「凡寶石面凸，則光成一條，有數棱，則必有一面五色如蛾眉放光石，六面也；水晶壓紙，三面也，燒料三面水晶；亦五色。峽日射飛泉成五色，人於回牆間向日噴水，亦成五色。故知虹霓之彩、星月之暈、五色之雲，皆同此理。」

明代晚期西方科學開始進入中國，天主教耶穌會義大利籍傳教士利瑪竇在中國也曾以三稜鏡作光學表演，以贏得友誼。完成於清康熙十三年（公元一六七四年），由比利時耶穌會士南懷仁主編，與其他三十一位中國學者合作完成的《靈台儀象志》，則詳細介紹了國外對於色散的認識，儘管他誤以鏡片的厚薄來解釋光折射出不同顏色的可見光。直到一八五三年出版的《光論》譯本，正確的現代光學知識才首次引進中國。清咸豐五年（公元一八五五年）由英國傳教士、醫生 Benjamin Hobson（漢名合信）所編纂，介紹西方近代科技知識的啟蒙讀物《博物新編》，其中〈虹霓〉一條寫道：「虹霓者，乃空中雨氣，映照日光而成，形成七彩，即日光之本色也。朝西而暮東，常和日相對照。有現一道者，有現兩道者，三道四道亦間有之。或以為龍形而分雌雄，或以神物能吸飲食，此皆滑稽之言，君子勿道。」合信之言除了將色散之五色更正為七色，也明確地將虹的科學成因進行了具體說明。

綜上所述，中國在唐代以前對於虹是氣象裡的色散現象認識不盡理解，在越古老的年代，虹的神話色彩成分就越高。宋代以至明清，時人則能逐漸理性地透過實證科學，將虹與晶體、水滴的色散現象相連。於古代中國對虹的認識史中不難發現科學知識的傳播是時有阻礙的，比如唐、宋兩代儘管對虹的科學觀念已有了開端，但虹的神祕解釋卻仍是當時古人的主流認知。另以定稿於清咸豐九年的施鴻保《閩雜記》為例，它與《光論》中譯本的出版在同個時代，作者卻記錄並相信著朋友的「豢虹」軼事，甚至得出世間當有虹這一種生物真實存在的推論，可見虹真正剝去神怪的外皮是直到西方科學傳入，進一步提升了古代中國人對於光學色散的認識為止，而虹的神怪傳說終於在合信的筆下走入了盡頭。

## 注釋

注一：《說文解字》：「虹，螮蝀也。狀似蟲。从虫，工聲。《明堂月令》曰：虹始見。」

注二：《漢書·武五子傳》：「是時天雨，虹下屬宮中飲井水，水泉竭」；《釋名·釋天》：「虹，攻也，純陽攻陰氣也。又曰螮蝀，其見每於日在西而見於東，啜飲東方之水氣也。見於西方曰升，朝日始升而出見也」；《太平廣記》：「侯弘實……常寐於簷下，天將大雨，有虹自河飲水，俄貫於弘實之口。」

注三：現有考古證據並無法證明商代已有拱形橋，而商、西周時期的玉璜兩端也不見龍首、獸首形。現存拱形器物、浮雕紋飾兩端帶有龍首、獸首形，僅常見於戰國至漢代的玉璜，以及漢畫像石，但其年代都較甲骨文晚上許多。

注四：《詩經·鄘風·螮蝀》：「螮蝀在東，莫之敢指，女子有行，遠父母兄弟。」

注五：唐高祖李淵下令所編修的類書《藝文類聚·天部下·虹》引《莊子》云：「陽炙陰為虹。」

注六：《異苑》：「晉義熙初，晉陵薛願有虹。飲其釜澳，須臾翕響便竭。願輦酒灌之，隨投隨涸，便吐金滿釜，於是災弊日祛而豐富歲臻」；「長沙王道憐子義慶在廣陵臥疾。食次，忽有白虹入室，就飲其粥。義慶擲器於階，遂作風雨，聲振於庭戶，良久不見」；「古語有之曰，古者有夫妻，荒年菜食而死，俱化成青絳，故俗呼美人虹。郭云：紅為雩，俗呼為美人」；「太原溫湛婢見一嫗向婢流涕，無孔竅，婢駭怖，告湛。湛遂抽刀逐之，化成一物如紫虹形，宛然長舒，上沒霄漢。」

注七：南朝梁江淹在〈赤虹賦〉并序中提到：「僕追而察之，實雨日陰陽之氣。」

注八：張志和《玄真子》：「背日噴乎水，成虹蜺之狀，而不可直者齊乎影也。」

注九：《毛詩名物解》：「先儒以為雲薄漏日，日照雨滴則虹生。今以水歊日，自側視之……不暈於日不成也。故今雨氣成虹，朝陽射之則在西，夕陽射之則在東。」

注十：《夢溪筆談》卷二十一〈異事異疾附〉：「世傳虹能入溪澗飲水，信然。熙寧中，余使契丹，至其極北黑水境永安山下卓帳。是時新雨霽，見虹下帳前澗中。余與同職扣澗觀之，虹兩頭皆笲澗中。使人過澗，隔虹對立，相去數丈，中間如隔綃縠。自西望東則見；蓋夕虹也。立澗之東西望，則為日所鑠，都無所睹。久之稍稍正東，逾山而去。次日行一程，又復見之。孫彥先云：『虹，雨中日影也，日照雨即有之。』」

注十一：最早的晶體色散記錄見於南朝梁蕭繹所著《金樓子》卷五，提到甘淵白鹽山山峰洞有一種稱作君王鹽或玉華鹽的結晶體，光透之能呈現彩色光；北宋楊憶《楊文公談苑》記載有峨嵋山的「放光石」：「日光射之，有五色，如佛頂圓光」；南宋程大昌《演繁露》卷九，提到：「嘉州峨眉山有菩薩石，人多收之，色瑩白如玉，如上饒水晶之類，日射之有五色，如佛頂圓光……凡雨初霽，或露之未晞，其餘點綴于草木枝葉之末，欲墜不墜，則皆聚為圓點，光瑩可喜。日光入之，五色具足，閃爍不定，是乃日之光品著色於水，而非雨露有此五色也。」

# 參考資料

王錦光、洪震寰
　　1982　〈我國古代對虹的色散本質的研究〉，《自然科學史研究》第一卷，第三期，頁 215-219。

杜小鈺
　　2010　〈試論殷墟卜辭中的"虹"—殷人農業中的旱神〉，《中國農史》第四期，頁 14-19。

李迪
    1976　〈中國古代對色散的認識〉,《物理》第三期,頁 161-164。
周丙華
    2009　〈甲骨文"虹"字文化考釋〉,《中國文化研究》第一期,頁 155-161。
胡化凱
    1994　〈五行說與中國古代對色散現象的認識〉,《科學技術與辯證法》第十一卷,第三期,頁 39-41。
信立祥
    2000　《漢代畫像石綜合研究》。北京:文物出版社。
晁福林
    2006　〈說殷卜辭中的"虹"-殷商社會觀念之一例〉,《殷都學刊》第一期,頁 1-4。
黃天樹
    2019　〈甲骨文氣象卜辭精解—以"各雲""冒晦""出虹"等氣象爲例〉,《書寫研究》第五期,頁 66-68。
蔣英炬、吳文祺
    2014　《漢代武氏墓群石刻研究(修訂本)》。北京:人民美術出版社。

# 附錄

在本書的最後，我們以附錄的方式列出前面未能包括的幾個與野生動物有關的甲骨文與西周金文，它們的釋讀有些還有爭議。

## 鼠

甲骨文中有個以張著的小口、下垂的長尾為特點的動物字，口旁還有三或四個小點，象被咬嚙的小碎物，推測為鼠之象形，也因此該字可釋為「鼠」（圖1）。今日楷書「鼠」字上半從「臼」，最早見於戰國楚系文字，「臼」形實為楚系文字在鼠之頭部突出齒形，以表鼠的牙齒銳利。根據殷墟哺乳動物群之鑑定報告，商代河南安陽曾有黑鼠（*Melanomys*）、竹鼠（*Rhizomys*）與田鼠（*Microtus*）生存，並以前二種數量相對較多。從考古遺留推測，中國新石器時代人群的飲食清單中有鼠，食鼠之風可能延續至商周時期，甚至漢代初年，目前最早有關食鼠的文字記載出現在東周時期的洛陽一帶，《尹文子・大道下》記載：「鄭人謂玉未理者為璞，周人謂鼠未臘者為璞。周人懷璞，謂鄭賈曰：『欲買璞乎？』鄭賈曰：『欲之。』出其璞，視之，乃鼠也，因謝不取。」可知當時周人食鼠，且至少有風乾或不風乾兩種方法。中原地區普遍的食鼠之風可能僅延續到西漢早期，隨著農業經濟的發展，此風在中原逐漸消失，人們只有在特殊情況下才會食鼠，但在唐宋之後，食鼠之風逐漸轉移至西北、西南與嶺南，並趨於平民化、大眾化，成為一種地方特色。這樣的轉變與區域經濟發展、飲食習慣、自然環境差異和醫學認知等因素有關。

圖1：甲骨文的「鼠」字。

## 蝠

　　商代晚期金文與甲骨文中有個外形像蝙蝠的字（圖2），可能即釋為「蝠」，金文作為族徽使用，甲骨文則辭例相當有限，似假借作福佑之「福」，出現於祭祀先王的卜辭中。西周金文迄今未見「蝠」字，小篆字形已改為从「虫」，「畐」聲的形聲字。

甲骨文

商代晚期金文

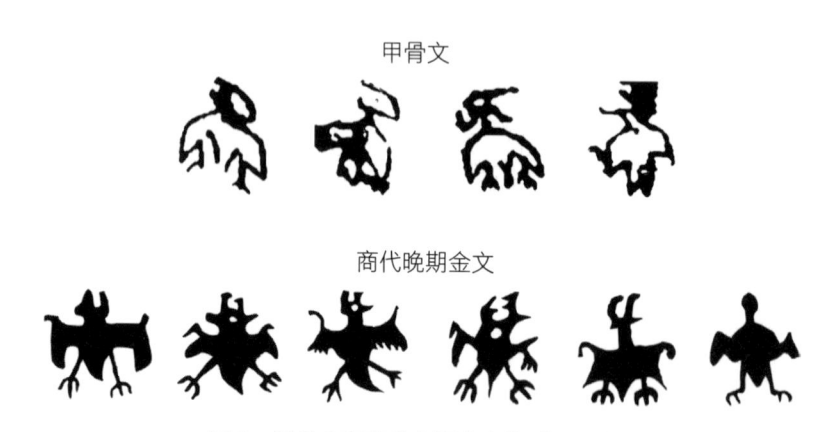

圖2：甲骨文和商代晚期金文的「蝠」字。

# 𧱴（豪）

甲骨文裡有個「高」下一隻帶漂亮眉目、背上有棘刺之動物的字（圖3），象建築於臺基上樓觀的「高」用作聲符使用，形符則為動物形，根據《說文解字》：「𧱴，豕，鬣如筆管者，出南郡。从希，高聲。豪，籀文从豕」，可推測該字即「𧱴」之初文。𧱴為豪豬，「豪」乃「𧱴」之省體。甲骨文的「𧱴」目前僅見黃組卜辭《合》39460，辭殘，意義不明。中國豪豬（*Hystrix hodgsoni*）並不是豬，而是囓齒類、豪豬科、豪豬屬動物，又稱箭豬，因為牠從背部到尾部，均披著豬所沒有的黑白相間長棘刺。

圖3：甲骨文的「𧱴」字。

# 蛇

甲骨文無「蛇」字，最早的「蛇」字見於東漢許慎所收錄的「它」字或體，是一個從「虫」從「它」的字。根據《說文解字》：「它，虫也。从虫而長，象冤曲垂尾形。上古艸居患它，故相問無它乎。凡它之屬皆从它。蛇，它或从虫」，可知「它」在古時表蛇。甲骨文的「它」字即象蛇形（圖4），舊釋為「蠱」，不確。過去該字也常與甲骨文的「虫」字相混，共同歸為蛇類，但「虫」實為蟲形。西周金文的「它」字（圖4）源於甲骨文，中間一豎筆為蛇身花紋的簡化，而省去豎筆

的字形則見於西周晚期至春秋早期間。由於後來「它」字被借用作第三人稱代詞，古人便將「它」另添「虫」旁，以表示其「蛇」之本義。

甲骨文　　　　　　西周早、中期金文

西周晚期金文

春秋早期金文

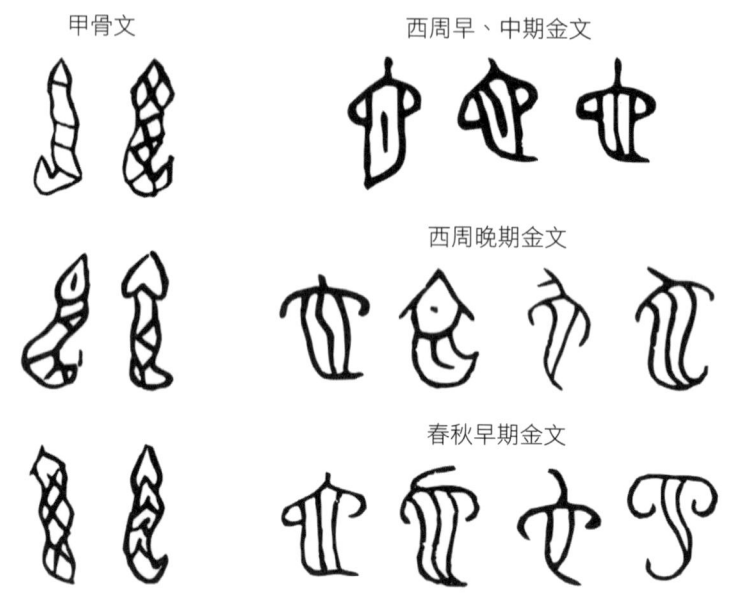

圖4：甲骨文與西周、春秋早期金文的「它」字。

# 犰

甲骨文裡有個外形蜷曲的字（圖5），過去曾被釋為「求」，但甲骨文的「求」字並沒有蜷曲的特點，兩字在卜辭中也沒有通用的辭例，故其實並非同一字。仔細來看這個有蜷曲特點的字可見如甲骨文「豕」、「犬」般的獸首與身軀，差別在於這個動物字的身軀後半呈蜷曲狀，且多有斜出如鱗甲的短筆畫。單育辰認為該字可釋為「犰」，並舉宋代韻書《廣韻》：「犰，犰狳，獸，似魚，蛇尾，豕目，見人則佯死」、《山海經・東山經》：「有獸焉，其狀如菟而鳥喙，鴟目

蛇尾，見人則眠，名曰犰狳，其鳴自訓，見則螽蝗為敗」作為參考，推測「犰」即穿山甲，不過該字另有可能是犰狳的象形。

犰狳（*Priodontes maximus*）目前僅分布於中南美洲和美國南部地區，但中國在明代以前可能也有。《史記・秦本紀》記載：「文公十九年（公元前七四七年），得陳寶。」《晉太康三年地記》云：「秦文公時，陳倉人獵得獸，若彘，不知名，牽以獻之，逢二童子。童子曰：『此名為媦，常在地中，食死人腦。』即欲殺之，拍捶其首，媦亦語曰：『二童子名陳寶，得雄者王，得雌者霸。』陳倉人乃逐二童子，化為雄雌，上陳倉北阪，為石，秦祠之。」《史記・孔子世家》：「孔子年四十二（公元前五〇五年）……季桓子穿井得土缶，中若羊，問仲尼云「得狗」。仲尼曰：「以丘所聞，羊也。丘聞之，木石之怪夔、罔閬，水之怪龍、罔象，土之怪墳羊。」類似的記載也見於《國語・魯語》。從這兩段春秋時期記載可知這種若彘、若羊、若狗的動物能於地下鑽行、性食腐，推測即犰狳。

麻瘋病是一種傳染病，在《黃帝內經》和馬王堆出土帛書中稱為「癘疫」，而犰狳是目前已知人類以外世界上唯一的麻瘋病分支桿菌自然宿主。中國古代的幾場麻瘋病爆發可能便與犰狳有關，如《太平御覽》收錄曹植〈說疫氣〉云：「建安二十二年（公元二一七年），癘氣流行，家家有僵屍之痛，室室有號泣之哀。或闔門而殪，或覆族而喪」；睡虎地秦簡115也記載：「城旦，鬼薪，癘，何論？當遷癘遷所」，可知戰國晚期秦國也曾爆發麻瘋病，官方並為染疫者建立名為癘遷所的隔離設施。

圖5：甲骨文的「犰」字。

# 貉

　　甲骨文目前未見「貉」字，最早的字形見於西周早期金文，是一個從「豸」「各」聲的形聲字（圖6），在銘文中作人名使用，如伯貉卣、貉子卣等。貉（*Nyctereutes procyonoides*）是一種中國原生的夜行性犬科動物，過去分布非常廣泛，從大、小興安嶺到北京，從山西太行山到長江三角洲，東南到安徽、福建，西南到雲南、貴州，近半個中國都曾是貉的自然分布區，目前仍在華東一帶常見，尤其是上海市內。根據二〇二三年的調查統計，上海市每公頃土地有一點〇八隻貉。這種動物近年開始以城市為家，棲身於別墅陽臺下的裂縫、牆體空隙、儲藏室和廢棄下水道等地點。明代李時珍《本草綱目》裡記載：「貉生山野間。狀如狸，頭銳鼻尖，斑色。其毛深濃溫滑，可為裘服。與獾同穴而異處，日伏夜出，捕食蟲物，出則獾隨之。其性好睡，人或蓄之，以竹叩醒，已而復寐，故人好睡者謂之貉睡。俗作渴睡，謬矣。俚人又言其非好睡，乃耳聾也，故見人乃知趨走。」其中對於貉好睡的敘述可能是觀察到貉的冬眠習性。今日貉為人所熟知與成語「一丘之貉」有關，典出《漢書·卷六六·楊敞傳》：「若秦時但任小臣，誅殺忠良，竟以滅亡。今親任大臣，即至今耳，古與今如一丘之貉。」貉的確是群居動物，常三五成群生活。另根據《說文解字》：「貉，北方豸穜。从豸，各聲。孔子曰：『貉之為言惡也。』」清段玉裁《說文解字注》：「各本奪貉字。今補。此與西方羌从羊、北方狄从犬、南方蠻从虫、東南閩越从虫、東方夷从大、參合觀之。鄭司農云。北方曰貉、曰狄。」可知「貉」本是中原地區人群對北方民族的蔑稱。

圖6：西周早期金文的「豹」字。

## 麂

甲骨文中有個被羅振玉釋為「旨」的字（圖7），見於田獵卜辭《合》10307：「丁卯〔卜〕，□〔貞〕獸正……禽隻……鹿百六十二，□百十四，豕十，麂一」，可知是一種野生動物，陳夢家認為該字可釋為「麔」。根據《說文解字》：「麔，大麋也。狗足。從鹿，旨聲。麂，或從几」，可知「麔」為「麂」之異體。另根據《山海經‧中山經》：「又東北百二十里，曰女几之山……多閭麋、麖、麂……」，郭璞注：「麂似獐而大，獷毛狗腳。」麂（Muntiacus）是偶蹄目鹿科動物，俗稱山羌。這個字目前僅一見，且與所有甲骨文所發現的「旨」字略有不同，在「匕」下的「口」形中多了一短橫畫，不確定是否為飾筆，故上述有關麂之推論仍有疑義。

圖7：可能表「麂」的甲骨文字。

# 後記

　　這本小書可視作我自澳洲國立大學（The Australian National University）取得考古學博士學位將屆十年的階段性自我盤點。在這既感荏苒卻又倏忽的時光裡偶然接觸到甲骨文字學方面的著作，應是我從事考古研究歷程裡最為特別的因緣際會，因為這讓我在留學返國早期帶有些許無奈地從事既不熟悉又不甚感興趣的台灣史前考古之際，從沮喪到有些失去研究動力的過程找回踏入學術的初心，以及對中國考古學學問求索的熱情。記得二十多年前我只是個經濟系畢業，在大學階段修習過入門考古學，之後也在科技面板廠擔任工程師的門外漢，最終讓我考取公費留學獎學金，走上考古研究這條路的原由，便是對商代文明的高度興趣。現在的我不僅圓了幼學時便想成為考古學家的夢想，也能悠遊在考古與古文字的浩瀚書海，自忖是幸運且幸福的。

　　本書內容源自我所開設的大學通識課程補充教材，而這門課從發想到建構、開設，動力多來自學生，因為他們總是在我另一門介紹世界古文明的課程裡，於講授商周文明時表現出特別不同的深度好奇與學習興趣。學生們之所以喜愛，是因為商周時期文字的創造與現代中文字、中華歷史文化淵源有著聯繫關係，這是學生們因日常生活環境裡的熟悉而感到較無距離的。學生的反饋讓我萌生開設新課程的想法。這門課之所以後來又進化走出教室，於中央研究院歷史文物陳列館舉行校外教學，也是來自學生們的期盼，畢竟能夠近距離實際觀察考古出土文物，是一種相當特別的學習體驗，最終所獲得的教學效果也遠勝於略顯沉悶的課堂講述與投影片播放。我必須感謝致理科技大學通識教育學部在我投入教學的最初階段允許我自由發想、開設與古

代文化有關的幾門通識課程迄今。

我也要感謝國立清華大學通識教育中心之後聘我回母校貢獻所學，在可使用圖書館豐富館藏的有利條件下，得以讓課程補充教材的撰寫順利進行。另外，我還要感謝國立聯合大學通識教育中心歷史教學組何素花老師、逢甲大學人文社會學院院長兼通識教育中心主任何寄澎教授、通識教育中心戴盛柏執行長，讓我有更多機會與學生分享有趣的上古中國研究新知，也從反饋中獲得成長。

每年的暑期我都會在國立臺灣大學所主持的全國夏季學院平臺續開「認識甲骨文字與古代中國文化」這門課。全國夏季學院主要辦理「全國性暑期通識課程」，供全國大學校院學生修習，除了可相互認抵學分，也藉由精選、整合與分享各校特色課程，促進師生的跨校、跨領域交流，並實踐通識教育精神，達到資源共享。歷年的開課我都有來自行政團隊和修課學生極佳的授課經驗。我要特別感謝全國夏季學院周涵怡執行長及業務同仁吳欣蕙、陳靜賢、連思婷、龔淬平小姐的長期支持，得以讓這門極具特色的跨領域課程經由各種有趣的活動設計、博物館教學影片推廣拍攝，讓更多人看見。種種用心，點滴於心。

我最初在國立臺灣大學科學教育發展中心撰寫全球考古研究新知相關的整理報導，是透過妹婿陳勁豪博士的引介。勁豪研究物理學，也長期投入科普推廣與科學新聞撰寫，並曾任中文科學新聞網站「科景新聞網」總編輯，沒有勁豪的協助，也就不會有後續「甲骨文與金文」專欄的發表，非常感謝他。同時，我也要謝謝科教中心主任黃偉邦教授、賴亦德執行長，及歷任、現任 CASE 報科學總編輯洪紹翔先生對專欄的鼎力支持，得以使我經年筆耕不輟。

還要感謝貓頭鷹出版社的編輯和相關工作人員，特別是副總編輯張瑞芳小姐對本書的重視，以及對全書主題規劃、各篇章銜接上的專

業建議。本書的出版過程歷經諸多繁瑣的細節處理，均仰賴副總編輯的細心。

　　本書的出版若沒有國立清華大學經濟系賴建誠教授的大力支持與牽線，時程勢必會延宕許多。本書的書名也是他想的。賴教授是我修讀經濟史與經濟思想史的老師，大學時期我總是沉浸在老師詼諧幽默、充滿人生智慧，令人如沐春風般的教學，更有幸能在畢業二十多年後於清華與老師再次相遇。賴教授總是我文稿剛出爐時的最忠實讀者，所給予的支持與鼓勵使我更相信自己能走出一條不同的路。深表感謝！

　　這本書也要用來紀念已故的漢學家諾爾・巴納博士（Noel Barnard, 1922-2016），感念他在我留學期間的照顧，以及在他生前最末階段贈與我他最後保留珍藏的冶金考古與古文字圖書。

　　也要誠摯感謝眾多親朋好友、老同學在我人生低谷時的關照與支持，讓我知道自己並不孤單，同時有信心開啟學涯新頁。

　　最後要感謝父母給予我的支持與理解，他們常關心我在授課之餘總是任性地以幾乎全年無休的方式埋首於書堆，並投入相當長的時間趴伏在電腦螢幕前寫稿。在本書完成後，緊繃的生活節奏終於能稍微得到緩解，也找回些許生活的平衡。期望再次蓄滿能量面對新的挑戰，未來還能有充足時間將其餘古文字主題篇章，包含兵器戰爭、大自然、狩獵農業、手工業生產、商業貨幣度量衡等在內陸續補完，與社會大眾分享。

# 圖片來源

1.1 維基百科。

1.2 中國科學院考古研究所編 1959,《鄭州二里崗》。北京：科學出版社。

1.3 河南省文物考古研究所（編著）2001,《鄭州商城：1953-1985年考古發掘報告》。北京：文物出版社。

1.4 河北省文物研究所1985,《藁城台西商代遺址》。北京：文物出版社。

1.5 河南省文物考古研究所2012,《鄭州小双橋：1990-2000年考古發掘報告》。北京：科學出版社。

1.6 江西省文物考古研究所、樟樹市博物館2005,《吳城：1973-2002年考古發掘報告》。北京：科學出版社。

1.7 （A）河北省文物管理處1979,〈磁縣下七垣遺址發掘報告〉,《考古學報》第二期,頁185-214。（B）淄博市文物局等1997,〈山東桓台縣史家遺址岳石文化木構架祭祀器物坑的發掘〉,《考古》第十一期,頁1-18。（C）河南省文物研究所1993,〈河南密縣黃寨遺址的發掘〉,《華夏考古》第三期,頁1-10。

1.8、1.9 中國社會科學院考古研究所1999,《偃師二里頭1959-1978年考古發掘報告》。北京：中國大百科全書出版社。

1.12 中國社會科學院考古研究所、山西省臨汾市文物局2015,《襄汾陶寺—1978～1985年考古發掘報告》。北京：文物出版社。

3.1 作者繪製。

3.2 （A）J. Keith Wilson 2000, 'The stylus and the brush:

Stylistic change in late Anyang and early western Zhou bronze inscriptions', *Orientations*, vol. 31, no. 6, pp. 52-63。（B）吳曉筠 2012，〈商王武丁與后婦好－－殷商盛世文化藝術特展〉，《故宮文物月刊》第 355 期，頁 4-15。（C）徐義華、吳玉 2024，〈商代文字與甲骨卜辭釋讀 - 如何打開甲骨文書法之門〉，《書法研究》第一期，頁 31-47。（D）中國社會科學院考古研究所編著 2005，《安陽殷墟出土玉器》。北京：科學出版社。

3.11　周曉薇 2001，〈古代簪筆制度探微〉，《中國典籍與文化》第三期，頁 106-113。

4.2、4.3 作者提供。

4.4　大英圖書館網站。

4.5　劉一曼 2019，《殷墟考古與甲骨學研究》。昆明：雲南人民出版社。

4.6　作者拍攝。

7.11　作者提供。

7.15　吳曉筠 2012，〈商王武丁與后婦好 - 殷商盛世文化藝術特展〉，《故宮文物月刊》第 355 期，頁 4-15。

8.1　湖北省文物考古研究所等 2003，《鄧家灣——天門石家河考古報告之二》。北京：文物出版社。

8.3　（A）董作賓 1948，《小屯》（殷墟文字・甲編）。南京：商務印書館。（B）作者拍攝。（C）中國考古博物館 2020《歷史評論》第三期。（D）維基百科。（E）維基百科。（F）國立故宮博物院 Opendata。

8.6　中國社會科學院考古研究所安陽工作隊 1987，〈安陽武官村北地商代祭祀坑的發掘〉，《考古》第十二期，頁 1062-1070，1145。

8.7　南京博物院編 2013，《長毋相忘：讀盱眙大雲山江都王陵》。南京：譯林出版社。

8.8　（A）周亞 2004，〈論法國吉美博物館收藏的象尊〉，《上海文博論叢》第二期，頁 44-51。（B）盧連成、胡智生 1988,《寶雞強國墓地》。北京：文物出版社。（亞洲象、非洲象鼻尖端）維基百科。

9.2　（小臣艅犀尊）舊金山亞洲藝術博物館。（銘文）維基百科。

9.4　作者拍攝。

9.5　（A）吳曉筠，〈商王武丁與后婦好——殷商盛世文化藝術特展〉，《故宮文物月刊》第 355 期，頁 4-15。（B）作者拍攝。（C）王雙慶、楊鑫 2014，〈甲骨文與商代文字〉，《大眾考古》第四期，頁 73-78。

9.6　作者拍攝。

10.1　（A）李想，〈國寶小檔案 - 貘尊〉，《百科知識》第三十五期，頁 45-50。（B）Herbert Butz 2000, 'Early Chinese Bronzes in the collection of the Museum of East Asian Art', Orientations, vol. 31, no. 8, pp. 73-81.（C）（D）Jessica Rawson 1987, 'Animal Motifs on Early Western Zhou Bronzes from the Arthur M. Sackler Collections', Orientations，vol. 18, no. 9, pp. 54-65.

10.2　（B）（C）孫機 2016，〈古文物中所見之貘〉，輯於孫機著，《從歷史中醒來——孫機談中國文物》，頁 32-37。北京：三聯書店。

10.3　曹瑋 2002，《周原甲骨文》。北京：世界圖書出版公司。

11.3　（A）河南省文物考古研究所、周口市文化局

編2000，《鹿邑太清宮長子口墓》。鄭州：中州古籍出版社。（B）朱乃誠2021，〈商代玉龍研究〉，《文博學刊》第三期，頁4-19。（C）朱乃誠2021，〈夏商時期玉虎的淵源與流變〉，《中原文物》第二期，頁44-55。（D）朱乃誠2021，〈夏商時期玉虎的淵源與流變〉，《中原文物》第二期，頁44-55。（E）維基百科。（F）作者拍攝。

11.4 （A）中國社會科學院考古研究所1980，《殷墟婦好墓》。北京：文物出版社。（B）Robert Bagley 1990, A Shang city in Sichuan Province, Orientations ,vol. 21 no. 11, pp. 52-67. （C）泉屋博古館。（D）維基百科。

11.5 （A）苗霞2010，〈殷墟出土的虎類遺物探析〉，輯於劉廣柱主編，《考古學集刊》第十八集，頁131-150。北京：科學出版社。（B）作者拍攝。

13.1、13.3 中國社會科學院考古研究所編1980，《殷墟婦好墓》。北京：文物出版社。

13.3 作者拍攝。

13.5 （A）胡凱津、張鵬2016〈猿猴在古代中國〉，《紫禁城》第一期，頁21-41。（B）佛利爾博物館網站。（C）陳佩芬1995，《上海博物館中國古代青銅器》。上海：上海博物館。（D）山西省考古研究所1994，〈聞喜縣上郭村1989年發掘簡報〉，輯於山西省考古研究所編，《三晉考古》（第一輯），頁139-153。

13.6 （A）山西省政協2023，《文史月刊》第三期。（B）作者提供。

14.1、14.2 維基百科。

14.3 Jay Xu 1998, The diamond-back dragon of

the late Shang period', *Orientations*, vol. 29, no. 5, pp. 42-54.

15.4　（左）湖南省博物館、中國科學院考古研究所1973，《長沙馬王堆一號漢墓》。北京：文物出版社。（右）湖南省博物館、湖南省文物考古研究所2004，《長沙馬王堆二、三號漢墓》。北京：文物出版社。

15.5　（左）劉宗意1997，〈馬王堆帛畫中"八個小圓"是蒼龍星象〉，《東南文化》第三期，頁106-107。（右）趙紅2010〈漢畫像石"嫦娥奔月"圖的造型藝術與宗教意蘊〉《古代文明》第四卷，第一期，頁106-111。

15.6　（左）黃明蘭、郭引強1996，《洛陽漢墓壁畫》。北京：文物出版社。（右）周到、呂品、湯文興1986，《河南漢代畫像磚》。台北：丹青圖書。

15.7　高莉芬2010，〈搗藥兔-漢代畫像石中的西王母及其配屬動物圖像考察之一〉，《興大中文學報》第二十七卷（增刊），頁207-240。

16.1　作者拍攝。

16.2　J. Keith Wilson 2000, 'The stylus and the brush: Stylistic change in late Anyang and early western Zhou bronze inscriptions', *Orientations*, vol. 31, no. 6, pp. 52-63.

16.5　（A）中國科學院考古研究所1959，《上村嶺虢國墓地》。北京：科學出版社。（B）中國社會科學院考古研究所1989，《曾侯乙墓》。北京：文物出版社。

16.7　王雙慶、楊鑫2014，〈甲骨文與商代文字〉，《大眾考古》第四期，頁73-78。

16.8　維基百科。

17.6　國立故宮博物院。

17.8　蘇榮譽 2022,〈晚商作冊般青銅黿的工藝及相關問題〉,《江漢考古》第一期,頁 106-112。

17.9　(A) 吉村苣子 2007,〈中國墓葬中獨角類鎮墓獸的譜系〉,《考古與文物》第二期,頁 99-112。(B) 南陽畫像石編委會 1982,〈鄧縣長冢店漢畫像石墓〉,《中原文物》第一期,頁 17-23。

17.10　(A)～(C) 任文杰 2021,《中國美術研究》第三期,頁 41-46。(D) 任文杰 2021,《中國美術研究》第三期,頁 41-46。(E) 宋文婷 2021,〈諸城市博物館館藏精品賞析〉,《文物鑑定與鑑賞》第三期,頁 11-13。

17.11　(A)～(D) 蘇榮譽 2022,〈晚商作冊般青銅黿的工藝及相關問題〉,《江漢考古》第一期,頁 106-112。

18.6　(A)～(D) 中國社會科學院考古研究所 1980,《殷墟婦好墓》。北京:文物出版社。

18.7　(A)～(B) 中國社會科學院考古研究所 1980,《殷墟婦好墓》。北京:文物出版社。(C) 國立故宮博物院。(D) 中國社會科學院考古研究所安陽工作隊 1981,〈安陽小屯村北的兩座殷代墓〉,《考古學報》第四期,頁 491-518。

18.8　捷克布拉格國立美術館藏商代早期青銅器享簋及其底部龍紋。Kesner, Ladislav, 1988, Ancient Chinese Bronzes and Jade in the Bational Gallery, Prague: *Orientations*, vol. 19, no.12, pp. 28-38.

18.9　遼寧省文物考古研究所 2012,《查海 - 新石器時代聚落遺址發掘報告》。

北京：文物出版社。李錦山 1999，〈史前龍形堆塑反映的遠古雩祭及原始天文〉，《農業考古》第一期，頁 128-140。

18.10 （A）國立故宮博物院。（B）維基百科。（C）安徽省文物考古研究所 2006，《凌家灘——田野考古發掘報告之一》。北京：文物出版社。（D）湖北省荊州博物館等 1999，《肖家屋脊——天門石家河考古發掘報告之一》。北京：文物出版社。

18.11 南海森 2012，《濮陽西水坡》。鄭州：中州古籍出版社。

18.12 李錦山 1999，〈史前龍形堆塑反映的遠古雩祭及原始天文〉，《農業考古》第一期，頁 128-140。

18.13 （A）中國社會科學院考古研究所編 1983，《寶雞北首嶺》。北京：文物出版社。（B）中國社會科學院考古研究所編著 2015，《襄汾陶寺：1978-1985 年考古發掘報告》。北京：文物出版社。

18.14 （A）（B）陝西省考古研究院等 2020，〈石峁遺址皇城台地點 2016~2019 年度考古新發現〉，《考古與文物》第四期，3-11。

18.15 （A）（B）高西省 2022，〈二里頭青銅樂器、舞具組合助祭初探〉，《文物》第九期，頁 36-45。

18.16 （A）中國社會科學院考古研究所編著 1999，《偃師二里頭 - 1959 年 ~1978 年考古發掘報告》。北京：中國大百科全書出版社。（B）中國社會科學院考古研究所編著 1999，《偃師二里頭 - 1959 年 ~1978 年考古發掘報告》。北京：中國大百科全書出版社。（C）北京大學震旦古代文明研究中心、鄭州市文物考古研究院 2008，《新密新砦 - 1999~2000 年田

野考古發掘報告》。北京：文物出版社。

19.1 （A）浙江省文物考古研究所 2003，《河姆渡——新石器時代遺址考古發掘報告》。北京：文物出版社。（B）姚草鮮 2014，〈從彩陶紋飾看中國史前晚期的太陽崇拜〉，《洛陽考古》第四期，頁 27-33。（C）國立故宮博物院。（D）劉敏 2012，〈婦好玉鳳之歸屬〉，《文物鑑定與鑑賞》第八期，頁 84-87。（E）浙江省文物考古研究所 2005，《反山》。北京：文物出版社。

19.3 Jay Xu 1998, The diamond-back dragon of the late Shang period, *Orientations*, vol. 29, no. 5, pp. 42-54.

19.4 維基百科。

19.6、19.7 上海博物館青銅器研究組 1984，《商周青銅器文飾》。北京：文物出版社。

19.8 （A）中國社會科學院考古研究所 1980，《殷墟婦好墓》。北京：文物出版社。（B）~（E）蔡慶良 2010，〈蔡慶良說玉——玉器鑑賞之三 商、西周玉器比較〉，《紫禁城》第四期，頁 68-75。（F）故宮博物院。

19.9 （A）作者拍攝。（B）彭適凡 2020，〈新干出土商代側身玉"羽人"的再解讀〉，《文物天地》第十期，頁 60-68。

20.1 黃天樹 2019，〈甲骨文氣象卜辭精解—以"各雲""冒晦""出虹"等氣象為例〉，《書寫研究》第五期，頁 66-68。

20.2 王煜、焦陽 2018，〈試析漢代圖像中的風、雨、雷、電四神〉，《中國美術研究》第四期，頁 42-54

## 從考古看甲骨：文字裡的古代中國（野生動物篇）

| | |
|---|---|
| 作　　者 | 江柏毅 |
| 選書責編 | 張瑞芳 |
| 協力編輯 | 胡嘉穎 |
| 校　　對 | 童霈文 |
| 版面構成 | 簡曼如 |
| 封面設計 | 徐睿紳 |
| 版權專員 | 陳柏全 |
| 行銷專員 | 簡若晴 |
| 數位發展副總編輯 | 李季鴻 |
| 行銷總監兼副總編輯 | 張瑞芳 |
| 總 編 輯 | 謝宜英 |
| 出 版 者 | 貓頭鷹出版 OWL PUBLISHING HOUSE |

事業群總經理　謝至平
發 行 人　何飛鵬
發　　行　英屬蓋曼群島商家庭傳媒股份有限公司城邦分公司
　　　　　115 台北市南港區昆陽街 16 號 8 樓
劃撥帳號：19863813／戶名：書虫股份有限公司
城邦讀書花園：www.cite.com.tw／購書服務信箱：service@readingclub.com.tw
購書服務專線：02-25007718～9／24 小時傳真專線：02-25001990～1
香港發行所　城邦（香港）出版集團有限公司／電話：(852)25086231／hkcite@biznetvigator.com
馬新發行所　城邦（馬新）出版集團／電話：603-9056-3833／傳真：603-9057-6622
印 製 廠　中原造像股份有限公司
初　　版　2025 年 5 月
定　　價　新台幣 630 元／港幣 210 元（紙本書）
　　　　　新台幣 441 元（電子書）
ISBN 978-986-262-749-5（紙本平裝）／978-986-262-746-4（電子書 EPUB）

有著作權‧侵害必究　缺頁或破損請寄回更換

讀者意見信箱　owl@cph.com.tw
投稿信箱　owl.book@gmail.com
貓頭鷹臉書　facebook.com/owlpublishing/
【大量採購，請洽專線】　(02)2500-1919

城邦讀書花園
www.cite.com.tw

本書採用品質穩定的紙張與無毒環保油墨印刷，
以利讀者閱讀與典藏。

### 國家圖書館出版品預行編目（CIP）資料

從考古看甲骨：文字裡的古代中國．野生動物篇／江柏毅著．-- 初版．-- 臺北市：貓頭鷹出版：英屬蓋曼群島商家庭傳媒股份有限公司城邦分公司發行, 2025.05
面；　公分
ISBN 978-986-262-749-5（平裝）

1.CST: 甲骨文 2.CST: 甲骨學 3.CST: 動物

792.2　　　　　　　　　　　　114002899